本成果受到中国人民大学
"中央高校建设世界一流大学（学科）和特色发展引导专项资金"支持

明 德 群 学
社会治理与社会政策

陈那波 主编

家庭教育服务

国际经验与中国实践

张会平 ·········· 著

中国人民大学出版社
·北京·

总　序

　　一八九五年，其时之中国，积弱不振，在甲午战争中节节败退。作为中国第一批留学生中的一员、北洋水师学堂的总教习，严复先生对国事深感痛惜，扼腕奋舌，发表《原强》一文，文中先谈达尔文进化论的思想，后论斯宾塞的社会学原理。在文中，严复首次使用"群学"概念翻译"sociology"一词，该概念借自荀子"人之所以异于禽兽者，以其能群也"，严复称群学之中心为"人伦之事"，认为斯宾塞之群学"约其所论，其节目支条，与吾《大学》所谓诚正修齐治平之事有不期而合者"，而《大学》中言，"诚、正、修、齐、治、平"为"明德"之道，所以，"明德群学"在社会学引入中国之始，便已是题中应有之义，严复先生所论之群学，也从一开始就和国家强盛之道关联在一起。严复先生从洋务运动的失败进而思考国家强盛的根本，认为国家富强之道在于鼓民力、开民智及新民德，此三者为强国之本。

　　一八九七年起，严复先生陆续翻译了英国社会思想家斯宾塞《社会学研究》一书中各篇，一九〇三年结集出版时取译名为《群学肄言》。该书是斯宾塞关于社会学的奠基性作品，主要讨论社会学的基本方法论问题，从日常的生活现象开始，分析社会现象为什么需要科学的研究，回答社会学能否成为科学，鼓励人们摆脱以"上帝""伟人"视角来对社会做出解释的习惯，从中抽离和"祛魅"。在该书中，斯宾塞分析了社会现象的特性以及开展针对社会现象之科学研究的困难，系统地阐述了可能影响社会现象之研究结果的各种因素。对于严复先生而言，尽管斯宾塞之群学和中国圣贤之论有不期而合者，但斯宾塞所论述的群学是成体之学，是有体系的科学新理。严复表明他的翻译及论著均旨在以西方科学新理重新解释中国过去治乱兴衰的根源，并据此提出其救亡经世之方，所谓"意欲本之格致新理，溯源竟委，发明富强之事"。

时至今日，距严复先生发表《原强》一文，已然一百多年，斗转星移，沧海桑田，中国的社会发生了翻天覆地的变化：中国建成了世界上规模最大的教育体系、社会保障体系、医疗卫生体系，全体人民摆脱绝对贫困，生活全方位改善，人均预期寿命、人均受教育程度、居民人均可支配收入均持续提高，严复先生一百多年前的强国梦想，已经在一代一代中国人的努力下阶段性地实现。当然，我们仍然面临新的问题，人民日益增长的美好生活需要和不平衡不充分的发展之间的矛盾仍然存在，城乡和区域间的发展差距仍然显著，人口增长开始步入下降通道，未富先老问题正在显现，实现高质量的发展仍需努力。挑战总在不断出现，有些是中国所独有的，也有些是人类所共同面对的，在斯宾塞先生的故乡——英国，也产生了众多斯宾塞不曾预料到的问题：移民无序涌入、政治分裂、社会福利不公、社会流动困难等等。全球共此凉热，人类社会迎来了日新月异的技术变化，唯对我们自身的了解和研究并没有迎来同等水平的提高和进步，社会学研究也因此依然任重道远。

中国人民大学的社会学学科肇基于中国人民大学的前身——陕北公学（1937 年），社会学系是陕北公学首创的五个学系之一，且为当时招生规模最大的学系。1950 年中国人民大学命名组建后，陈达、李景汉、吴景超、赵承信、戴世光、陈文仙、全慰天等一大批老一辈社会学家来中国人民大学工作，为中国人民大学社会学学科的发展建立了优良的传统，奠定了坚实的基础。在改革开放新时期，以郑杭生、刘铮、邬沧萍、沙莲香为代表的社会学家，带领广大师生高举建设"中国特色社会学"的旗帜，面向国民经济和社会发展需要，扎根中国大地，一代接力一代开展学科建设，中国人民大学社会学逐渐发展为二级学科门类齐全，师资力量雄厚，培养体系完整，在学科建设、科学研究、人才培养、资政启民等方面均具有重要影响的中国社会学教学和研究重镇。

2022年4月25日，习近平总书记在中国人民大学考察时强调"加快构建中国特色哲学社会科学，归根结底是建构中国自主的知识体系"。中国正在经历一个伟大的时代，面对百年未有之大变局。伟大的时代将会催生伟大的作品和伟大的理论，社会学有着更大的责任去发挥学科所长，深入调研和了解中国，以中国之实践滋养中国之知识、中国之理论，建构中国之自主知识体系。

为进一步推动中国社会学学科发展，服务中国社会建设和社会治理实践，中国人民大学社会学学科组建"明德群学"丛书系列。丛书暂设以下分系列："中国社会变迁"丛书，由李路路教授主编；"中国社会学史论"丛书，由奂平清教授主编；"社会治理与社会政策"丛书，由陈那波教授主编。"明德群学"丛书系列将有组织地汇集社会学一级学科下众多优秀作品，聚焦中国社会建设和社会治理的伟大实践，聚力推进中国式现代化进程，致力构建中国社会学自主知识体系，以"群学"求"明德"，为实现中华民族伟大复兴的中国梦做出学科应有的贡献。

前　言

2022 年 1 月 1 日,《中华人民共和国家庭教育促进法》正式实施,这标志着我国家庭教育由传统的"家事"上升为新时代重要的"国事"。重视家庭教育不仅关系到儿童自身的健康快乐成长,也关系到人民群众的家庭幸福感和中华民族伟大复兴。家庭教育一直以来都是教育学、心理学和社会工作等多个学科关注的重要研究领域,弥补新时代我国家庭教育法律法规与家庭教育指导服务体系之间的巨大差距是当前家庭教育研究工作者的一项紧迫任务。

自《中华人民共和国家庭教育促进法》颁布实施以来,全国各地对家庭教育指导服务体系高度重视并积极谋划,取得了一系列进展。当前城乡居民对家庭教育服务需求迫切且多元、父母受教育程度逐步提高、育儿焦虑始终处于高位难降,家庭教育指导服务体系仍然面临较大挑战,具体表现在:宏观组织管理和协调机制缺位,服务内容缺乏系统性、专业性和精准性,服务形式单一、持续性和趣味性不足,服务效果评估和监管不到位,等等。从社会工作的专业视角来看,家庭教育服务是保障儿童生存权、发展权、受保护权和参与权实现的重要制度安排。

从儿童权利视角推进家庭教育服务体系的现代化,是社会工作专业高质量发展的必然要求。建立健全家庭教育指导服务体系的关键是研制科学有效的家庭教育方案，国际上已开发出多种应用广泛并且在减少暴力管教方面效果显著的家庭教育服务项目。国际上的家庭教育服务项目尤其重视面向年幼儿童父母提供服务，由经过专业训练的护士、社会工作者或非专业人员等为不同类型的家庭提供育儿入户指导、父母支持小组和社区整合服务。早期家庭教育指导服务有助于将儿童身心健康问题前置，防患于未然，及早预防儿童在成长过程中出现心理和行为问题，并且大大降低后续家庭教育指导服务的成本。

中国对家庭教育的重视源远流长。从古代的家风家训家教建设、近现代的亲子关系转向，到当前国家通过立法对家庭育儿实践进行干预，既体现了家庭教育发展的一般趋势，也体现了中国家庭教育的独特性。一方面，中国父母逐步认同以儿童为中心的现代育儿方式；另一方面，对年幼儿童的照顾养育仍然传承主干家庭跨代合作育儿的实践模式，代际育儿理念、育儿态度和育儿行为之间的冲突不可避免。因而，构建中国特色家庭教育指导服务体系需要及时回应当前父母所生活的特定社会文化背景和所面临的现实性育儿挑战。

为此，本书以保障儿童基本权利为切入点，既观照国际上家庭教育服务的有益经验，又立足中国社会文化变迁背景下的家庭教育实践探索。本书包括上中下三篇，共十二章内容。上篇涵盖第一至第三章，着重分析了儿童保护与家庭教育服务之间的关系，国内外儿童虐待与忽视的现状及其身心健康后果，以及从公共卫生视角出发建立家庭教育指导服务体系的意义。中篇涵盖第四至第七章，全面系统回顾了高收入和中低收入国家的代表性家庭教育服务项目，描述了其发展背景、理论基础、服务内容和实践效果，深入挖掘了家庭教育服务的国际经验及其局限性。下篇涵盖第八至

第十二章，结合我国家庭教育的社会文化背景和亲子关系变迁，笔者带领研究团队探索了"赋能父母　慧育未来"家庭教育服务项目的试点过程、准随机对照实验和追踪效果，以及农村父母参与家庭教育服务项目的促进因素和障碍因素，为我国城乡家庭教育服务体系构建提供科学的循证方案和实践路径。不过，无论是关于国际经验还是中国实践，本书都只是一管之窥，难免挂一漏万，欢迎各位同行批评指正。

本书有三个突出特点：一是聚焦于儿童权利实现这一根本目标，将家庭教育服务置于保障儿童基本权利的现代化发展脉络之中，尝试从预防服务体系构建角度为儿童的健康成长保驾护航。二是坚持循证实践思路，家庭教育服务立足于科学证据才能切实为父母赋能，并助力儿童的全面发展。改变对父母角色的底层认知，支持积极亲子关系的建立，提升父母非暴力管教水平是循证家庭教育服务的共同基础。三是密切结合中国家庭教育的社会文化特点和时代背景，设计符合我国国情的家庭教育服务项目，希冀精准回应当代家庭育儿实践中的难点和痛点问题。

本书在写作过程中不仅需要对国内外家庭教育服务的相关资料和数据进行梳理和提炼，还需要强大的服务团队向城乡父母递送家庭教育服务并检验其成效，因而本书是我和研究团队成员共同努力的成果。在此，我向所有参与家庭教育公益服务项目的研究团队成员致以谢意，她们是：博士生王玮玮、刘诗琴；硕士生梁裕珠、夏星儿、杨海鹰、刘钰、李姿慧、李鸿霖、王雪霏、赵曼彤。同时，感谢所有参与家庭教育服务项目的父母和合作学校老师的大力支持。最后，特别感谢中国人民大学出版社的盛杰女士，没有她的付出，本书无法得到出版。

目　录

上篇：儿童保护与家庭教育服务的构建方略

本篇包括第一章至第三章共三章内容，重点分析家庭教育服务的目标与构建方略。第一章论述家庭教育服务的目标，通过系统梳理儿童保护的国际共识，以及家庭教育服务成为儿童保护服务体系现代化的重要制度安排的发展历程，指出中国构建覆盖城乡的家庭教育服务体系的最基本目标应是保障儿童的受保护权利，进而助力我国儿童福利制度的现代转型。第二章论述推进家庭教育服务的原因，运用元分析方法聚焦于儿童遭受虐待与忽视的严重后果，发现作为儿童人格发展核心的自尊同儿童虐待与忽视呈中等程度负相关关系，并且亚洲地区经历过虐待与忽视的儿童受到的负面影响更大，这些结果进一步为预防儿童虐待与忽视提供了实证依据。第三章论述家庭教育服务的构建方略。儿童虐待与忽视是全世界范围内备受关注的社会问题，公共卫生预防服务体系建设的经验表明，证据为本的家庭教育服务是全球推进儿童保护及社会工作专业科学化和高质量发展的战略选择。

第一章 | 儿童保护与家庭教育服务

一、儿童保护的国际共识

儿童保护是国际社会普遍关注的公共议题。1919年，救助儿童会国际联盟成立，1923年《儿童权利宣言》通过，1924年《日内瓦儿童权利宣言》通过。为了适应国际需要，联合国在《世界人权宣言》中对儿童权利进行确认并于1959年通过《儿童权利宣言》。《儿童权利宣言》明确规定"儿童因身心尚未成熟，在其出生以前和以后均需要特殊的保护和照料，包括法律上的适当保护"，并强调"儿童应被保护不受一切形式的忽视、虐待和剥削"。1990年，我国政府签署了联合国于1989年通过的《儿童权利公约》，将充分保障儿童权利纳入政府工作的议事日程。

20世纪60年代，《美国医学会杂志》发表了一篇名为《受虐儿童综合征》的文章，成为现代社会揭发儿童虐待的开端。美国儿科医生亨利·肯普（Henry Kempe, 1962）将儿童虐待界定为一种临床可诊断的医学和躯体症状，通常是年幼儿童遭受来自父母的躯体虐待之后的症状，也是造成儿童残障和死亡的重要原因。因而，他建议医生向执法机关或者儿童保护机构举报所有儿童虐待案件。这些发现很快将儿童虐待问题变成备受公众关注的社会问题，在 70 年代末，儿童虐待被扩展为一系列不同严重程度的身体虐待、情感虐待、情感忽视和性虐待等多种类型的虐待。受此影响，很多西方国家开始对儿童福利法律、政策和实务进行大刀阔斧的改革（Patron, 1985）。儿童福利改革不仅仅聚焦于专业人员识别儿童虐待的重要性，更强调有必要向这些家庭提供服务以帮助它们。

20 世纪 80 年代中期，人们发现对儿童虐待的临床诊断和科学研究并没有像预期那么严谨，在儿童福利政策和服务之外还存在大量尚未被发现的儿童虐待事件。尤其是有的儿童遭受虐待没有被识别出来，有的儿童却被错误地识别为遭受了虐待。1987 年夏天，英国东北一小镇依照紧急保护令，在违背父母意愿的情况下，将 122 名年幼儿童滞留医院，其中有儿童在医院疑似遭到性侵，调查手段颇受争议。这一事件发生后多年一直遭受公众的质询，本来旨在识别、管理和预防儿童虐待的儿童保护系统自身难辞其咎。90 年代，对儿童保护系统的担心主要来源于与风险社会相关的因素，比如儿童保护系统本身在识别和预防儿童虐待时产生了很多意想不到的负面后果。

20 世纪末，国际组织建议各国将儿童虐待预防作为战略重点。1999 年，世界卫生组织将"儿童虐待与忽视"（child maltreatment）界定为：对儿童有义务抚养、监管及有操纵权的人做出的足以对儿童的健康生存、生长发育及尊严造成实际或潜在伤害的行为，具体包括各种形式的躯体和（或）情感虐待、性虐待、忽视及对儿童进行经济性剥削（WHO, 1999）。这个定义将儿童虐待与忽视限定为：第一，施虐者与受虐儿童之间有密切的人际关系，指对儿童有义务抚养、监管及有操纵权的人；第二，行为的严重程度，指足以对儿童的健康生存、生长发育及尊严造成实际或潜在伤害的行为；第三，描述儿童虐待与忽视的类型，指包括各种形式的躯体和（或）情感虐待、性虐待、忽视及对儿童进行经济性剥削。可见，儿童虐待与忽视作为一种伤害类型其实包含了身体、情感和性等多重形式的伤害。

儿童保护有广义和狭义之分。广义的儿童保护与广义的儿童福利的含义类似，指现代福利国家为改善儿童状况、促进儿童福利的所有制度安排（李莹，韩文瑞，2018）。狭义的儿童保护指国家通过一系列的制度安排，包括社会救助、法庭命令、法律诉讼、社会服务和替代性养护等措施，为受到和可能受到暴力、忽视、遗弃、虐待和其他形式伤害的儿童提供的救助、保护和服务措施，使儿童能够在安全的环境中成长（尚晓援，张雅桦，2011）。本书将主要围绕狭义的儿童保护概念讨论关于我国儿童遭受父母或其他家庭主要照顾者侵害的立法、政策取向和服务实践。

二、儿童保护的政策取向与家庭服务

实行不同福利体制的西方国家建构了不同取向的儿童保护政策体系。20 世纪 90 年代，根据国家、家庭在儿童养育与保护工作中的不同关系和角色设定，吉尔伯特（Gilbert, 1997）等学者将欧美儿童保护分为两种类型：一种为儿童保护取向（child protection），另一种为家庭服务取向（family service）。前者揭示了狭义儿童保护界定下的相关政策与实践特征，代表国家为美国、英国、加拿大等英语系国家；后者更接近于广义儿童保护界定下的政策构成，代表国家包括瑞典、丹麦、芬兰、比利时、荷兰、德国。在儿童保护取向下，国家主要关注处于高风险的一小部分儿童，将儿童虐待与忽视视为父母的过错，强调政府通过司法途径对高危家庭进行干涉，保护儿童免受伤害。在此种模式下，政府干预通常为强制性的，国家与父母为对立关系。在家庭服务取向下，国家将儿童虐待与忽视视为家庭功能失调的结果，认为家庭功能失调由社会和心理因素导致，可以通过国家为儿童及其父母提供支持性、自愿参与的治疗性服务加以修正。家庭服务取向的国家通常建立了完备的家庭支持服务体系，包括育儿假、对儿童照护的经济支持、为父母普遍提供的咨询和支持服务等，国家与父母为合作伙伴关系。帕顿（Parton, 2017）对这两种取向的主要因素及其差别进一步展开了比较（见表1-1）。

表1-1　儿童保护取向与家庭服务取向的差异

宽泛的系统分类	儿童保护取向	家庭服务取向
福利类型（type of welfare state）	剩余和选择性福利	全面和普惠型福利
儿童保护服务的地点（place of child protection system）	与家庭成员分离的支持服务	植入更广泛和正常的儿童福利或者公共卫生服务中
儿童保护系统的类型（type of child protection system）	司法介入、行政调查；敌对的关系	自愿、灵活、问题解决；合作式关系
儿童和家庭的取向（orientation to child and families）	强调儿童的个人权利；专业人员对儿童福利负主要责任	强调家庭整体性；专业人员与家庭中的所有人一起工作
服务基础（basis of the service）	调查风险，最终形成儿童安全计划	支持性或者治疗性回应，以满足需要或解决问题
覆盖范围（coverage）	资源主要集中在虐待或者再次虐待风险较高的家庭	资源在早期阶段对于更多家庭具有可及性

自20世纪90年代以来，针对实践中的问题，各国均对儿童保护政策进行了持续变革。吉尔伯特（Gilbert, 2011）等西方社会福利学者的追踪研究表明，受社会投资理念以及强调儿童权利的个人化思潮推动，之前被

识别为儿童保护取向的国家已经纳入了一些家庭服务取向的因素，与此同时，家庭服务取向的国家也在儿童保护方面做出了切实努力。如美国、加拿大等国家自20世纪90年代以来逐渐建立起区别响应系统，在对家庭强制调查的传统做法之外，提供更具支持性的干预路径并不断予以改进；欧洲国家亦从强调儿童个体权利、早期干预等多方面加强其儿童保护工作。

基于上述变化，吉尔伯特等学者认为欧美国家的儿童保护出现了一个新的取向：儿童焦点取向。一方面，这一取向将儿童视为与国家有独立关系的个人，或者说视其为家庭中的独立存在，因而不同于家庭服务取向。其将儿童权利置于父母权利之上，强调父母作为照顾者的责任。另一方面，这一取向也不局限于对儿童遭受伤害或虐待的狭隘关切，而是关注儿童的整体发展和福祉。在这一取向的政策环境下，如果国家认为存在可能影响儿童发展的情况，那么将致力于提供支持或者强制性干预措施；强调国家在提供早期干预和预防服务方面应承担更多责任；并且，由于认为儿童是独立于家庭的存在，因此倾向于推动去家庭化的政策，强化国家的养育责任。国家与父母的关系为：国家既是父母的合作伙伴，也可以在父母无法履责时及时提供替代养护。吉尔伯特等西方学者对于儿童保护制度的分类，是基于对各国儿童保护制度在七个主要维度上的比较而得出的。这七个主要维度包括干预驱动力、国家角色、问题界定、干预模式、干预目标、国家-父母关系以及权利平衡，决定了国家、家庭、儿童各自的角色设定（见表1-2）。有学者认为，依据国际社会对儿童保护三种取向的界定，我国的儿童保护制度建设还处于起始阶段，儿童保护更多体现出多种取向的混合特征（李莹，韩文瑞，2018）。

表 1-2 儿童保护制度：三种取向的比较

	儿童保护取向	家庭服务取向	儿童焦点取向
干预驱动力（driver for intervention）	父母对孩子存在虐待或忽视行为	家庭系统需要支持	儿童需要；社会对于健康有益公民的需要
国家角色（role of the state）	约束惩罚违规父母，国家扮演守门人角色保证儿童安全	为父母提供支持，加强家庭关系	父权制/去家庭化：国家扮演父母角色，但是强调通过寄养、收养等推动儿童回归家庭
问题界定（problem frame）	个人的/道德的	社会的/心理的，比如体制、贫困、种族等	儿童发展的不公平
干预模式（mode of intervention）	法律途径/调查性的	治疗性的（therapeutic）/需求评估	早期干预需求评估
干预目标（aim of intervention）	保护/减少伤害	预防伤害/社会团结（social bonding）	推动儿童福利，促进社会投资和机会平等
国家-父母关系（state-parent relationship）	对立	合作伙伴	替代性/合作伙伴
权利平衡（balance of rights）	孩子/父母权利通过法律执行；儿童权利在父母权利之上	父母权利在儿童权利之上；父母家庭生活的权利受专业社会工作者协调	儿童权利在父母权利之上；强调儿童权利和父母责任

三、中国儿童福利制度转型与家庭教育服务体系构建

中国政府从 20 世纪 90 年代之后，努力推进现代儿童福利制度的建立。我国于 1990 年签署联合国《儿童权利公约》，并于 20 世纪 90 年代和 21 世纪初先后制定两个"中国儿童发展规划纲要"。这两个纲要将国家保护和关爱儿童的意志上升为国家政策和发展规划，标志着新型福利模式的诞生（刘继同，2012）。儿童福利国际交流的增加促进了院舍照顾观念和方式的转变，儿童照顾开始强调满足儿童多层次的生活需求并开始重视社会融入和家庭取向的理念。

21 世纪以来，中国儿童福利在保障对象、覆盖范围、立法和行政架构方面都取得了重大进展，有学者认为中国开始向适度普惠型儿童福利制度转型。2011 年，民政部提出中国儿童福利保障对象的范围是随着经济发展、社会文明进步而逐步拓展的，从孤儿到困境儿童，最终目标是所有儿童。困境儿童在覆盖范围上已经超过了传统孤残儿童，以困境儿童为保障对象的中国儿童福利制度实际上是介于残补型与普惠型儿童福利制度之间的一种中间状态。2013 年是中国建设适度普惠型儿童福利制度的重要年份。在中央和地方各级政府的推动下，全国各地纷纷建立或规划困境儿童保障制度，但制度的覆盖面和保障范围还需要进一步拓展。2014 年，《民政部关于进一步开展适度普惠型儿童福利制度建设试点工作的通知》发布，其规定试点工作的总目标是扩大儿童福利范围，推动儿童福利由补缺型向适度普惠型的转变，建立健全城乡一体化、保障制度化、组织网络化、服务专业化、惠及所有儿童的儿童福利制度和服务体系。2013 年和 2014 年，民政部分别在全国 98 个县市开展未成年人社会保护试点，建立未成年人保护中心，从关注流浪儿童救助保护转向关注更多受伤害儿童

的社会保护，首次提出一系列报告制度或强制报告制度，包括家庭暴力报告、留守儿童监护和伤害强制报告、困境儿童强制报告、社区流浪未成年人发现和报告等制度或机制。

2018年，民政部在《开创新时代民政工作新局面》的工作布置中，指出要深刻认识以人民为中心的发展思想，赋予新时代民政工作以新的使命，机构改革后，儿童福利保障对象由孤残儿童、农村留守儿童、困境儿童向全体儿童扩展。2019年，民政部首次设立儿童福利司，这是儿童福利行政管理级别首次升格为"司"，独立的儿童福利管理部门的设立是社会发展和机构改革的趋势。同时，这也与已经建立相对健全的儿童福利体系的发达国家的发展趋势保持了一致性，对于未来统筹设计儿童福利制度具有重大意义。但是，从中国儿童福利制度的发展历程可以发现，国家、社会和家庭在儿童福利保障中的责任分配尚不清晰，尤其是在市场经济条件下家庭承担了较多责任，却缺乏相应的福利支持。在社会结构急剧变化的条件下，家庭的无力直接影响到儿童福利的兑现。

党的十八大以来，以习近平同志为核心的党中央对儿童工作做出了一系列重要指示，加强儿童保护和福利保障的国家政策频频出台。比如，国家先后出台了《国务院关于加强农村留守儿童关爱保护工作的意见》《国务院关于加强困境儿童保障工作的意见》，确立了"强制报告、应急处置、评估帮扶、监护干预"四位一体机制；针对校园欺凌、虐待儿童等侵害案件，出台了《关于进一步深化预防青少年违法犯罪工作的意见》《关于加强专门学校建设和专门教育工作的意见》等指导性政策；修改了《中华人民共和国刑事诉讼法》，增设了未成年人专章；等等。国务院于2021年9月8日印发的《中国儿童发展纲要（2021—2030年）》，在儿童优先原则与儿童全面发展原则指导下，从国家、社会、学校和家庭等方面建立了针对儿童暴力伤害的部门合作防控工作机制，落实了针对儿童暴力伤害的发现、报告、干预机制。

2020 年修订的《中华人民共和国未成年人保护法》（简称 2020 年《未成年人保护法》）于 2021 年 6 月 1 日起正式施行。它以儿童权利为基础，根据新的时代特点，在原来的家庭保护、学校保护、社会保护和司法保护四大保护的基础上，创新性地增加了网络保护和政府保护，并且在监护制度方面有了更加细化和可操作的规定。中国政府保护儿童的责任首次通过法律的形式得以确立，国家保护儿童的意志和决心得到彰显。就儿童虐待与忽视及其伤害来讲，2020 年《未成年人保护法》第十七条规定：未成年人的父母或者其他监护人不得虐待、遗弃、非法送养未成年人或者对未成年人实施家庭暴力。为贯彻落实 2020 年《未成年人保护法》的要求，2021 年 4 月 21 日国务院成立未成年人保护工作领导小组，负责统筹、协调、督促和指导未成年人保护工作，并由民政部门牵头开创未成年人保护的新格局。至此，民政部门已初步建立了县（市、区、旗）、乡镇（街道）、村（居）基层儿童保护三级网络体系。但是，我国基层儿童保护体系中能够提供儿童家庭暴力预防和干预服务的人员以兼职的儿童主任为主，大部分的儿童主任由村（居）负责妇女儿童工作的人员来担任，这部分工作人员往往缺乏儿童保护的专业知识和服务技巧（黄君，2020）。因而，专业社会工作者在儿童家庭暴力预防和干预服务提供中的作用尚未充分发挥出来。

家庭是儿童保护的第一场所，家庭基本监护的缺失和不恰当的家庭教育方式是导致儿童遭受伤害的直接原因。全国妇联第二次全国家庭教育现状调查（2022）显示，中国家长在家庭教育方面面临的主要困难是"不知道用什么方法教育孩子"和"不了解孩子的想法"。亲子关系不良、对儿童缺乏了解和存在不合理的期望，会增加儿童陷于困境和罹患心理障碍的风险（Poole et al., 2014）。循证育儿计划和干预措施是支持父母和其他照顾者并防止童年时期虐待、忽视和逆境的一种可推广且具有成本效益的方式，有助于儿童及其照顾者拥有良好的心理健康和福祉，并能减少人一生中的危险行为。当初始的启动资金到位后，向每个家庭提供育儿干预措施的费用大致相当于常规儿童疫苗接种规划的费用（联合国儿童基金会，2018）。

为了增加父母和其他照顾者的教养知识和技巧，我国政府对家庭教育这一议题的重视程度越来越高，社会对于家庭教育指导服务的需求也在逐渐增加。2022 年 1 月 1 日，《中华人民共和国家庭教育促进法》开始正式施行，从法律上明确规定了未成年人的父母或者其他监护人要负责实施家庭教育，并由国家和社会为家庭教育提供指导、支持和服务。这标志着我国家庭教育由传统的"家事"上升为新时代重要的"国事"。党的二十大报告强调"加强家庭家教家风建设"。重视家庭教育不仅关系到儿童自身的健康快乐成长，也关系到人民群众的幸福感和中华民族的伟大复兴。2023 年 1 月 13 日，教育部等十三部门联合印发《关于健全学校家庭社会协同育人机制的意见》，要求到"十四五"时期末，城乡社区普遍建立家庭教育指导服务站点，到 2035 年形成定位清晰、机制健全、联动紧密、科学高效的学校家庭社会协同育人机制。这些法律法规和政策文件为我国构建新时代的家庭教育指导服务体系指明了方向，提供了根本遵循。而建立防止我国城乡儿童遭受家庭暴力的服务体系的关键是研制科学有效的家庭教育方案。

四、研究目标和意义

在全球范围内，每年约有 10 亿名 2～17 岁的儿童遭受身体、情感或性暴力（Hillis et al., 2016）。国际经验表明，在人口层面为育儿和养育照护提供支持，可以加速对儿童虐待与忽视的预防，以及预防虐待与忽视对儿童整个生命历程中的身心健康造成的巨大和持续的负面影响（联合国儿童基金会，2020）。干预措施带来的政府预算投资回报、社会福祉以及儿童整个生命历程中的其他发展成果是巨大的。研究表明，用于儿童早期干预的每一美元每年可带来 13% 的投资回报，表现为更好的教育、经济、健康和社会成果（Heckman et al., 2010）。

世界卫生组织（2016）将父母和其他照顾者支持作为结束针对儿童的暴力的七大核心策略之一。亲职干预项目提供了一种经济高效、可推广的方式，使父母能够获得所需的支持、信心和技能，以在儿童发展的最关键时期，即大脑发育最快的时期，提供敏感性养育和照护。这些干预措施还提供了有效的策略来增进照顾者的心理健康和福祉，帮助照顾者改善关系，减少冲突，管理家庭财务和缓解育儿压力（Ward et al., 2020）。

我国虽然已建立了初步的家庭教育指导服务体系，但在回应广大人民的需求方面有待进一步完善。这主要表现在：首先，中国家长数量庞大。城市受过高等教育的家长比例在逐步提高，其自学能力较强，对家庭教育指导服务需求迫切；而农村家长忙于生计，参与家庭教育服务项目的动力相对不足，同时农村困境家庭和进城务工家长比例较大，实施家庭教育面临诸多困难，不同家庭的服务需求多元。其次，在"双减"政策背景下，城市家长的教育焦虑有增无减。无论是在升学阶段还是在日常学习中，城市家长的教育焦虑无处不在，盲目进行学校和孩子的排名攀比，导致过度重视孩子的学习成绩，而忽视立德树人的根本目标。最后，城市青少年的心理健康问题较为突出。《中国国民心理健康发展报告（2019—2020）》显示，2020 年，我国青少年抑郁检出率为 24.6%，而城市地区青少年的抑郁程度显著高于农村地区。人民群众家庭教育的需求不断变化，我国当前的家庭教育指导服务体系也仍然存在较大挑战。本书的目标有两个：（1）系统回顾和梳理国际上（既包括高收入国家，也包括中低收入国家）已有的循证家庭教育方案；（2）研制符合中国社会文化背景的家庭教育方案并检验其成效，修补儿童保护和家庭教育法律与服务之间的断裂，为我国出台和推广循证家庭教育方案提供实证依据。开展从循证家庭干预角度防治儿童虐待与忽视及其伤害的研究，既有重大的理论价值又有极强的现实意义。

从理论上讲，发展生态理论是解释儿童遭受家庭暴力的经典理论（Belsky, 1993），其主要观点是：不存在单向度的儿童虐待与忽视成因，儿童虐待与忽视成因主要是由生态系统中互动个体的发展背景（如父母等监护人）和直接背景（微观系统），以及被嵌入社区（中间系统和外部系统）、文化（宏观系统）和时间（时序系统）中的因素交互影响决定的。受发展生态理论和儿童权利视角的影响，西方社会在现代化过程中发展出一系列儿童保护的强制报告、应急处置、评估干预和替代监护制度（尚晓援，2011）。在过去几十年里，虽然以美国为代表的西方国家投入了大量的人力、物力和财力致力于国家亲权的儿童保护制度构建和服务递送，但是儿童暴力伤害远未得到有效防治（Ferguson, 2004）。在我国，家庭依然是城乡儿童福利的最主要提供主体（彭华民 等，2020）。因而，与西方儿童保护制度和服务体系不同，我国儿童保护体系的发展生态模型应遵循自内而外的差序关系逻辑。换句话说，我国应构建以家庭关系为本的儿童保护预防服务体系，而政府则主导购买、监督和推进家庭教育基本公共服务，使之在城乡社区落地生根。

从现实来讲，我国针对儿童的家庭暴力问题较为突出，但城市和农村的家庭教育基本公共服务都比较薄弱（Cuartas et al., 2019；王丽媛，2008）。我国与儿童遭受暴力的流行情况及其健康后果相关的实证研究近年来逐渐增多，但是大部分研究并没有聚焦儿童早期受到的暴力伤害（Wen et al., 2021; Wang & Liu, 2014）。儿童早期是认知、情感、社会性和行为发展的关键时期，为其后续学习和终身发展奠定基础，而这个时期恰恰是儿童最容易遭受家庭暴力的时期（单文婕，江帆，2022）。以儿童早期家庭暴力的预防与干预为切入点，研究其对儿童身心健康的影响，并通过循证干预降低暴力伤害风险，是本书独特的应用价值。本书的成果一方面有助于加强循证家庭教育服务项目的国际比较，另一方面聚焦立足于本土需求和社会服务资源现状的家庭教育服务项目，有助于推动我国家庭教育服务的可持续发展。

参考文献

第二章 | 儿童虐待与忽视对自尊影响的元分析

一、儿童虐待与忽视同自尊关系的文献回顾

儿童虐待与忽视是一个影响全世界儿童福利的公共卫生议题，主要指父母或其他监护人对 18 岁以下儿童的虐待和忽视。它通常包括五种形式的虐待和忽视：身体虐待、情感虐待、性虐待、身体忽视和情感忽视（Bernstein et al., 2003; Gilbert, 2009）。儿童虐待与忽视的流行程度因地区和虐待类型不同而存在较大差异。例如，穆迪等人（Moody et al., 2018）发现，身体虐待和情感虐待影响了亚洲 35% 以上的儿童，非洲和南美洲超过 50% 的儿童，北美洲 30% 的儿童，以及欧洲和澳大利亚 12.5% 的儿童；此外，全球有 15%~50% 的儿童可能遭受过忽视。根据世界卫生组织的数据，在 2019 年，每两个 2~17 岁的儿童中就有一个遭受过暴力。儿童虐待与忽视的破坏性影响不仅给受害儿童带来严重的身心健康后果，也给整个社会带来巨大的经济负担（Fang et al., 2015; Gilbert et al., 2012）。

儿童虐待与忽视同身心健康问题之间的关系已得到充分证实；这些身心健康问题包括住院治疗、死亡、患精神疾病、药物滥用和有自杀倾向

的可能性更高（Segal et al., 2021; Fryers & Brugha, 2013; Gnanamanickam et al., 2020）。儿童虐待已被确认为成人出现抑郁症状的一个突出的风险因素。例如，多项元分析发现，经历任何形式的儿童虐待与忽视都同成年后患抑郁症的风险增加两倍以上有关（Li et al., 2016; Gardner et al., 2019）。儿童虐待与忽视还同慢性或复发性抑郁症的发展有关（Nanni et al., 2012）。汉弗莱斯等人（Humphreys et al., 2020）使用同一儿童创伤问卷来评估上述二者之间的关系效应大小，也得出了类似的结果。除了这些情感和行为后果，儿童虐待与忽视还同自尊下降有关。自尊既是一个结果变量（Mwakanyamale et al., 2018），同时也是儿童虐待与忽视同心理健康之间的一个中介变量（Yoon et al., 2019）。

自尊是个体发展的重要人格建构。它是指一个人对自我价值或个人价值的整体感受，代表一个人对自己的综合评价——包括正面评价和负面评价（Burger, 2006; Cast & Burke, 2002; Rosenberg, 1979; Zaff & Hair, 2003）。对于儿童来说，他们的自尊是由三个主要来源塑造的：他人的尊重、能力感以及他们对这两个方面的自我评价（Kohut, 2009）。依恋理论认为，儿童在与早期照顾者互动的基础上，形成自我感受及其与他人关系的认知模型（Bowlby, 1969; 1982）。因此，父母或其他照顾者在建立儿童的自尊方面起着关键作用（Hartner, 2008; Shaffer & Kipp, 2010）。具体来说，那些在安全的、被父母或其他照顾者关爱和欣赏的环境中长大的儿童，往往会发展出积极的自我认知和高水平的自尊（Plunkett et al., 2007）。相反，经常受到虐待或忽视的儿童可能会强化消极的自我概念，并体验到不被认可和被拒绝的感受（Herzberger et al., 1981; Ju & Lee, 2010）。更有甚者，有些儿童可能会发展出一种活着不值得的感觉，而这体现了他们的低水平自尊（O'Brien et al., 2006; Zeigler-Hill, 2011）。

在过去的 40 年里，研究表明，不同类型的儿童虐待与忽视的总分同自尊水平是呈负相关关系的，尽管对某一特定类型的儿童虐待与忽视仍有不同的发现（Allen & Tarnowski, 1989; Arslan, 2016; Asgeirsdottir et al., 2010; Bolger et al., 1998）。例如，与未遭受过虐待的同龄人相比，遭受过虐待的儿童的自尊水平更低，对未来的绝望感更强（Allen & Tarnowski, 1989; Shen, 2009）。

在童年时期遭受过情感虐待的个体往往自我价值感更低（Chen & Qin, 2020; Ma et al., 2011）。他们倾向于将父母的消极言论内化，作为自我评价的一部分（Mailk & Kaiser, 2016）。有些研究认为，由于儿童正常的依恋关系和积极的自我评价被破坏，在童年时期遭受过性虐待的个体往往会发展出较低水平的自尊（Diehl & Prout, 2002）。其他研究发现，15 岁前遭受过性虐待的女性与控制组的女性在自尊方面没有差异（Greenwald et al., 1990）。关于忽视的影响，以往的研究表明，父母忽视与低自尊水平之间有很强的相关关系（Cicchetti & Toth, 2016; Sturkie & Flanzer, 1987）。相比之下，较高水平的自尊是个体抗逆力和心理健康的最强有力的预测指标（Johnson et al., 2017; Paradise & Kernis, 2002）。

虽然在受虐儿童研究中关于自尊的研究有很多，但儿童虐待与忽视的五种亚类型与自尊之间的关系效应大小及其差异尚不清楚。因此，本研究的目的是综合评估以往关于儿童虐待与忽视的亚类型同自尊之间关系的研究结果，并探讨一些潜在的调节因素。识别儿童虐待与忽视总体及其亚类型同自尊之间的关系是非常有价值的，因为它将使决策者和实务工作者了解可能对自尊发展特别有害的虐待与忽视类型，从而设计有针对性的预防和干预方案。

二、研究方法

本研究遵循了系统综述和元分析优先报告的条目指南（Page et al., 2021）。

（一）检索策略

四位研究助理分别在中文和英文数据库中搜索了 2021 年 12 月 31 日之前发表的有关儿童虐待与忽视同自尊之间关系的研究。中文数据库包括中国知网、万方数据知识服务平台和维普资讯中文期刊服务平台，英文数据库包括 PubMed、PsycINFO、PsycARTICLES 和 Web of Science。搜索对发表类型没有限制，灰色文献也被包括在内。搜索词包括主题标题词和自由文本词的组合：if (child* maltreatment OR child* abuse OR child* neglect OR child* trauma OR child* mistreatment OR child* violence OR child* physical abuse OR child* sexual abuse OR child* emotional abuse OR child* physical neglect OR child* emotional neglect) AND if (self-esteem)。此外，研究助理还筛选了已纳入文献的参考文献列表，以避免错过其他任何有价值的研究。

（二）纳入和排除标准

如果该项研究符合以下标准，则有资格被纳入此次元分析：（1）为原始定量研究；（2）被调查者经历过儿童虐待与忽视，如身体虐待、情感虐待、性虐待、身体忽视或情感忽视；（3）儿童虐待与忽视同自尊之间的关系可以用任何形式的数据（例如，相关系数、回归系数或 t 值）来表示。

如果存在以下情况，则排除该项研究：（1）不是定量研究；（2）非英文或中文；（3）采用重复样本；（4）不关注儿童虐待与忽视及其亚类型；（5）没有聚焦于自尊；（6）未提供儿童虐待与忽视同自尊关系的统计信息；（7）找不到全文；（8）只报告虐待与忽视程度，未设置对照组。

（三）数据收集

在初步筛选潜在的高度相关研究后，培训四位研究助理独立筛选标题和摘要，以确定哪些研究符合纳入标准。如果四位研究助理对某一文献的纳入有不同的看法，则通过与项目负责人进行讨论或协商来达成共识。

被纳入的研究随后由四位研究助理独立进行审核，并使用标准化的数据提取表格来收集以下信息：（1）作者和该研究的发表年份；（2）样本特征，包括样本量、年龄（均值和标准差）和女性参与者的百分比；（3）方法特征，包括研究设计（横断面设计或纵向设计）、样本收集方法（是否为概率抽样）、报告类别（儿童或成人）、儿童虐待与忽视测量工具和自尊测量工具；（4）儿童虐待与忽视同自尊之间关系的效应量。四位研究助理如果有异议，则通过讨论达成共识；如果没有达成共识，则邀请项目负责人与这四位研究助理再次讨论以达成共识。

（四）数据分析

数据分析主要涉及效应量的计算。需要解决两个问题来计算每个研究的效应量。首先，在关于儿童虐待与忽视同自尊之间关系的实证研究中，对虐待与忽视和自尊使用了不同的测量方法。其次，这些研究采用了不同的估计方法——线性回归、结构方程模型、相关系数、优势比等等——因此，研究即使都关注儿童虐待与忽视对自尊的影响，对系数的解释也存在很大差异。这是元分析中常见的情况，有一个被广泛采用的解决方案：将各个研究的估计转换为偏相关系数（PCC）。相关的标准误差表示如下：

$$SE\left(PCC_i\right)\sqrt{\frac{1-PCC_i^2}{df_i}} \tag{1}$$

其中，PCC_i 和 df_i 是与估计效应量相关的偏相关系数和自由度。

在元分析中，估计效应量 PCC_i 成为因变量。下面方程（2）中 α_0 用普通最小二乘法（OLS）估计产生的值等于 M 估计值的算术平均数。因此，对儿童虐待与忽视是否显著影响自尊的测试包括对 α_0 的显著性的测试。

$$PCC_i = \alpha_0 + \varepsilon_i, \quad i=1,2,\ldots,M \qquad （2）$$

虽然普通最小二乘法是无偏的，但它是低效的，因为不同的 PCC_i 有不同的标准误差，这导致了 ε_i 的异方差性。加权最小二乘法（WLS）是获得 α_0 有效估计的一种方法。这相当于用方程（2）除以 SE，得到 PCC_i 标准误差的估计值，而用普通最小二乘法估计的方程式是：

$$\frac{PCC_i}{SE_i} = \alpha_0 \times \left(\frac{1}{SE_i}\right) + \frac{\varepsilon_i}{SE_i}, \quad i=1,2,\ldots,M \qquad （3）$$

请注意，这个方程给予更精确估计的效应量更大的权重。我们将这个加权最小二乘法估计量称为固定效应（FE）估计量。固定效应估计量隐含的假设是 PCC_i 值不同的唯一原因是抽样误差。很多学者发现，效应异质性的固定效应模型过于局限（Doucouliagos & Paldam, 2013; Reed, 2015）。更有可能的是，儿童虐待与忽视对自尊的影响并不是单一的、真实的，而是真实影响的分布。这种效应异质性模型在元分析文献中被称为随机效应模型。我们用带有标准差的误差项 τ 来表示这种异质性。如果这个误差项独立于抽样误差，那么 $\mathrm{var}\left(\varepsilon_i\right) = \left[\left(SE_i\right)^2 + \tau^2\right]\sigma^2 = \omega_i\sigma^2$。在这种情况下，加权最小二乘法的估计值可以通过方程（2）除以 ω_i 得到，而用普通最小二乘法估计的方程式是：

$$\frac{PCC_i}{\omega_i} = \alpha_0 \times \left(\frac{1}{\omega_i}\right) + \frac{\varepsilon_i}{\omega_i}, \quad i=1,2,\ldots,M \qquad （4）$$

此外，一个相关的问题涉及估计值与研究的权重。如果所有的效应量都以相同的精度估计，那么固定效应和随机效应估计量将对每个（分别标准化）估计量给予同等权重。假设有两项研究，研究 A 报告一个估计值，研究 B 报告五个估计值。给观察结果同等权重的一个结果是，研究 B 的权重将是研究 A 的五倍。另一种选择是为每项研究提供同等权重。在这种情况下，标准化估计数通过该研究报告的估计数的倒数进一步加权。因此，研究 B 的每一个标准化估计的权重将是研究 A 的五分之一。在随后的分析中，以上两种加权方案被确定为权重 1（等观察）和权重 2（等研究）。尽管随机效应估计量产生了比固定效应估计量更均匀的权重分布（Doucouliagos & Paldam, 2013），但我们的研究使用两者来比较结果并确保分析的稳健性。

接下来，我们应该如何评估固定效应或随机效应中 α_0 的估计值？作为相关性的估计值，偏相关系数取 -1 和 1 之间的值。杜库里格（Doucouliagos, 2011）将总体偏相关系数排序为 0.07、0.17 和 0.33，分别对应"小""中"和"大"效应量，这也是我们在解释实证分析时所使用的标准。

异质性。计算每个合并估计值的 Q 和 I^2 统计量，以确定异质性。Q 统计量是基于总体变异的检验，假设效应量服从于卡方分布；如果 $p < 0.05$，则说明本研究存在异质性。I^2 统计量是反映真实效应量变异在总变异中的百分比。$I^2 < 25\%$、$I^2 < 50\%$ 和 $I^2 \geq 75\%$ 分别代表低、中、高水平的异质性（Higgins et al., 2003）。

发表偏倚。发表偏倚是一种非随机遗漏，意味着被纳入元分析的研究不能系统、全面地代表该领域的研究整体（Wolfgang, 2007）。其直接和最严重的影响是，平均真实效应将被高估，导致元分析得出错误的结论。漏斗图和漏斗不对称试验（FAT）给出了一种常见的发表偏倚检验方法。漏斗不对称试验将估计效应的标准误差加到方程（2）的设定中，并对其显著性进行检验：

$$PCC_i = \alpha_0 + \alpha_1 SE\left(PCC_i\right) + \varepsilon_i, \quad i = 1, 2, \ldots, M \qquad (5)$$

发表偏倚检验是 $H_0 : \alpha_1 = 0$（Stanley & Doucouliagos, 2012, pp. 62, 117）。对这一假设的拒绝是元分析样本中的研究受到发表偏倚影响的证据。一种被广泛使用的发表偏倚校正方法是在方程（或其平方）中包含 $SE(PCC)$ 项，估计 α_1。因此，$SE(PCC)$ 项的作用类似于样本选择的 Heckman-type 校正中的米尔斯比。纳入 SE 变量也有助于控制发表偏倚对平均真实效应 α_1 估计的影响。因此，方程（5）中的 α_0 代表儿童虐待与忽视对自尊的平均真实效应经过有偏调整后的估计值。对 α_1 的显著性检验被称为精度效应检验（PET）。拒绝 $H_0 : \alpha_0 = 0$ 被认为是儿童虐待与忽视对自尊的平均真实影响非零的证据（Xue et al., 2020）。

元回归分析。上面估计了儿童虐待与忽视对自尊的平均真实影响。无论是否存在异质性，无论不同的研究特征对平均真实效应的影响如何，我们都必须检验影响平均效应大小的因素。为此，我们在方程（6）中增加了潜在的调节变量。

$$PCC_i = \alpha_0 + \alpha_1 SE_i + \sum_{k=1}^{k} \alpha_{k+1} X_{ki} + \varepsilon_i \qquad (6)$$

其中，X_k 表示潜在的调节变量，$k=1, 2,\ldots,k$。系数 α_{k+1} 表示由 X_k 造成的儿童虐待与忽视对自尊影响的变化，其中，负系数表明具有特征 X_k 的研究估计出儿童虐待与忽视对自尊的更大的负面影响。这也意味着特征 X_k 的存在增加了合并估计的异质性。

敏感性分析。影响分析是为了检验任一研究对平均效应量的影响，旨在检验研究结果的稳健性（Steichen, 2001）。具体来说，假设纳入研究的分布存在极端特征，所有分析均通过随机重复抽样删除 10% 的研究后重新运行。如果方程（6）中的 α_0 和 α_1 的重新估计值超出了原始值的 95% CI，那么意味着研究结果并不可靠。本章研究采用 STATA 16.0 进行回归分析，显著性水平设为 0.05（双尾）。

三、研究结果

（一）研究筛选过程

通过检索 3 个中文数据库、4 个英文数据库和其他资源，总共确定了 4 879 项研究。其中，1 028 项研究属于重复研究，3 221 项研究在筛选标题和摘要后因不符合纳入标准而被剔除。在剩下的 630 项研究中，研究助理评估了符合条件的研究全文，最后有 254 项研究符合纳入标准被纳入了元分析（见图 2-1）。

（二）描述性统计分析

我们最初的数据包括从 254 项研究中收集到的 578 个观察结果。我们将每一估计值转化为 PCC 值及其相应的 t 值。如表 2-1 所示，全样本的 t 值的均值为 -4.99，中位数为 -3.42。我们注意到，t 值的最小值和最大值分别为 -128 和 8.01。PCC 值的均值和中位数皆为 -0.19，最小值和最大值分别为 -0.99 和 0.61。t 统计量和 PCC 值的直方图如图 2-2 所示，但我们发现了异常值。因此，我们继续截取 PCC 值的顶部和底部的 1%，留下 554 个观测值。t 统计量、df 和 PCC 值的截取分布也报告在表 2-1 中。截取样本的 PCC 值的均值和中位数都是 -0.19。

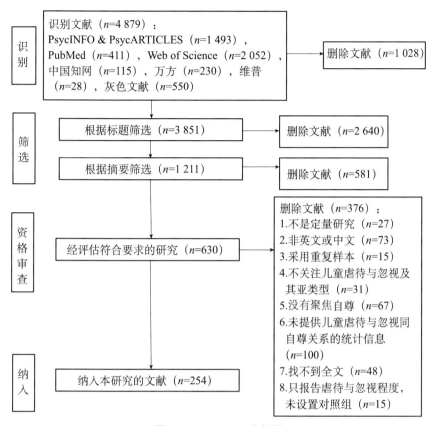

图 2-1　PRISMA 流程图

表 2-1　效应量估算的描述性统计

	t 检验		df		偏相关系数	
	全样本	截取样本	全样本	截取样本	全样本	截取样本
均值	-4.99	-4.58	1 013	936	-0.19	-0.19
中位数	-3.42	-3.43	401	396	-0.19	-0.19
最小值	-128	-24.05	16	16	-0.99	-0.68
最大值	8.01	3.53	15 197	12 451	0.61	0.28
标准差	8.10	4.69	1 802	1 532	0.18	0.15
1%	-27.90	-22.21	40	40	-0.77	-0.60
5%	-16.75	-14.86	62	62	-0.50	-0.46
10%	-11.54	-10.40	102	102	-0.40	-0.39
90%	-0.01	-0.22	2 653	2 591	-0.00	-0.01

续表

	t 检验		df		偏相关系数	
	全样本	截取样本	全样本	截取样本	全样本	截取样本
95%	1.54	0.76	3 842	3 620	0.07	0.04
99%	6.35	2.89	9 704	9 704	0.30	0.22
观测值	578	554	578	554	578	554

注：通过删除位于偏相关系数值顶部和底部 1% 的观测值，从全样本中获得截取样本。

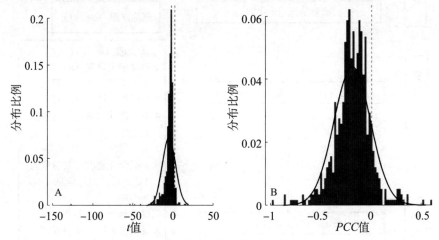

图 2-2　t 检验和偏相关系数分布图

儿童虐待与忽视对自尊的总体影响见表 2-2。值得注意的是，不同类型的儿童虐待与忽视同自尊之间关系的 Q 统计量具有统计学意义（$p<0.05$），I^2 统计量也超过 75%，这表明元分析存在异质性。总体而言，不同类型的儿童虐待与忽视同自尊之间存在显著的负相关关系。换句话说，童年时期遭受虐待与忽视经历显著降低了长大后的自尊水平，总体 $PCC=$ −0.19（95% CI [−0.20, −0.18]）。进一步的分析表明，总体虐待（$PCC=0.24$，95% CI [−0.27, −0.21]）、情感虐待（$PCC=−0.23$，95% CI [−0.25, −0.20]）、总体忽视（$PCC=−0.24$，95% CI [−0.30, −0.17]）和情感忽视（$PCC=$ −0.22，95% CI [−0.26, −0.19]）与自尊之间的效应量大于其他类型的虐待与忽视。然而，该分析有两种威胁：首先，表 2-2 中给出的值是未加权

的，因此我们需要使用上述不同的加权方案重新计算我们对平均真实效应量 a_0 的估计。其次，该分析忽略了发表偏倚。换句话说，如果我们由此得出结论，那么我们可能会低估或高估真实的影响。接下来，我们将通过发表偏倚检验和元回归分析来进一步确认儿童虐待与忽视对自尊的影响。

表 2-2　元分析中效应量大小和异质性的合并效应

| | n | 自尊 | | Q | I^2 |
		偏相关系数（95% CI）			
总体虐待	79	-0.24 [-0.27, -0.21]		946.96***	91.8
身体虐待	103	-0.14 [-0.17, -0.12]		1 221.07***	91.6
情感虐待	109	-0.23 [-0.25, -0.20]		1 601.38***	93.3
性虐待	131	-0.15 [-0.17, -0.13]		1 962.18***	93.4
总体忽视	27	-0.24 [-0.30, -0.17]		603.02***	95.7
身体忽视	46	-0.17 [-0.21, -0.14]		926.35***	92.5
情感忽视	55	-0.22 [-0.26, -0.19]		600.83***	94.2
合计	550	-0.19 [-0.20, -0.18]		8 399.03***	93.5

注：***$p<0.001$。PCC，偏相关系数；95% CI，95% 置信区间。I^2 代表研究间的异质性（基于 Q）导致的效应量变异占总变异的比例。

（三）发表偏倚

发表偏倚产生的原因有很多，其中最主要的原因是发表选择偏倚，发表选择偏倚通常倾向于发表具有统计显著性或与研究者和期刊的预设信念一致的研究（Xue et al., 2020）。发表偏倚是对元分析有效性的一个严重挑战。如果文献中的估计值大得不成比例且显著，那么将其平均之后会保留这种偏差，从而产生对平均真实效应的扭曲评估。目前还没有一致的方法来识别和纠正元分析文献中的发表偏倚，我们将分两步来检查发表偏倚。

首先，采用非正式的"漏斗图"来检验发表偏倚。漏斗图估计了对偏相关系数的标准误差的影响，最精确的估计在顶部。如果估计的效应值都来自相同的正态分布，那么最精确的估计应该紧密地聚集在该分布的均值周围，而不太精确的估计则向外发散，形成漏斗形（Sterne & Egger, 2001）。如果漏斗图是"不平衡的"，估计值倾向于一方，特别是倾向于不太精确的偏相关系数值，就是发表选择偏倚的证据（Gunby et al., 2017）。图 2–3 为本研究估计效应量的漏斗图。每个漏斗图顶部的离散度是最精确的估计，是不同研究之间"真实"效应差异的证据。通过直观判断，漏斗图基本对称，没有严重的发表偏倚存在。

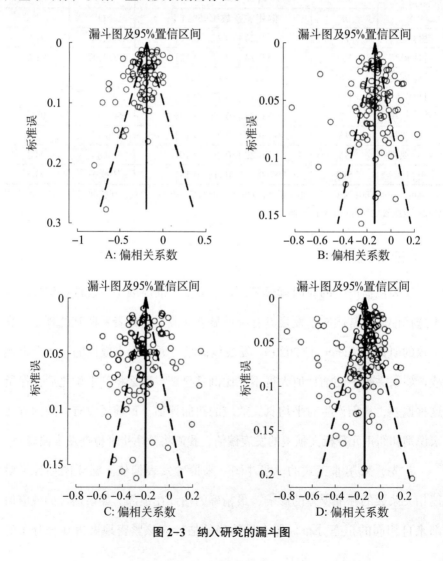

图 2–3   纳入研究的漏斗图

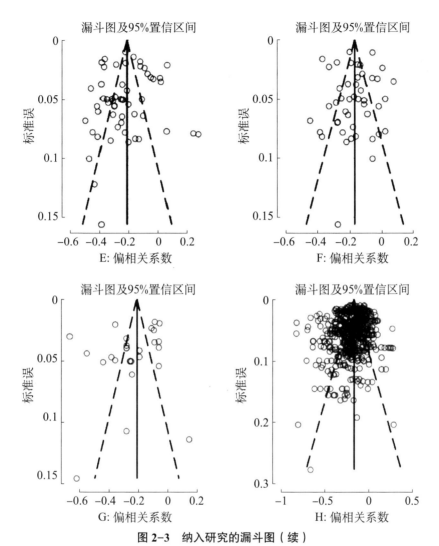

图 2-3 纳入研究的漏斗图（续）

注：空心圆代表所纳入的每项研究，虚线代表对称边界。A 代表总体虐待与自尊关系的研究，B 代表身体虐待与自尊关系的研究，C 代表情感虐待与自尊关系的研究，D 代表性虐待与自尊关系的研究，E 代表情感忽视与自尊关系的研究，F 代表身体忽视与自尊关系的研究，G 代表总体忽视与自尊关系的研究，H 代表纳入本次元分析的所有研究。

其次，漏斗不对称试验还给出了一种常用的发表偏倚的统计检验方法。表 2-3 报告了漏斗不对称试验和精密效应试验的结果。（1）（2）（3）（4）四列报告了"固定效应""随机效应"的各种组合和单个估计权重（"权重1")、研究权重（"权重2"）。在四类的三类中，我们接受 $H_0 : \alpha_1=0$ 的 0.5% 显著性水平；表明不存在发表偏倚。在剩下的一类中，我们拒绝 $H_0 : \alpha_1=0$；因此，结果证明，儿童虐待与忽视同自尊呈显著负相关。将儿童虐待与忽视对自尊的平均真实影响的偏倚估计范围调整为 -0.18～-0.16，四种结果中有三种低于杜库里格（2011）所认为的"中等"的值。表 2-3 中的（5）和（6）列随机效应报告了使用 "RE（权重1）"和 "RE（权重2）"估计量的平均真实效应的加权平均估计值，未修正发表偏倚。相关估计值分别为 -0.19 和 -0.20，接近表 2-2 中报告的未加权值 -0.19。因此，发表偏倚并不会夸大儿童虐待与忽视对自尊的影响。

表 2-3　漏斗不对称试验（FAT）和精密效应试验（PET）

	包含发表偏倚项				排除发表偏倚项	
	固定效应（权重1）	固定效应（权重2）	随机效应（权重1）	随机效应（权重2）	随机效应（权重1）	随机效应（权重2）
	（1）	（2）	（3）	（4）	（5）	（6）
漏斗不对称试验	-0.57	-0.95**	-0.46	-0.38	—	—
	（0.35）	（0.33）	（0.30）	（0.32）		
精密效应试验	-0.16***	-0.16***	-0.16***	-0.18***	-0.19***	-0.20***
	（0.02）	（0.02）	（0.02）	（0.02）	（0.01）	（0.01）
观测值	550	550	550	550	550	550

注：所有的估计过程都计算聚类稳健标准误差。**$p<0.01$，***$p<0.001$。

综上所述，表 2-3 的结果表明，文献中发现的"小"到"中"等程度的儿童虐待与忽视效应量不受发表选择过程的影响。考虑到我们的数据集中包含的大量研究、数据和估计特征，以及元分析中包含的研究之间的大量异质性，我们继续进行多变量分析。

（四）元回归分析

表 2-4 报告了我们在分析中所纳入研究的特征。这 238 项研究在 226 656

名参与者中进行了 531 项偏相关系数估计，样本平均年龄为 22.07 岁；全男性样本占 4.20%，全女性样本占 20.59%，混合性别样本占 75.21%。参与者来自五大洲（亚洲：$n = 98$；欧洲：$n = 23$；北美洲：$n = 107$；非洲：$n = 2$；大洋洲：$n = 8$）。在 238 篇文献中，有 182 篇是期刊文章；177 篇是用英文写的，61 篇是用中文写的。最小样本量为 16，最大样本量为 12 451，平均样本量为 952。在参与者类型方面，105 项研究的参与者是儿童，133 项研究的参与者是成年人，他们曾经历过儿童虐待与忽视。大部分研究（86.13%）为横断面研究，13.87% 为纵向研究；其中 15.55% 使用了概率抽样方法，其余使用了非概率抽样方法。在测量工具方面，28.15% 的研究使用了《儿童期创伤问卷》或《儿童期创伤问卷-简表》，9.66% 的研究使用了《亲子冲突策略量表》来测量儿童虐待与忽视，其余的研究使用了其他测量工具，如《家庭经历问卷》《儿童情感虐待量表》或自行设计的量表。

表 2-4 研究的描述性统计

变量	描述	均值	最小值	最大值
研究类型				
期刊	如果是期刊文章，赋 1	0.75	0	1
纵向设计	如果是面板数据，赋 1	0.10	0	1
概率抽样	如果是基于概率抽样进行的估计，赋 1	0.13	0	1
样本量	如果样本量大于均值，赋 1	0.60	0	1
发表语言	如果是用英文发表的文章，赋 1	0.70	0	1
国家				
亚洲国家	如果是亚洲国家，赋 1	0.44	0	1
北美洲国家	如果是北美洲国家，赋 1	0.43	0	1
其他国家	如果不是以上国家，赋 1	0.13	0	1
儿童虐待与忽视和自尊的量表				
《儿童期创伤问卷》	如果使用《儿童期创伤问卷》，赋 1	0.44	0	1

续表

变量	描述	均值	最小值	最大值
《罗森伯格自尊量表》	如果使用《罗森伯格自尊量表》，赋1	0.81	0	1
关系类型				
总体虐待	如果研究聚焦总体虐待与自尊的关系，赋1	0.14	0	1
身体虐待	如果研究聚焦身体虐待与自尊的关系，赋1	0.19	0	1
情感虐待	如果研究聚焦情感虐待与自尊的关系，赋1	0.20	0	1
性虐待	如果研究聚焦性虐待与自尊的关系，赋1	0.23	0	1
身体忽视	如果研究聚焦身体忽视与自尊的关系，赋1	0.10	0	1
情感忽视	如果研究聚焦情感忽视与自尊的关系，赋1	0.08	0	1
控制变量				
男性	如果所有参与者都是男性，赋1	0.05	0	1
女性	如果所有参与者都是女性，赋1	0.14	0	1
年龄	参与者的平均年龄除以10	2.29	0.74	7.07
年龄的平方	参与者的平均年龄除以10后的平方	6.44	0.55	50.01
成年人	如果参与者都是成年人报告儿童期受虐经历，赋1	0.62	0	1

注：表中省略的类别为参照组。

关于自尊的测量，多数研究（约75%）使用《罗森伯格自尊量表》，其余的研究使用其他工具，如《库珀史密斯自尊量表》或自己开发的量表。在所有研究中，报告儿童虐待与忽视同自尊之间的所有关系、5种关系、4种关系、3种关系、2种关系、1种关系的比例分别为14.69%、23.54%、11.30%、12.99%、13.94%、23.54%。

元回归分析结果见表2-5。首先要注意的是，一旦方程中包含解释变量，那么发表偏倚变量（SE）在统计上是不显著的。也就是说，估计的系数表明偏差较小，支持了表2-3得出的结论。将表2-5中的（2）列与（1）列、（4）列与（3）列进行比较，可以发现从模型中删除 SE 变量的主要结果是增加了截距的大小（条件平均效应）。变量系数相对不受 SE 的包含/排除的影响。这说明 SE 与研究的特征大多不相关。因此，虽然发表偏倚可能会轻微影响儿童虐待与忽视和自尊关系，但它几乎不会产生实质性后果。

当我们继续讨论表2-5的元回归中包含的其他变量时，我们将讨论限制在四个回归中至少有两个在5%水平上显著的变量。参与者的年龄、国家和关系类型被认为是可能导致异质性的潜在调节因素。第一，年龄的影响呈现出U形的特征；也就是说，儿童期虐待与忽视对自尊的不利影响随着参与者年龄的增加而减少。第二，有意思的是，来自北美洲的参与者受到的儿童虐待与忽视对自尊的负面影响要小于参照组。同时，F检验报告了在控制其他变量的影响后，来自北美洲和亚洲国家的参与者的偏相关系数平均值是否没有差异的结果。结果显示，来自亚洲国家的参与者比来自北美洲国家的参与者受到儿童虐待与忽视对自尊的负面影响更大［第（2）和（4）列的F检验结果分别为3.07和6.18］。第三，与总体虐待相比，身体虐待、性虐待和身体忽视对自尊的负面影响可忽略不计。F检验显示，与情感虐待相比，身体虐待和性虐待对自尊的负面影响较小；与情感忽视相比，身体忽视对自尊的负面影响可以忽略不计。除上述变量外，没有证据表明回归中包含的其他变量有不同的估计效应。

表2-5 元回归分析：加权最小二乘法（WLS）

	固定效应		随机效应	
	（1）	（2）	（3）	（4）
	（权重1）	（权重2）	（权重1）	（权重2）
标准误	0.16	—	-1.08	—
	（0.63）		（0.84）	
截距	-0.19**	-0.21*	-0.07	-0.21***
	（0.07）	（0.09）	（0.13）	（0.05）
男性	0.01	0.02	0.01	-0.01
	（0.05）	（0.06）	（0.05）	（0.06）
女性	-0.01	0.01	-0.02	-0.01
	（0.03）	（0.03）	（0.02）	（0.03）

续表

	固定效应		随机效应	
	（1）	（2）	（3）	（4）
	（权重1）	（权重2）	（权重1）	（权重2）
年龄	-0.08	-0.11	-0.04	-0.07
	（0.05）	（0.06）	（0.03）	（0.04）
年龄的平方	0.01*	0.02	0.01	0.01*
	（0.01）	（0.01）	（0.00）	（0.01）
成年人	0.04	0.04	0.01	0.02
	（0.03）	（0.03）	（0.03）	（0.03）
纵向设计	-0.02	-0.06	-0.02	-0.03
	（0.04）	（0.04）	（0.03）	（0.03）
概率抽样	0.00	0.01	-0.01	-0.02
	（0.03）	（0.03）	（0.03）	（0.04）
发表语言	0.00	-0.02	-0.01	-0.03
	（0.02）	（0.03）	（0.03）	（0.03）
期刊	0.02	-0.01	-0.02	-0.01
	（0.02）	（0.03）	（0.02）	（0.02）
样本量	0.03	0.04	0.04	0.05
	（0.04）	（0.03）	（0.03）	（0.03）
北美洲国家	0.05	0.11*	0.05	0.10**
	（0.04）	（0.05）	（0.03）	（0.03）
亚洲国家	0.06	0.09	0.03	0.05
	（0.05）	（0.06）	（0.04）	（0.04）
《儿童期创伤问卷》	-0.04	-0.04*	-0.02	-0.03
	（0.02）	（0.02）	（0.02）	（0.02）
《罗森伯格自尊量表》	0.04	0.05	-0.01	0.02
	（0.03）	（0.03）	（0.03）	（0.03）
身体虐待	0.06**	0.04	0.09***	0.07**
	（0.02）	（0.03）	（0.02）	（0.03）
情感虐待	-0.00	-0.01	0.02	0.00
	（0.02）	（0.03）	（0.02）	（0.02）
性虐待	0.07**	0.04	0.10***	0.07*

续表

	固定效应		随机效应	
	（1）	（2）	（3）	（4）
	（权重1）	（权重2）	（权重1）	（权重2）
性虐待	（0.02）	（0.03）	（0.02）	（0.03）
情感忽视	0.00	0.01	0.02	0.01
	（0.02）	（0.03）	（0.022）	（0.03）
身体忽视	0.05	0.08^{*}	0.07^{***}	0.08^{**}
	（0.03）	（0.03）	（0.02）	（0.03）
检验：北美国家=0	$F=0.88$ $p=0.42$	$F=3.07$ $p=0.05$	$F=1.45$ $p=0.24$	$F=6.18$ $p=0.002$
检验：PA=EA=0	$F=7.27$ $p=0.001$	$F=2.30$ $p=0.10$	$F=14.58$ $p=0.000$	$F=5.83$ $p=0.003$
检验：SA=EA=0	$F=5.91$ $p=0.003$	$F=1.31$ $p=0.27$	$F=13.13$ $p=0.000$	$F=3.75$ $p=0.03$
检验：PA=SA=0	$F=4.59$ $p=0.01$	$F=1.55$ $p=0.22$	$F=11.54$ $p=0.000$	$F=4.13$ $p=0.02$
检验：EN=PN=0	$F=2.72$ $p=0.07$	$F=4.26$ $p=0.02$	$F=7.06$ $p=0.001$	$F=5.54$ $p=0.005$
观察值	531	531	531	531
调整后的 R^2	0.385	0.698	0.080	0.659

注：每个单元格中的最大值是系数估计值，括号中的最小值是聚类稳健标准误差（$^{*}p<0.05$，$^{**}p<0.01$，$^{***}p<0.001$）。该测试报告了在控制其他变量的影响后，两个不同国家和五种不同虐待类型的平均 PCC 值是否没有差异的结果。PA，身体虐待；EA，情感虐待；SA，性虐待；EN，情感忽视；PN，身体忽视。

（五）敏感性分析

为了检查结果在多大程度上受到任何遗漏变量或异常值的影响，我们通过随机删除 10% 的研究，进行了稳健性检验，并用加权最小二乘法重新估计了发表偏倚变量（标准误）和条件平均效应（截距）的系数。为了提高这个测试的识别能力，我们重复了 1000 次。图 2-4 显示了 1000 次运行的估计值的分布以及方程的基准估计值。估计值的分布以表 2-3 中第（1）～（4）列的真实效应为中心。这些观察结果表明，儿童虐待与忽视对自尊的负面和显著影响以及对发表偏倚的不显著影响不是由未观察到的因素和文献的异常效应造成的。

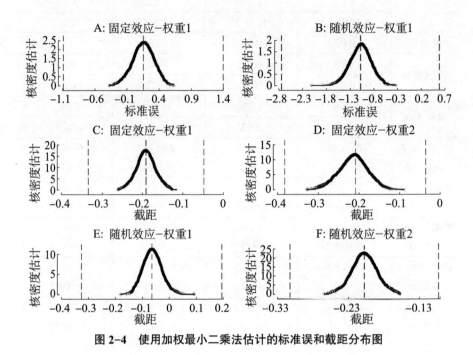

图 2-4　使用加权最小二乘法估计的标准误和截距分布图

四、讨论与结论

在过去 40 年里，儿童虐待与忽视对自尊的影响得到了越来越多学者的关注与研究。自尊不仅被视作一个结果变量，还是儿童虐待与忽视同心理健康之间的重要中介变量。然而，五种亚类型的儿童虐待与忽视同自尊下降之间的不同关系尚不清楚。因此，本项系统综述和元分析有助于全面提供关于儿童虐待与忽视在多大程度上损害个人发展的最佳证据，从而促进儿童保护的政策和实践发展。

我们的元分析发现，儿童虐待与忽视总分及其五种亚类型和自尊均呈现出负相关关系。这进一步证实了依恋理论的论点，即儿童对主要照顾者的依恋质量为他们的自我评价、对他人的信任和长期的社会情感发展奠定了基础（Bowlby, 1969; 1973）。来自父母或其他照顾者的虐待和忽视向儿童反复传递了负面信息，然后这些负面信息被他们内化或接受为真实情况，最终成为他们自我概念的基础，并对他们积极的自我评价构成威胁（Clarke, 2015; Cohen, 2017）。因此，打破受虐儿童的自动化认知发展是很重要的。

本章研究还发现，儿童虐待与忽视总分和其亚类型对自尊的影响程度表现出从较小到中等程度的差异。总体虐待的影响，特别是情感虐待和情感忽视的影响，比身体虐待、身体忽视和性虐待的影响更大。这一结果证实了以往的研究结果，即童年时期情感虐待的有害后果严重于其他形式的儿童虐待与忽视，并一直持续到成年期（Crawford & Wright, 2007; Shaffer et al., 2009）。一个合理的解释是，同其他形式的虐待与忽视相比，嵌入情感虐待和情感忽视中的持续批评、蔑视、拒绝和忽视很容易给儿童在情感上留下创伤，损害他们的自我价值感，并进一步导致消极的自我建构（Van Harmelen et al., 2010）。然而，情感虐待和情感忽视通常被认为是最隐蔽、报道最少、研究最匮乏的儿童虐待与忽视形式（Barnett et al., 2005）。

本系统综述中纳入的研究之间存在异质性。年龄是儿童虐待与忽视同自尊之间关系的调节因素之一。具体来说，未成年人的自尊受到儿童虐待与忽视的负面影响比成年人要大。这一发现与依恋理论和自尊的年龄发展阶段相一致（Erol & Orth, 2011; Steiger et al., 2014）。儿童主要依赖父母或其他主要照顾者的反馈来发展自我概念和形成自我价值，当他们以更独立的思维方式成长时，他们可能会逐渐调整自我评价，并在各种活动中发现新的自我价值（Orth & Robins, 2014; Sroufe, 2005）。

此外，来自亚洲国家的调查对象比来自北美洲国家的调查对象受到儿童虐待与忽视对自尊更大的负面影响。这种差异可以归因于自我建构的文化差异。在集体文化中，人们可能更喜欢通过相互依赖来进行自我建构，而他们的自我评价取决于与他人的关系（Markus & Kitayama, 1991）。来自亚洲国家的调查对象倾向于通过与重要他人的关系来发展自我，因此消极的亲子互动可能会对他们造成更大的伤害。

这项研究有以下三方面局限。首先，大多数研究采用了横断面设计，因此儿童虐待与忽视同自尊之间的因果关系需要通过纵向设计的研究来进一步检验。其次，虽然这些研究是在不同的国家进行的，但它们的分布并不均匀，还需要在欧洲和非洲国家做进一步的研究。最后，在未来的研究中，应明确儿童虐待与忽视发生的年龄及其对自尊的影响，以推动制定有针对性的预防方案。

综上所述，本项系统综述和元分析全面评估了儿童虐待与忽视总分及其亚类型对自尊的影响。我们发现儿童虐待与忽视同低自尊存在密切关系。情感虐待和情感忽视在自尊发展中的负面作用值得高度重视。我们的元分析进一步建议，应尽早设计和实施基于证据和文化敏感的儿童虐待与忽视预防和干预项目，特别是在亚洲国家。

参考文献

第三章 | 公共卫生视角下的儿童虐待与忽视及其循证干预

一、公共卫生视角及儿童虐待与忽视的三级预防体系

儿童虐待与忽视是全球政策制定者、儿童权益倡导者、儿童服务提供者和研究人员共同关注的重要议题，它对全球的公共健康造成了持续的负面影响（Herrenkohl, Higgins, Merrick, & Leeb, 2015）。西方国家的儿童虐待与忽视案例数量不断高升，儿童福利系统的服务需求逐步提高，而且儿童虐待与忽视带来的短期和长期后果也令各国的社会经济负担日益加重（Stoltzfus, 2015）。因而，采用早期识别和干预方案以改变儿童福利体系的被动应战局面变得十分必要。

（一）儿童虐待与忽视的公共卫生预防方法

公共卫生预防方法为在群体层面解决儿童虐待与忽视问题提供了一个独特的视角。公共卫生预防以跨学科知识为基础，强调证据为本的初级预防策略在整体人群中实施的重要性，其核心是聚焦于问题出现之前的早期和全面干预，减少危险因素的影响，提升保护因素的作用（Herrenkohl et al., 2015）。初级预防的一个重要环节是通过技能和资源赋能服务递送平台（比如学校、早期教育和照护中心、母婴健康中心或其他健康服务系统），设计精准服务，满足公众多样化的需要。

采用现代公共卫生预防方法应对儿童虐待与忽视通常包含四步：第一，研究整体人群中儿童虐待与忽视的流行率；第二，建立解释儿童虐待与忽视的风险因素和保护因素的知识框架；第三，设计和评估解决儿童虐待与忽视问题的干预方案；第四，传播证据为本的预防儿童虐待与忽视的有效方案（Whitaker, Lutzker, & Shelley, 2005; Hanson et al., 2012）。

（二）儿童虐待与忽视的风险因素和保护因素：社会生态模型

预防科学整合了不同学科的研究，包括生命历程发展、社区流行病学、疾病的病因学、干预有效性与效果实验，以及传播科学（Hawkins, 2006）。与预防疾病出现或者功能失调的总目标相一致，预防科学中的研究旨在为政策制定者和实务工作者提供关于减缓功能失调的最好策略。严格来说，预防科学植根于对健康不良、发展问题、精神健康和生活结果的风险因素和保护因素的概念化。因而，为了产生良好效果，所设计的预防策略要减少个体生活、家庭和生态系统中的风险因素，增加相应的保护因素。

保护因素是指保护儿童免受虐待与忽视或者减少儿童虐待与忽视的因素。风险因素是指增加儿童遭受虐待与忽视概率的因素，通常提供了哪些儿童容易成为儿童虐待与忽视受害者的信息，但是并不意味着这些风险因素是儿童虐待与忽视的直接原因。美国疾病控制与预防中心采用四层面的社会生态模型来解释风险因素与保护因素的交互影响，并用于指导制定儿童虐待与忽视预防策略（CDC, 2016）。它们分别是：（1）个体层面；

（2）关系层面；（3）社区层面；（4）社会层面。尽管导致不同类型的儿童虐待与忽视的因素千差万别，但是这些影响因素的不同层次却基本相似（Harden et al., 2020）。

根据西切蒂（Cicchetti）和托特（Toth, 2005）的研究，儿童虐待与忽视的决定因素通常包括社会生态因素及其交互影响。就个体层面而言，同遭受虐待与忽视相关的个体风险因素包括父母经常发怒、反应过度、抑郁、滥用物质、社会支持较少、较为年轻、失业，单亲，家庭规模较大和社会经济地位较低（Stith et al., 2009; Slack et al., 2004）。关系层面的风险因素主要与不良的亲子互动有关（Stith et al., 2009）。社区层面的风险因素包括社区特点、社会条件和社会过程（Marco et al., 2020），比如社区犯罪和暴力频发、社会经济地位的弱势会减弱父母照顾孩子的能力（Freisthler & Maguire-Jack, 2015）。社会层面的风险因素主要包括经济政策及其发展趋势不合理和性别不平等（Austin et al., 2020）。廖敏丽及其合作者（2011）从生态系统视角对中国儿童虐待与忽视的风险和保护因素进行了系统综述研究，结果发现微观系统中最重要的风险因素包括亲子关系质量不高和虐待与忽视的代际传递，中观系统中的风险因素包括孩子学业表现较差，外部系统中的风险因素包括父母的工作压力大和劳动力的城市流动，宏观系统中的文化影响因素包括孝文化和家庭主义。也有研究指出，中国父母对孩子的绝对权威和男孩偏好也是同虐待与忽视有关的重要文化影响因素（Xu et al., 2019）。

不过，也有研究指出，儿童虐待与忽视并不是由单一因素导致的，因而应该找到减少儿童虐待与忽视的共同家庭因素和不断累积的毒性环境因素（Wolfe, 2018）。两类不良因素组群被认为对儿童虐待与忽视的负面影响更大：一是不良童年经历，这意味着儿童不仅遭受了数量较多的不同形式的虐待与忽视，还可能经历了多种类型的负性事件（比如父母离异、物质滥用、精神障碍等）；二是不良社区环境，包括贫困、社区断裂、社区暴力、房屋质量较差和普遍的歧视等。这意味着，遭受虐待与忽视的儿童很可能同时面临多种困境和不良环境的影响。

就保护因素而言，个体层面的保护因素有自我管理能力、社交能力、适应能力和高自尊水平。关系层面的保护因素涉及支持性和彼此滋养的父母关系，以及父母能够得到大家庭和朋友的情感和其他支持。社区层面的保护因素包括社区凝聚力，以及健康、社会和教育服务的可及性（Austin et al., 2020）。社会层面的保护因素不仅包括儿童虐待与忽视的社会规范和加强家庭经济安全的社会福利项目（最低工资上涨、纳税减少），还包括中央和地方政策支持基本需求满足和监管家庭或社区照护不足的福利项目（父母带薪假期、福利项目限制减少）（Farrell et al., 2018）。

（三）儿童虐待与忽视的三级预防体系

针对儿童虐待与忽视，公共卫生框架提出了解决这一问题的三级预防体系：（1）干预发生在儿童虐待与忽视发展轨迹的不同时间点（初级预防、二级预防和三级预防）；（2）儿童虐待与忽视干预针对不同人群（整个人群、特定人群和特殊人群）（Institute of Medicine and National Research Council, 2014）。

第一级预防体系包括预防儿童虐待与忽视的初级和通用方法。初级方法旨在预防儿童虐待与忽视的发生；通用方法旨在锚定整个人群或者人群中的弱势群体（比如并没有虐待与忽视证据的低收入家庭）。在整个人群中实施初级和通用方法，旨在降低儿童虐待与忽视及其相关后果的发生率。这些策略可以减少儿童虐待与忽视的风险因素（比如贫困和社区暴力）和提升具有最佳家庭功能的保护因素，从而促进困境家庭和儿童的积极发展结果。已有的初级预防儿童虐待与忽视的策略包括早期照护和教育、家访、诊所开展的项目、学校项目和社区教育及动员倡导等（Harden et al., 2020）。

第二级预防体系就是儿童虐待与忽视的二级预防和选择性干预策略。二级预防的目的是降低同儿童虐待与忽视密切相关的风险因素所带来的伤害。选择性干预针对的是已经表现出儿童虐待与忽视高风险的个体。因而，二级预防和选择性干预旨在减轻儿童虐待与忽视风险的影响，比如父母的身心疾病、父母缺乏育儿和促进儿童发展的知识和技能、家庭的社会隔离、儿童的身心残障、特定资源不足（Institute of Medicine and National Research Council, 2014），以及童年不良经历和不良社区环境。已有的儿童虐待与忽视二级预防策略包括家访、父母戒毒和心理健康服务、亲职管理干预等（Suchman et al., 2010）。

第三级预防体系包含三级预防和特定人群干预方案。三级预防旨在预防儿童虐待与忽视及其负面结果的再次发生或者减轻虐待与忽视结果的影响。特定人群干预面向经历儿童虐待与忽视后已经显现出症状的个体。因而，三级预防和特定人群干预旨在减轻虐待与忽视对受虐儿童及其家庭的负面影响。这一层次的项目可能涉及非自愿服务（比如法院要求强制接受家庭教育）或者治疗性干预。已有的三级预防儿童虐待与忽视的策略包括深入治疗以减少父母的负面育儿行为，服务提供者与父母建立深度滋养和具有反思性的治疗关系，训练父母改变与孩子的负面互动，比如常用的儿童家长心理治疗、亲子互动疗法等（Stronach et al., 2013）。

二、儿童虐待与忽视的全球流行情况及其经济社会后果

世界卫生组织与联合国儿童基金会多次呼吁儿童虐待与忽视需要在全

球范围内被视为公共卫生议题，而不仅仅是被视为儿童和社会福利问题，因而，很多国家逐渐认识到识别、记录和报告儿童虐待与忽视的重要性。尽管世界卫生组织已对儿童虐待与忽视进行了相对清晰的界定，但是各国在收集儿童虐待与忽视及其不同亚类型的相关数据时依然存在较大差异，这给在全球范围内比较各国儿童虐待与忽视的流行情况带来诸多挑战。

目前，各国官方收集儿童虐待与忽视统计数据的公共部门主要包括儿童保护服务机构和警察部门（May-Chahal et al., 2005; Bentley et al., 2017）。儿童保护服务机构的档案中主要是社会服务部门转介的受到严重伤害的儿童的资料，以及怀疑在家庭中遭受虐待与忽视需要被纳入儿童保护计划或者已经在儿童保护服务机构注册过的儿童的资料。警察部门档案中的儿童遭受伤害的统计数据主要包括谋杀、死亡、性侵等案件。但是通过这两种途径得到的儿童虐待与忽视数量仅仅是真实发生的儿童虐待与忽视案例的一小部分，因为能引起儿童保护服务部门和警察部门注意的往往是非常严重的儿童虐待与忽视案例，更多的儿童虐待与忽视案例没有被发现、被报告或者未能记录在案（Radford et al., 2011）。有学者认为，官方对儿童虐待与忽视的统计数据只是冰山一角而已（Fallon et al., 2010）。

除了通过官方正式途径收集儿童虐待与忽视的数据外，很多研究机构对整个国家或部分地区的儿童进行调查，让参与者采用自我报告方式来估计儿童虐待与忽视的流行情况。穆迪（Moody）及其研究团队 2018 年通过对 2000—2017 年 PubMed 和 Ovid SP 数据库中已经发表的论文及从世界卫生组织、联合国儿童基金会、英国政府和英国防止虐待儿童协会收集的灰色文献的分析，来评估全球范围内自我报告的儿童虐待与忽视的流行率，符合纳入标准的文献共 337 篇。结果发现，性虐待是全世界最常见的儿童虐待与忽视类型，北美洲和大洋洲国家女孩自我报告的性虐待终生流行率的中位数分别是 20.4% 和 28.8%，男孩报告性虐待的比例通常较低。自我报告的身体虐待终生流行率通常没有性别差异，但是在欧洲国家，女孩和男孩自我报告的身体虐待终生流行率的中位数分别是 12.0% 和 27.0%。非洲国家的身体虐待终生流行率非常高，女孩和男孩自我报告的中位数分别为 50.8% 和 60.2%。在北美洲和欧洲国家，女孩报告的情感虐待终生流行率的中位数几乎是男孩的 2 倍，但在其他洲则没有性别差异。虽然总体研究数量较少，但是忽视终生流行率的中位数在非洲国家（女孩 41.8%，男孩 39.1%）和南美洲国家（女孩 54.8%，男孩 56.7%）最高，北美洲国家女孩被忽视的比例高于男孩（女孩 40.5%，男孩 16.6%），而在亚洲国家基本没有性别差异（女孩 26.3%，男孩 23.8%）。

中国目前尚未建立儿童虐待与忽视的权威报告系统和官方数据库，研究人员事实上自 20 世纪 80 年代开始逐渐重视儿童虐待与忽视的危害，并展开了系列独立调查。方向明及其合作者（2015）检索了中国学者从 1988 年至 2013 年发表的 68 项儿童虐待与忽视研究，通过元分析方式来估计我国儿童虐待与忽视的流行情况。结果发现，在 18 岁以下的儿童中，26.6% 曾遭受身体虐待，19.6% 曾遭受情感虐待，8.7% 曾遭受性虐待，26.0% 曾被忽视。近年来，有研究基于 19 项针对我国中小学生遭受虐待与忽视情况的调查结果进行元分析发现，在校中小学生自我报告的身体虐待流行率为 20%，情感虐待流行率为 30%，性虐待流行率为 12%，身体忽视和情感忽视的流行率分别为 47% 和 44%（Wang et al., 2020）。

吉尔伯特（2009）及其合作者研究了儿童虐待与忽视给高收入国家带来的经济社会负担。他们估计，高收入国家每年约有 4%～16% 的儿童遭受身体虐待，10% 的儿童遭受忽视或情感虐待，5%～10% 的女孩和最高 5% 的男孩遭受严重的性虐待。遭受多种类型的虐待与忽视和重复遭受某种虐待与忽视会大大增加出现严重心理问题的风险。儿童虐待与忽视是导致儿童死亡和多种疾病共存的重要因素，它还会对儿童的心理健康、毒品和酒精滥用行为、危险性行为、肥胖和犯罪行为等造成长期负面影响，这种影响会从儿童时期持续到成年期，甚至延续至老年期。方向明团队（2012）根据美国 2008 年新增证实的儿童虐待与忽视案例带来的终生花费进行估算，每一名非致命性儿童虐待与忽视受害者终生平均消耗 210 012 美元，其中包括 32 648 美元的儿童医疗保险消费，10 530 美元的成人医疗保险消费，144 360 美元的生产力损失，7 728 美元的儿童福利消费，6 747 美元的司法审判消费和 7 999 美元的特殊教育消费。美国 2008 年新增证实的儿童虐待与忽视案例的总体终生经济负担接近 1 240 亿美元。同样，我国儿童遭受的身体虐待和情感虐待在 2010 年分别导致中国国内生产总值损失 0.84% 和 0.47%（Fang et al., 2015）。因而，儿童虐待与忽视在全球是普遍存在的，由此造成的经济社会负担难以回避。由于各国社会文化背景不同，针对这一问题所采取的儿童保护政策也存在较大差异。

三、儿童虐待与忽视的负面影响及其作用机制

儿童虐待与忽视被全球公认为是一项严重危害儿童身心健康和长远福祉的公共健康议题。根据联合国儿童基金会报告，全球约有 1 亿名 2~17 岁儿童在 2019 年曾遭受身体虐待、情感虐待或性虐待（联合国儿童基金会，2020）。大量证据显示，儿童虐待与忽视对儿童身体和精神健康具有短期或长期的负面影响（Anda et al., 2006; Norman et al., 2012; Wegman & Stetler, 2009）。有关儿童虐待与忽视及其不同亚类型对儿童身心健康、社会交往、危险行为等产生影响的系统综述和元分析成果丰硕，并且研究数

量还在不断增加。本部分通过搜索中英文电子数据库，得到 40 余篇系统综述和元分析文献，旨在整合过去十几年有关儿童虐待与忽视对儿童生活不同维度产生影响的最新证据，然后评估已有的证据，从而为儿童虐待与忽视的预防提供循证依据。

（一）儿童虐待与忽视对身心健康、社会交往和危险行为的负面影响

1. 儿童虐待与忽视对身体健康的影响

已有的系统综述表明，儿童虐待与忽视的经历同 C 反应蛋白、纤维蛋白原和细胞因子的数量增多显著相关（Coelho et al., 2014）。而且，儿童虐待与忽视使得儿童整个生命周期出现肥胖的风险增加 36%，尤其是对于女性和白人（Danese & Tan, 2014）。而且，不论是何种虐待与忽视类型，儿童虐待与忽视同不同类型的饮食障碍都呈显著正相关（Moledijk et al., 2017）。儿童虐待与忽视会增加出现神经性贪食症和饮食失调的风险，但与神经性厌食症的关系尚未形成一致结论（Monteleone et al., 2019）。儿童虐待与忽视还同他们的睡眠障碍密切相关（Brown et al., 2022）：失眠的概率增加 2.91 倍，做噩梦的概率增加 2.15 倍，睡眠时间平均减少 12.1 分钟（Schønning et al., 2022）。

韦伯（Weber, 2016）及其合作者通过系统综述和元分析发现，儿童虐待与忽视同生活质量呈负相关关系。具体而言，身体虐待对总体生活质量有较小程度的负面影响（$d = -0.10 \sim 0.47$）。情感虐待对生活质量的身体和心理维度有较小程度的负面影响（身体健康：$d = -0.25$；心理健康：$d = -0.46$）。性虐待对生活质量有较小程度的负面影响（$d = -0.37$）。忽视与生活质量的心理维度呈中度相关关系（$d = -0.5$）。

2. 儿童虐待与忽视对心理健康的影响

儿童虐待与忽视是抑郁症出现和持续存在的风险因素。已有的元分析发现，近一半的抑郁症患者报告了儿童虐待与忽视经历。儿童期遭受虐待与忽视的个体在成年期出现抑郁症的可能是控制组的 2.66 倍，更早报告抑郁症的可能是控制组的 3.73 倍，出现拒绝治疗行为的可能是控制组的 2 倍，而且情感虐待对抑郁症状严重程度的影响最大（Nelson et al., 2017）。不论是儿童期遭受过身体虐待还是性虐待，都会增加成年期出现抑郁和焦虑的可能性，但是在这方面没有发现男女差别（Gallo et al., 2018）。

总体儿童虐待与忽视同抑郁症状密切相关（OR = 2.48）。其中，性虐待增加 2.11 倍抑郁风险和 1.90 倍焦虑风险，身体虐待增加 1.78 倍抑郁风险和 1.56 倍焦虑风险，情感虐待增加 2.35 倍抑郁风险，忽视增加 1.65 倍抑郁风险和 1.34 倍焦虑风险，目击亲密关系暴力增加 1.69 倍抑郁风险（Gardner et al., 2019）。对纵向研究的回顾发现，总体儿童虐待与忽视增加 2.03 倍抑郁风险和 2.7 倍焦虑风险。其中，身体虐待增加 2 倍抑郁或焦虑风险，性虐待增加 2.66 倍抑郁或焦虑风险，忽视增加 1.74 倍抑郁或焦虑风险。儿童虐待与忽视减少 10%～25%，能在全球减少 3 140 万到 8.03 亿名潜在的焦虑和抑郁患者（Li et al., 2016）。除了性虐待之外，其他四种类型的儿童虐待与忽视同老年抑郁症状密切相关，身体虐待增加 1.73 倍老年抑郁风险，情感虐待增加 1.92 倍老年抑郁风险，身体忽视增加 2.05 倍老年抑郁风险，情感忽视增加的老年抑郁风险最高，达到 3.25 倍（Wang et al., 2023）。

还有系统综述发现，儿童虐待与忽视发生的时间也会影响抑郁的严重程度，在 6～12 岁遭受儿童虐待与忽视报告的抑郁症状最严重，其次为 12～19 岁和 0～6 岁（Li et al., 2023）。使用《儿童期创伤问卷》这一测量工具的研究发现，遭受的儿童虐待与忽视程度越高，越可能诊断出抑郁症状（$g = 1.07$），抑郁症状的分数也越高（$z = 0.35$），其中情感虐待和情感忽视与抑郁的相关程度最高（Humphreys et al., 2020）。

此外，儿童虐待与忽视还与产后抑郁和创伤后应激障碍密切相关，但是它与产后焦虑的关系还未形成一致结论（Choi et al., 2016）。在艾滋病病毒感染者中曾经历过儿童虐待与忽视的个体最常报告的精神健康障碍包括：物质滥用、重度抑郁症和创伤后应激障碍（Spies et al., 2012）。

总体儿童虐待与忽视还同社交焦虑密切相关（$r = 0.20$），情感虐待对社交焦虑的负面影响最大，显著高于身体虐待（$r = 0.13$）和性虐待（$r = 0.15$）对社交焦虑的负面影响（Liu et al., 2023）。

3. 儿童虐待与忽视对教育结果的影响

儿童期的虐待与忽视经历会对生活的各个方面产生影响，包括教育结果和精神健康。已有研究发现，经历过虐待与忽视的儿童（尤其是寄养儿童）经常学业表现不佳，比如需要接受特殊教育、留级和就学年级更低等。儿童的学业表现与精神健康又是互相影响的。受虐儿童学业表现不佳，与儿童关键发展过程（比如依恋关系建立、情绪管理和个人自主性建立）受到破坏有关（Romano et al., 2015）。

4. 儿童虐待与忽视对自我伤害和自杀行为的影响

所有类型的儿童虐待与忽视都能提高成人期 2 到 3 倍的自杀未遂，其中性虐待能提高 3.17 倍的自杀未遂，身体虐待提高 2.52 倍，情感虐待提高 2.49 倍。类似的结果也适用于儿童虐待与忽视同自杀意念之间的关系。复杂的儿童虐待与忽视能提高 5.18 倍出现自杀意念的可能性（Angelakis et al., 2019）。

儿童虐待与忽视同自我伤害之间具有较强的相关性，其中儿童期的性虐待证据最强有力，而身体虐待对自我伤害的影响证据较少。儿童忽视与自我伤害行为的相关性，不同研究的结果不一致。儿童期的虐待与忽视带来的创伤破坏了不同功能领域适应性技能的发展。自我伤害通常在情绪被吞噬的状态下出现，它被看作矫正代表性、可控性和反应性发展路径的补偿策略（Lang & Sharma-Patel, 2011）。

5. 儿童虐待与忽视对物质滥用的影响

儿童虐待与忽视会增加物质滥用的风险，遭受过身体虐待和性虐待的个体在未来生活中吸毒的可能性分别增加 74% 和 73%，而且女性比男性面临的风险更高（Halpern et al., 2018）。同时，认知能力受损是二者关系的一个中介路径（Edalati & Krandk, 2016）。

6. 儿童虐待与忽视对攻击和犯罪行为的影响

儿童期的虐待与忽视经历同后期的暴力行为密切相关，虐待与忽视经历增加了 80% 的暴力风险结果（Fitton et al., 2020），而且这一风险在女性样本中偏高。

加拿大监狱里的近一半的人经历过儿童期虐待与忽视，其中：女性经历过任何形式虐待与忽视的比例是 65%，男性是 35.5%；女性经历过性虐待的比例是 50.4%，男性是 21.9%；女性经历过忽视的比例是 51.5%，男性是 42%；经历过身体虐待和情感虐待的比例分别是 47.7% 和 51.5%，几乎没有男女差异（Bodkin et al., 2019）。

7. 儿童虐待与忽视对亲密关系暴力的影响

儿童虐待与忽视还是在亲密关系中遭受暴力的风险因素。已有研究发现，儿童虐待与忽视同亲密关系暴力具有显著相关性（$r = 0.18$），而且这种相关性在情侣关系中比在夫妻关系中更强，但是没有发现性别差异。四种类型的虐待与忽视都同亲密关系暴力正相关（身体虐待：$r = 0.19$；情感虐待：$r = 0.18$；性虐待：$r = 0.17$；忽视：$r = 0.12$)（Li et al., 2019)。

儿童虐待与忽视还同亲密关系中的施虐显著相关（$r = 0.16$），并且在男性中二者的关系更显著，不受婚姻状况的影响。其中三种类型的虐待与施虐有关（身体虐待：$r = 0.17$；情感虐待：$r = 0.13$；性虐待：$r = 0.13$）。

8. 儿童虐待与忽视对代际传递的影响

母亲在儿童期所受的虐待与忽视对其后代的抑郁和内化行为具有较小程度的显著影响（$r = 0.14$），而且母亲自身的抑郁程度能够影响母亲的虐待与忽视经历对子代抑郁和内化行为的影响，非白人女性的子代面临的精神健康问题更大（Su et al., 2022)。

（二）儿童虐待与忽视对身心健康产生影响的作用机制

儿童虐待与忽视对身心健康的影响已得到大量实证研究的支持，而影响因素主要包括免疫系统、认知过程、情绪情感调节和社会关系四种类型。

1. 免疫系统的作用

遭受过虐待与忽视的儿童，新陈代谢和免疫系统发生了改变，从而进一步提升了出现心脏代谢性疾病的风险。具体来说，受虐待与忽视儿童在青少年时期和成年期出现炎症的风险更高，成年后肥胖风险也有一定提升（Baldwin & Danese, 2019)。影响儿童不良经历与肥胖之间关系的最常见因素是社会关系被破坏和慢性压力反应（Wiss & Brewerton, 2020)。

2. 认知过程的影响

核磁共振研究结果显示，儿童期经历过虐待与忽视的成年人的胼胝体和海马结构同未经历虐待与忽视者存在差异。核磁共振研究结果还显示，儿童期的虐待与忽视经历会增加患多动症的可能，并且前额叶会被异常激活

（McCrory et al., 2011）。

儿童虐待与忽视对儿童大脑结构发展轨迹产生了负面影响，从而成为成年期心理疾病的重要风险因素。儿童虐待与忽视经历减小了儿童大脑海马结构、前扣带回皮质等的体积，影响了神经纤维束的发展，改变了加工和传递压力事件的感官系统的发展。已有的研究一致表明，受虐待个体的杏仁核对威胁性刺激反应提高，纹状体对期待或接收到的奖励反应降低，前额叶与杏仁核的联结性降低，顶叶的体积和神经网络中心部位增大（Teicher et al., 2016）。经历过儿童期虐待与忽视的成年人的前额叶皮质右侧和海马结构右侧灰质减少（Paquola et al., 2016）。儿童虐待与忽视还会破坏下丘脑-垂体-肾上腺轴的功能（Van Voorhees et al., 2004），它导致了DNA 甲基化的表达模式（Cecil et al., 2020）。

儿童虐待与忽视是老年认知功能失调的主要风险因素之一，单一或多种形式的儿童虐待与忽视会显著破坏认知功能的九大领域：记忆力、学业成绩、识字、口头理解、智力、执行功能、加工速度、认知推理和非语言推理。其中，智力和认知推理是最常被报告受损的认知领域（Su et al., 2019）。情感虐待与认知风格之间具有较显著的相关关系，对年长儿童的性虐待对他们的认知风格有较小的负面影响，但身体虐待与认知风格无关（Gibb, 2002）。对于黑人青年的研究发现，社会信息加工过程是导致儿童虐待与忽视影响抑郁症状的一个重要机制（Ross et al., 2023）。

3. 情绪情感调节的影响

儿童虐待与忽视对人际交往也产生不同影响。已有研究表明，儿童虐待与忽视会对社交理解产生负面影响，其中对情感理解比情感识别的负面影响更大，对年幼儿童比年长儿童的影响更大（Luke & Banerjee, 2013）。

同没有遭受过虐待与忽视的儿童相比，有受虐待与忽视经历的儿童负面情绪更多，容易行为充满负面情绪，表现出较强的情绪失控（Lavi et al., 2019）。在情绪管理的不同维度，儿童虐待与忽视降低了情绪管理能力（$r = -0.24$），提升了情绪失控能力（$r = 0.28$）。在策略层面，儿童虐待与忽视会显著提升回避性（$r = 0.25$）、情绪压抑（$r = 0.24$）和情绪表达（$r = 0.25$）（Gruhn & Compas, 2020）。情绪失控是一个连接儿童虐待与忽视和创伤后应激障碍的中介因素（Messman-Moore & Bhuptani, 2017）。

4. 社会关系的影响

基于心理学和流行病学领域的文献回顾，儿童早期的虐待与忽视经历会改变个体的社会功能（主要包括威胁信息加工、奖励加工，以及情绪控制的变化），减弱社会支持，从而增加精神健康的脆弱性（McCrory et al., 2019）。

经历儿童期虐待与忽视会增加社会功能困难风险。儿童虐待与忽视同总体社会功能呈负相关关系（$r = -0.20 \sim -0.11$），其中情感虐待和情感忽视对社会功能的负面影响最大（Fares-Otero et al., 2023）。

四、证据为本的干预和儿童虐待与忽视的预防策略

（一）证据为本的干预

1992 年，证据为本的医学作为一种新的指导临床医学实践的范式而出现（Evidence-Based Medicine Working Group, 1992）。这一范式旨在推动临床决策过程变得清晰和理性，降低直觉和非系统性临床经验的作用，强调将最好的研究结果整合进临床照护中。证据为本的医学被界定为"谨慎并且明智地使用目前临床照护研究中的最佳证据来管理病人"（Haynes et al., 1996）。证据是指基于观察和实验研究获取的有关问题和假设得到验

证的系统性数据结果，而最佳证据通常来自随机对照实验和系统综述，不是个案研究或者专家意见。1992 年，美国卫生保健政策研究所（AHCPR）在制定临床实践指南时提出了 4 级证据级别和 3 级推荐级别（见表 3-1）。

表 3-1　1992 年美国卫生保健政策研究所证据分级标准及推荐级别

证据级别	描述	推荐级别
Ⅰa	随机对照实验的元分析	A
Ⅰb	至少 1 项设计良好的随机对照实验研究	
Ⅱa	至少 1 项设计良好的非随机对照实验研究	B
Ⅱb	至少 1 项设计良好的准实验设计	
Ⅲ	设计良好的非实验研究，如对照研究、相关性研究和病例研究	
Ⅳ	专家委员会报告、权威意见或临床经验	C

　　证据为本的医学范式改革影响了公共卫生、护理学、心理学和社会工作等诸多应用型学科。尽管整合社会工作研究和实务的模型早已存在，但当证据为本的社会工作实务于 20 世纪 90 年代被介绍进社会工作专业中时，也被看作一种范式革命（Gambrill, 2003）。1999 年开始，坎贝尔联盟大力推动社会福利、犯罪司法和教育领域高质量系统综述的开发和传播。欧洲和北美洲的证据为本社会工作实务中心为这一范式的落地提供了重要的基础，因而实务工作者与研究者的合作关系更加紧密。现在证据为本的社会工作实务已成为社会工作者获得职业资格认证的必要条件，美国社会工作国家伦理规范要求在实务中使用研究证据（Institute for the Advancement of Social Work Research, 2007）。

（二）世界卫生组织的七项儿童虐待与忽视预防策略

　　全球 96 个国家的代表性调查数据显示，大约 10 亿名 2～17 岁儿童在

2015 年里经历过身体、情感和性虐待（Hillis et al., 2016）。尽管如此，针对儿童的虐待与忽视常常是隐藏而未被公众看到的，人们所知道的流行率远低于真实发生的情况。鉴于儿童虐待与忽视的高流行率及其对儿童身心健康的影响，以及践行联合国《儿童权利公约》和 2030 可持续发展目标，世界卫生组织基于虐待与忽视产生原因的社会生态模型，并根据已有的研究证据，提出了七项预防儿童虐待与忽视的策略，它们分别是：实施和执行法律、社会规范和价值观念、安全的环境、父母和其他照顾者支持、收入和家庭经济赋能、响应和支持性服务、教育和生活技能训练。这些证据为本的策略为致力于预防和回应儿童虐待与忽视的政府和社会组织提供了可操作指南。

这七项预防策略的入选标准符合有效、有前景或谨慎干预的原则。有效的干预意味着至少符合以下一项标准：（1）有至少两项或者更多高质量的随机对照实验或者高质量的准随机对照实验结果显示该项策略能够显著降低儿童虐待与忽视或其他暴力的指标；（2）基于高质量的元分析或者系统综述从而推荐的干预策略。有前景的干预是指有至少一项中高质量的随机对照实验或者高质量的准随机对照实验报告该项策略能够显著减少儿童虐待与忽视或者其他暴力，以及显著提升保护因素或降低风险因素的影响。谨慎的干预是指至少符合以下一项标准：（1）全球条约或者决定认为该项干预策略对于降低儿童虐待与忽视发生率非常重要；（2）定性或者观察研究显示该项干预策略在降低儿童虐待与忽视发生率方面效果显著。

1. 实施和执行法律

对儿童进行立法和政策保护并采取措施执行是预防儿童虐待与忽视的谨慎的干预。禁止暴力惩罚和儿童性侵的法律非常有用。首先，它告诉社会暴力行为是错误的，法律可以根除容忍这些错误行为的流行观念；其次，法律让施暴者为自己的行为负责，受到惩罚；最后，法律也可以减少促使虐待与忽视发生的重要危险因素，比如酒精等。这一策略的目标是确保对预防暴力的行为立法并执行，减少过度饮酒，限制儿童接触枪支和其他武器。通过立法，能减少父母或其他主要照顾者对儿童的身体虐待，以及社会中成年人对儿童的性侵或性剥削，增进保护儿童的社会规范和观念。

作为联合国《儿童权利公约》的缔约国，各国有义务设立保护儿童权利的法律，采用立法、行政、社会和教育措施保护儿童免受任何形式的伤害。此外，限制儿童滥用酒精和接触枪支，可以避免其成为暴力实施者和加害者。

已有的证据显示，法律可以减少采用暴力手段惩罚儿童，加深对暴力惩罚的负面结果的认识，改变使用惩罚手段的态度（Osterman, Bjorkqvist, & Wahlbeck, 2014; Roberts, 2000; Sariola, 2012）。对欧洲五国的比较研究发现，与两个未对禁止体罚立法的国家相比，三个对禁止体罚立法的国家报告它们已不再经常使用任何形式的体罚了（Bussmann, Erthal, & Schroth, 2011），而且对体罚的接受度降低了很多（Zolotor & Puzia, 2010）。到 2016 年，近 50 个国家禁止对儿童进行暴力惩罚，还有 52 个国家承诺会对此进行立法（Zolotor & Puzia, 2010）。

2. 社会规范和价值观念

改变社会规范和价值观念也是预防儿童虐待与忽视的重要组成部分。在很多社会中，某些形式的暴力不仅是正常的，有时还得到维护（UNICEF, 2014），所以，需要改变这些根植于社会和文化传统的规范和行为。尽管社会规范的改变很难评估，但是当它与立法或者生活技能训练结合起来使用时，效果较为显著。这一策略的目的是强化支持儿童生活在非暴力、尊重、包容、积极和性别平等环境中的社会规范和价值观念。改变针对儿童虐待与忽视的社会规范和价值观念有利于降低对妇女和儿童虐待与忽视的接受度，推进男女平等和家务劳动性别平等观念的发展，支持父母非暴力的态度，减少父母对儿童的身体虐待。

从公共卫生预防的角度来看，改变支持性别不平等的有害社会规范，社区动员项目和旁观者干预都是很有前景的策略。当大众媒体、社会动员联盟和支持性服务为实施这些策略提供支持时，这些策略能够成功鼓励对禁止暴力的报道，以及推动禁止暴力惩罚的法律得到执行。

乌干达的社区动员项目利用社区工作方法改变了社会规范，有效预防了对女性的虐待与忽视。社区中参加该项目的女性报告，来自亲密关系中的身体虐待减少了 52%，社会对虐待与忽视的接受度也显著下降（Raising Voices, 2016）。南非的灵魂之城干预项目通过电视、宣传册和广播分别触及 86%、25% 和 65% 的受众来宣扬禁止家庭暴力，结果显示公众连续听过 4 次宣讲之后，41% 的参与者意识到社区中设立了求助热线，并且不同意家庭暴力是家庭私事的参与者增加了 10%（Usdin et al., 2005; Soul Buddyz, 2008）。

3. 安全的环境

创造和维护安全的环境也是减少儿童暴力的重要策略。安全的环境策略聚焦于改变社区中的物理和社会环境，增加积极行为，消除有害行为。现有的证据并没有在支持社区干预时对年龄进行区分，因而，有效的社区干预应该有利于儿童、青少年和成年人。这一策略的目的是创造和维护安全的街道，以及保证其他儿童和青少年聚集和玩耍的地方的安全，这样有利于减少因为攻击造成的意外伤害，提升在社区周围活动的安全性。

来自巴西、加拿大、南非和美国的研究显示，很多青少年暴力事件发生在特定的区域（比如某条街、某俱乐部和酒吧等）（Minamisava et al.,

2009; Bell, Schuurman, & Hameed, 2009; Nicol et al., 2014; Wiebe et al., 2016）。对 10 项随机对照实验的系统综述显示，对热门地点的巡逻有助于减少暴力犯罪和社会混乱（Braga, Papachristos, & Hureau, 2012）。

4. 父母和其他照顾者支持

帮助父母和其他照顾者理解积极、非暴力管教和亲密有效的亲子沟通对儿童发展的重要性以降低严厉管教的使用率，创造积极的亲子互动，帮助父母或其他照顾者与孩子产生有效联结，所有这些因素都有助于预防儿童虐待与忽视。支持家庭、父母和其他照顾者学习积极的育儿策略，可以预防亲子分离、儿童虐待与忽视和目击父母之间的暴力。这一策略的目的是减少暴力管教，创造积极的亲子关系，它有助于减少对儿童保护服务的使用以及父母对孩子的身体、心理和性虐待，减少青少年攻击行为，增进父母对儿童和青少年安全的监管。已有的证据显示，亲职项目的花费低于儿童虐待与忽视发生后导致的医疗和卫生花费。

亲职项目可以根据儿童虐待与忽视类型、儿童年龄或者项目递送方式不同而进行相应调整。研究表明，不同形式的亲职项目，比如家访、家长支持小组或者社区支持的家庭项目等，都是有效的。一项针对在美国实施的 20 个家访项目的系统综述显示，它们显著降低了儿童虐待与忽视的发生率（Bilukha et al., 2005），其中护士-家庭合作计划的证据最为充分。南非的家访项目是由非专业人员对贫困社区的新生儿母亲进行 16 次家访，随机对照实验显示，项目在完成一年后仍能够对母婴关系产生积极影响（Cooper et al., 2009）。以小组形式开展父母培训和支持也被发现在减少严重暴力方面效果显著（Knox & Burkhart, 2014）。在南非实施的大规模的家庭教育与终身健康项目的随机对照实验显示，与控制组相比，实验组身体虐待发生率降低 44%，情感虐待发生率降低 61%，积极育儿技能提升 17%

（Cluver et al., 2017）。

5. 收入和家庭经济赋能

收入和家庭经济赋能干预有利于减少对儿童的虐待与忽视，并降低亲密关系暴力的发生率和儿童目击家庭暴力的可能。另外，增加女性对经济资源的利用可以提高整个家庭的经济水平，有效预防儿童虐待与忽视。这一策略的目的是提升家庭的经济安全和稳定性，从而减少儿童虐待与忽视和亲密关系暴力。已有的证据显示，收入和家庭经济赋能策略包括现金转移支付、社区促进性别平等的存款和贷款培训，以及发展小微经济（Guidance for Orphans and Vulnerable Children Programming, 2012）。

21 世纪以来，中低收入国家对困境家庭的现金转移支付投入了大量的经费，帮助提升他们的经济收入和对健康教育服务的使用率。已有研究显示，现金转移支付结合女性家长培训能够提升父母的监管能力，减少儿童虐待与忽视，提升儿童的亲社会行为（Cancian et al., 2013; Huston et al., 2003; Ozer et al., 2009）。三项在美国的随机对照实验显示，现金转移支付与其他医疗补助或儿童照护服务相结合，能够帮助父母获得更高学历和找到工作，并提升积极育儿能力（Cancian et al., 2013; Huston et al., 2003）。

6. 响应和支持性服务

当基本的医疗服务（比如针对暴力伤害的医疗急诊服务和对性侵受害者的临床服务）到位之后，只有为儿童暴力与忽视的加害者和受害者提供咨询和社会服务，才有助于打破儿童生活的恶性循环，帮助他们更好地应对生活，并逐步恢复身体健康和心理健康。但是，中低收入国家儿童在遭受暴力与忽视伤害后接受医疗健康和社会福利服务的比例非常低。因而，增加儿童使用服务的比例，需要有效的以儿童为中心的服务和改进求助机制，包括社会服务部门和警察的转介。另外，政府支持的、安全的、以儿童为中心的、宣传到位的、具有匿名性和可及性的机制对于提升服务使用率和报告暴力案件都非常重要。这一策略的目的是提升儿童虐待与忽视受害者使用高质量医疗服务、社会福利服务和司法支持服务的可能性，从而降低同一种虐待与忽视的再次发生率，减少创伤症状和暴力伤害。已有的证据显示，提供服务的方式有很多，比如认知行为疗法中的治疗方法、支持小组中的儿童虐待与忽视筛查、庇护中心、个案管理、治疗小组和寄养服务等。

个案和小组形式的聚焦创伤的认知行为疗法对于经历了虐待与忽视的儿童减轻创伤症状及负面心理和情绪后果的影响效果显著，个案治疗能降低 37% 的负面影响，小组治疗能降低 56% 的负面影响（Wethington et al., 2008; King et al., 2000）。有研究发现，通过经培训的健康工作者来递送聚焦创伤的认知行为咨询也是可行的（Bass et al., 2013; Murray et al., 2015）。培训健康专业人员识别儿童虐待与忽视或者其风险因素，有助于帮助儿童得到一系列可能的干预。美国的随机对照实验显示，培训儿科医疗工作者筛查儿童抑郁状况、物质滥用情况、家庭暴力等，有助于降低儿童保护服务的使用率和减少儿童忽视记录（Dubowitz et al., 2009）。

7. 教育和生活技能训练

学校是儿童生长的重要环境，儿童能够在学校学习和接受亲社会行为，从而预防学校和社区暴力。生活技能训练能够提高儿童的沟通能力、冲突管理和问题解决技能，帮助儿童建立积极的同辈关系。这一策略的目的是增加儿童的性别平等教育、社会情感学习和生活技能训练，并确保学校环境的安全和赋能作用。这一策略有助于提升儿童的入学率，促进儿童的学校参与，为儿童识别亲密关系暴力和自我保护赋能，减少儿童的攻击和暴力行为。相关的具体策略包括提升不同教育阶段的入学率、创造安全的学校环境、提升儿童保护自己免受暴力伤害的知识和技能、生活和社会技能训练等，尤其是教授儿童非暴力应对和管理风险与挑战的生活技能。

很多系统综述结果显示，学校开展的预防性侵项目对于提升儿童自我保护的知识和行为效果非常显著（Mikton & Butchart, 2009），而且与预防性侵有关的社会观念和性别角色在学校项目中非常必要（UNICEF, 2014）。一项"对性侵说不"的项目评估结果发现，干预组自我披露性虐待的比例提高了34%（Adolescent Girls' Empowerment Program, 2014; Sarnquist et al., 2014）。

（三）循证家庭干预

1. 家庭干预的重要性

不同学科的研究揭示出儿童健康成长所必需的重要因素如下：身体关爱和营养（满足儿童的生存需要，比如充足的食物、温暖的住房等）；情感关爱（爱、情感，安全的亲子依恋，帮助儿童学习情绪管理的关爱环境）；社会关爱（帮助儿童发展社会适应能力，建构适宜儿童成长的社区环境）；教养和社会化（通过榜样鼓励期望看到的行为，从发展的视角设定规则、教授儿童独立生活的技能）（Beach, Brody, Barton, & Philibert, 2016）。如果儿童在早期家庭环境中的不良经历（比如贫困、暴力、严厉管教和虐待与忽视等）过多，他们的正常发展就会受到负面影响。

在所有影响儿童身心健康、幸福感和生命历程的可改变因素中，没有哪个因素比父母的教养方式更加重要（Sanders & Mazzucchelli, 2018）。来自行为科学和流行病学的证据表明，儿童早期的家庭环境会影响他们的方方面面，比如大脑、语言、社交技能、情绪管理、自我控制、身心健康、与健康相关的危险行为，以及对重大生活事件的应对能力（Cecil et al., 2013; Moffitt et al., 2011）。大量证据显示，家庭危险因素，比如不良的育儿方式、不安全的依恋关系、严厉刻板并且不一致的管教、家庭冲突和婚姻破裂等，会提升儿童出现情绪障碍和行为问题的可能性（Loeber & Farrington, 1998）。相反，安全和积极的亲子互动能为儿童的健康成长奠定基础（Collins et al., 2000; Stack et al., 2010）。儿童成长在温暖和充满支持的家庭里，即使面临贫困和社会经济地位劣势的困境，也不太可能发展出反社会行为（Odgers et al., 2012）。因而，提高父母的育儿技能是促进儿童发展、提升亲子双方的幸福感，以及预防儿童虐待与忽视的重要策略。

2. 循证家庭干预的应用

循证家庭干预是指经过多年严格实证检验的亲职项目，比如通过随机对照实验证明出现了有利的儿童和家庭发展结果，在真实世界中验证了临床实用性，并且进行了更大范围的拓展实验，证明了项目的可推广性和可持续性。换句话说，当通过不同样本能够支持实验的效果时，就说明这个项目具备了证据基础（Kumpfer & United Nations Office on Drugs and Crime, 2009）。目前国际上的趋势是投资具备证据基础的预防项目和早期干预项目以减少贫困带来的不平等问题，并且这样做对公共开支具有较高的成本效益。

现代社会网络技术的快速发展为递送亲职项目提供了更加便利的条件，传统的面对面亲职项目递送通常聚焦于表现出高风险的少数家庭，而网络为大规模开展亲职项目提供了技术支持。纽伯尔（Nieuwboer）及其同事（2013）对2000—2010年发表的19项在线亲职项目研究进行了系统综述，其中7项研究了证据为本的亲职项目，12项进行了元分析。结果显示，在线亲职项目能够给儿童及其父母的相关结果变量带来中等程度的积极影响。汉森（Hansen）及其同事（2018）对澳大利亚贫困社区的亲职项目的系统综述显示，在线亲职项目代表了一种代替传统面对面亲职项目的有效方式。尤其是2019年年底突如其来的新冠疫情对各国的社会服务产生深远的负面影响，利用在线形式开展循证家庭教育服务项目成为一种新的选择和可能。

从已有的国际经验来看，儿童虐待与忽视完全是可以预防的。对于存在儿童虐待与忽视风险的家庭，政府要提供家庭教育和咨询服务等，以降低儿童遭受虐待与忽视的风险。在我国，虽然有研究针对此问题做出了积极尝试，但这些研究要么缺乏质量评估或有效性证据（刘海鹰，刘昕，2008），要么研究对象仅为新生儿母亲（Gao et al., 2015; Jin et al., 2007）。更重要的是，目前所有的研究都并未将其所开发的方案标准化，也未检测其适用性和复杂性，从而限制了方案的大规模推广和使用。因此，研制并推广适合我国社会文化背景的循证儿童虐待与忽视预防方案，具有广阔的应用前景和较高的实践价值。

参考文献

中篇：国际循证家庭教育服务项目的系统回顾

　　中篇包括第四章至第七章共四章内容，全面回顾了高收入国家和中低收入国家的循证家庭教育服务项目。第四章论述美国的家访项目，梳理家访项目的发展背景和儿童保护意涵，在整合多学科理论的基础上展示政府主导的家访项目的多种模式及其实践效果。第五章论述澳大利亚的积极教养项目，基于社会学习理论的积极教养项目顺应了澳大利亚儿童保护服务体系的现代转型，经过多年发展，它的服务对象广泛、功能齐全、形式多样，已成为全球备受欢迎的循证家庭教育服务项目。第六章论述源于美国盛行于高收入国家的亲子互动疗法，这一疗法建立儿童主导和父母主导两阶段治疗模式，基于专业人员递送服务，在预防儿童虐待与忽视方面效果显著。第七章系统回顾中低收入国家循证家庭教育服务项目，其核心模块同样强调建立积极的亲子关系和非暴力管教的重要性，牛津大学研究团队开发的"家庭教育与终身健康项目"由于公开版权和非专业人员递送的便利在中低收入国家显示出较大的推广潜力。

第四章 ｜ 美国的家访项目

一、美国家访项目的历史沿革和项目背景

美国的家访项目始于 19 世纪末中产阶级和上层阶级妇女到城市贫民家庭的上门访问（Boyer, 1978）。这些女性树立了"良好"行为的榜样，她们所代表的慈善组织想通过为穷人提供社会支持和榜样来帮助他们摆脱贫困。20 世纪初，家访被简·亚当斯的社区之家取代（Weiss, 1993）。美国儿童福利联盟（Child Welfare League of America）于 1921 年成立，致力于改善与儿童及家庭福利相关的公共政策体系，并将家访服务作为向父母提供养育指导的重要策略之一。1935 年，美国联邦政府通过了《社会保障法》（*Social Security Act*），第五条授权设立"妇幼儿童健康服务"，直接促进了护士照护服务和社会工作的大力发展。然而，随着经济危机的到来和第二次世界大战的爆发，美国联邦政府对家访项目的经费支持大幅削减。

20 世纪 60 年代，一方面美国经济在战后快速发展，另一方面美国的贫富差距却越拉越大，社会不平等现象日益严重。在民权运动风起云涌的背景下，美国联邦政府打响了反贫困之战，家访项目成为反贫困战争的

重要组成部分（孙贺群，2022）。1964 年约翰逊总统签署了《经济机会法案》（*Economic Opportunity Act*），源于该法案的"开端计划"（Project Head Start）是一个对学前儿童进行综合性援助的项目，它的重要内容之一是通过家访对父母进行健康护理和教育指导，从而促进儿童更好地成长。十年后，越来越多的家访项目服务于贫困和弱势家庭。当时家访项目的主要目标是帮助儿童做好入学准备、缓解与贫困相关的社会风险、降低环境危害，以及提高人们的健康水平。

1976 年，作为儿科精神病学家、儿童虐待与忽视研究专家的亨利·肯普建议在美国建立一个普惠性的、非专业人员参与的健康访问员系统。这些非专业人员将与传统的健康专业人员合作，以保证每个孩子的基本健康需求都能得到满足。访问员将充当家庭与医疗保健系统之间的桥梁。人们对家访的兴趣在 20 世纪 80 年代初期开始增长，这缘于戴维德·奥德斯护士的家访模式产生了有价值的结果（Olds et al., 1998）。在这一模式中，护士在产前和孩子两岁前上门访问了非常多的低收入母亲，其中很多母亲是未婚青少年。护士家访的时候为这些母亲提供健康教育、护理指导，以及与个人发展、亲子互动和儿童发展等相关的知识。15 年后的追踪调查数据显示，与仅接受交通补贴和发育筛查的家庭相比，接受过护士探访的家庭在多个方面都表现出显著改善。与对照组相比，参与过护士家访项目的母亲所报告的儿童虐待与忽视发生率减少了 46%，孩子在 15 岁前被捕的比例减少了 56%。这些接受过家访的母亲自己被捕的次数减少了 69%，领取食品券的时间减少了 37 个月，领取医疗补助的时间减少了 23 个月，再生育的比例减少了 20%，生头胎和二胎的平均间隔为 28 个月（Olds et al., 1997; Olds et al., 1998）。这些家庭还获得了其他的好处，比如得到了更多的非正式支持和贫困率降低等（Olds, 1998）。

　　夏威夷的健康开端计划（Healthy Start）也进一步促使人们将家访视为一种预防儿童虐待与忽视的工作机制（Duggan et al.,1999）。它通过使用非专业人员开展家访的模式来服务于有虐待与忽视儿童风险的家庭。这项计划进行了三年试点工作，并产生了可喜的结果：没有一个参与过此计划的家庭出现需要启用儿童保护服务的身体虐待案件，在为 1 693 人提供服务的过程中只记录了 4 起儿童疏忽案件。家庭压力清单的前后测结果显示，参与此计划的家庭所报告的家庭压力也有所减轻。鉴于家访取得的这些积极成果，1991 年美国儿童虐待与忽视顾问委员会建议实施一项覆盖全民的家访计划，用以预防儿童虐待与忽视的发生（Krugman, 1993）。

　　顾问委员会认识到家访在识别儿童虐待与忽视的风险因素中的重要作用，但也发现了某些家访项目的缺点。换句话说，并不是所有的家访项目都能实现预防儿童虐待与忽视的目标。因而，顾问委员会建议实施家访项目须遵循以下标准：（1）向所有家庭提供服务，从而避免污名化那些真正需要家访服务的家庭；（2）自愿参加；（3）从新生儿期开始至少每周开展一次家访，并可以随后持续提供服务；（4）专业人员和非专业人员合作提供服务；（5）服务能增强家庭成员之间的互动。由于资源稀缺及其他障碍，大多数家访项目没有完全按照顾问委员会的建议实施。首先，大多数家访项目都有特定的服务对象；在美国只有刚刚超过四分之一（28%）的家访项目自称在为所有家庭服务（Wasik & Roberts, 1994）。其次，虽然很多家访项目的初衷是在母亲生产前或新生儿期开始提供服务，但是有些项目直到新生儿期过后才进入这些家庭。家访的频率或深度也因项目而异，评估显示，只有大约一半的项目报告能够每周上门访问一次（Wasik & Roberts, 1994）。许多项目仅聘用非专业人员作为服务提供者，而并未同时聘用专业人员和非专业人员。最后，家访方案执行情况记录不佳，有些项目缺乏对具体服务内容的记录。

进入 21 世纪以来，家访已成为美国联邦政府和州政府最普遍采用的预防儿童虐待与忽视以及提高父母效能的战略措施（Alonso-Marsden et al., 2013）。各州通过立法为家访项目提供资金支持，即使是在 2007—2008 年金融危机期间，有些州也在大力推进家访项目以确保其可持续发展。2009 年之前，美国已有 40 个州实施了家访项目，服务儿童总量达到 50 万人（Astuto & Allen, 2009）。2010 年 3 月 23 日，奥巴马总统签署了《患者保护和平价医疗法案》（The Patient Protection and Affordable Care Act），授权启动产妇与婴幼儿家访项目（MIECHV），决定 5 年内投资 15 亿美元支持证据为本的家访项目。2021 年，联邦卫生资源和服务管理局（HRSA）提供资金，大力支持社区或团体通过产妇与婴幼儿家访项目提供家庭服务。截至 2022 年，该家访项目总共服务了 14 万名产妇和婴幼儿，家访次数超过 92 万次（MIECHV, 2022）。产妇与婴幼儿家访项目是一项联邦政府投资，用于向高危社区提供家访服务，并要求在六大基本领域取得显著改善：（1）促进孕产妇和儿童健康；（2）预防儿童伤害、虐待与忽视；（3）增进入学准备；（4）减少犯罪或者家庭暴力；（5）促进家庭经济的自给自足；（6）协调社区资源（Adirim & Supplee, 2013）。

产妇与婴幼儿家访项目由联邦卫生资源和服务管理局联合儿童与家庭管理局（ACF）共同负责。这一项目是联邦政府对各州原有家访项目的重大支持与扩展，同时也是联邦政府、州政府和当地社区合作共建儿童早期服务系统的平台。为了获得联邦政府对产妇与婴幼儿家访项目的支持资金，各州必须保证继续对家访项目进行投资，并建立起更强大的家访服务体系。产妇与婴幼儿家访项目规定各州必须将所收到的支持资金的 75% 用于证据为本的家访项目，最多可以拿出 25% 的资金支持项目创新，即支持有发展前景的新家访方案并对其有效性进行严格评估。接受产妇与婴幼儿家访项目资金支持的州政府要和当地家访项目实施机构共同开展基础设施建设，培训高质量的家访工作者，创建数据报告和财务责任制度，开发供家庭注册的职业咨询网站，以及完善与当地社区相配套的服务设施（孙贺群，2022）。

二、家访项目的理论基础

家访作为一种服务递送机制，主要用于预防或干预服务，已被广泛应用于多个学科，覆盖的人群包括孕妇、儿童和老年人等。家访项目通常聘用训练有素的工作人员，包括专业人员（护士、社会工作者、教师等）或非专业人员，有助于克服传统的服务供给和信息指导所存在的障碍。例如，许多高风险家庭受限于交通工具无法出门，而家访直接将服务递送到服务对象的家里，从而消除了服务使用的障碍。

有些家访项目具有普惠性的特点，覆盖所有新手父母，而其他家访项目则针对发展不利和社会经济地位处于弱势的家庭。虽然家访的具体模式各不相同，但大多数家访模式都有结构化的程序、材料、目标和用途。家访可以共享信息，提供直接服务，或者通过转介社区资源进行个案管理。大多数家访项目通过改善家庭教养方式来实现促进儿童健康和发展的目标，比如鼓励敏感性照顾，增加父母有关儿童发育或识别儿童疾病的知识。关注儿童健康的家访项目通常从母亲怀孕之时就开始实施，它们通过链接资源助力做好产前保健，并向她们提供有关胎儿发育的信息，从而改善准妈妈的分娩结果。当婴儿出生之后，家访项目则侧重于让婴儿获得良好的照护和及时的疫苗接种，以及在生病或受伤时得到护理。部分家访项目也给父母提供有关支持他们身体健康的信息，例如通过营养膳食和运动增进健康。

为了支持儿童的发展，家访项目鼓励父母参与旨在改善儿童功能的活动，教授他们有关儿童发展的知识和体育活动，并促进积极的亲子互动。尽管许多人认识到家访并不是灵丹妙药，但是已有的经验证据表明，对于有需要的家庭来说，家访服务对父母和孩子均产生了积极影响。这些证据激发了政府对家访项目的兴趣和投资，包括建立与其他服务项目和机构的联系。

预防儿童虐待与忽视的家访项目其实借鉴了不同学科的理论视角，包括心理学、神经科学、教育学，以及进化生物学等。专注于儿童保护的家访项目借鉴了心理动力学、社会学、社会心理学和生态学的理论（Sidebotham, 2001）。西格尔（Segal, 2012）等人提出了六种不同的理论机制和相关的变革理论，用于解释不良的养育方式与儿童发展的负面结果之间的关系。

第一，缺乏关于儿童正常发展、照顾以及与婴幼儿相处等重要主题的知识和技能，从而导致某些父母降低了他们的育儿质量。一些早期的婴儿家访项目（例如，1981年制订的父母即教师计划）反映了知识和技能赤字模型（Wagner & Clayton, 1999）。

第二，经济、文化、交通方面的原因以及其他更重要的优先事项或混乱的生活环境，导致家庭获得医疗保健的机会受限。这危害到母亲和婴幼儿的身体健康。家访项目则通过家访人员或家访团队提供直接服务，介入家庭的健康系统和福利系统，或者通过转介推进家庭使用其他健康和福利服务。

第三，母亲遭受的社会隔离是儿童虐待与忽视的重要预测因素

（Runyan et al., 2002）。这反映出母亲保持良好社会联结的重要性，也凸显了为脆弱且具有较高产后抑郁风险的新手妈妈提供社会支持的必要性。

第四，依恋理论的相关证据显示，母婴互动和亲密关系联结的中断以及母亲的低敏感性，影响了成为一位称职的母亲的能力（Bowlby, 1982; Lyons-Ruth, 2008）。来自神经科学的文献进一步证实了婴儿早期母子关系的重要性（Schore, 2005）。

第五，不良或受压抑的心理状态破坏了母亲的育儿能力，对母婴依恋和满足婴儿基本的身体需求和情感需求构成直接威胁。吸毒、酒精滥用和患精神疾病（尤其是当母亲在其儿童期经历过虐待与忽视时）会加剧这种风险（Amos, Furber, & Segal, 2011）。这意味着家访服务需要具备强大的心理健康修复功能。

第六，有些家访项目提到了"生态模式"，其将母亲和孩子置于家庭、社区和社会环境中。这种模式的前提是有些因素超出了母亲或孩子个人能应对的范围，从而限制了母亲的养育能力。这些因素可能包括缺乏就业机会、难以获得负担得起的住房，以及社会福利支持不足。采用"生态系统视角"的家访项目可以主动为母亲提供家庭生活之外的支持，例如，支持母亲接受更高程度的教育或者获得就业机会。

三、家访项目的不同模式

截至 2023 年 6 月，共有 26 个家访项目模式符合产妇与婴幼儿家访项目资助条件（见表 4-1），获得资助的机构可以选择其中的一个或多个模式开展家访服务。这些模式符合美国卫生与公众服务部有效性证据标准。按照法律规定，接受产妇与婴幼儿家访项目资助的循证模式，在实施时需要

表 4-1　符合美国卫生与公共服务部有效性证据标准的 26 个家访项目模式

项目名称	目标人群	工作人员和服务内容	预期效果	证据支持
依恋和生物行为赶上学追干预	6~24 个月儿童的照顾者，包括高风险的亲生父母、寄养家庭照顾者、亲属关系照顾者（比如，抚养孙子女的祖父母）和收养家庭的照顾者。	家长辅导员每周家访一次，共 10 周，每次 60 分钟左右。家长辅导员针对亲子互动给予即时反馈，帮助家长关注特定行为。家访时辅导员与家长共同观看亲子互动视频，辅导员重点反馈家长的优势，表扬行为变化，并指出可提升的空间。家庭作业要求家长练习所学技能并记录他们对自己和孩子行为的观察。	养育能力提升；积极回应由儿童主导的互动；照护不会给儿童带来恐惧。	儿童发展和入学准备：积极效果 8 项；没有效果 11 项。儿童健康：积极效果 1 项。积极育儿策略：积极效果 12 项。
儿童优先	0~5 岁情绪/行为发展或学习出现问题的儿童，其家庭面临多重挑战（如极度贫困、母亲患有抑郁症、家庭暴力、父母滥用药物、无家可归，之后儿童被忽视与虐待被监禁等）。	精神健康/发展领域的临床专业人员和照护协调团队提供服务，包括全面评估儿童及其家庭的需要，为家庭早期护理干预和照护提供协调。这一模式通常持续 6~12 个月。第一个月，临床专业人员和照护协调员每周家访两次，之后他们会每周单独或一起家访一次。	提升孕产妇保健水平；增进儿童发展和入学准备；减少儿童虐待的发生率；帮助家庭联系专业所治机构。	儿童发展和入学准备：积极效果 5 项；没有效果 11 项。联系和转介：积极效果 11 项；没有效果 0 项。精神健康：积极效果 11 项；没有效果 15 项。

续表

项目名称	目标人群	工作人员和服务内容	预期效果	证据支持
早期开端计划——基于家庭的选择	孕妇和3岁以下儿童，以及家庭收入低于联邦政府贫困线或者满足所在州《残疾人教育法》中C部分服务标准的人士。	这一模式提供持续和全面、精密的儿童发展和家庭支持服务。既包括家庭内部或者机构给合提供的服务，也包括二者结合提供的服务。提供至少每周90分钟的家访和每月两次针对亲子的小组社交活动。要求家访员至少具备儿童发展副学士学位或者同等学力。	提升孕产妇保健水平；促进儿童发展；改善家庭环境。	儿童发展和入学准备：积极效果5项；没有效果41项。儿童发展：积极效果0项；没有效果14项。家庭经济自给自足：积极效果16项；没有效果73项。联系和转介：积极效果8项；没有效果8项。母亲健康：积极效果0项；没有效果11项。积极育儿策略：积极效果9项；没有效果55项。儿童虐待与忽视减少：积极效果0项；没有效果1项。
青少年母亲早期干预计划	14~19岁怀孕青少年，妊娠26周及以下，正在怀孕并计划留下第一胎的孩子。	从孕中期到孩子1岁共有17次家访，公共卫生部门的护士使用一系列教学方法，涵盖五个主要领域：健康、性、知识和家庭计划，母亲角色，生活技能，社会支持系统。	增加孕期或产后的孕产妇健康行为；改善母婴健康状况；培养孕产妇的护理技能；提高母婴互动质量；防止快速重复妊娠；提高母亲的教育成就；帮助年轻母亲提升社交能力。	儿童健康：积极效果8项；没有效果10项。家庭经济自给自足：积极效果2项；没有效果0项。母亲健康：积极效果0项；没有效果10项。积极育儿策略：积极效果0项；有效果9项。

续表

项目名称	目标人群	工作人员和服务内容	预期效果	证据支持
早期起步计划	有0~5岁儿童的高风险家庭（项目旨在服务主流家庭，但在文化上考虑到了新西兰土著毛利人的特点）。	家访员根据家庭需求提供不同频率的服务。最高需求的家庭每周接受一次至多3小时的家访和同周接联系，中等需求者两周接受一次至多3小时的家访，低需求者每月接受一次至多1小时的家访，最低需求的家庭每三个月接受一次至多1小时的联系。	改善儿童健康状况；减少虐待与忽视儿童行为，提高育儿技巧；增进父母的身心健康水平；改善家庭经济状况；鼓励稳定、积极的伙伴关系。	儿童发展和入学准备：积极效果2项；没有效果5项。儿童健康：积极效果3项；没有效果4项。家庭经济自给自足：积极效果0项；没有效果4项。母亲健康：积极效果0项；没有效果5项。积极育儿策略：积极效果3项；没有效果0项。儿童虐待与忽视减少：积极效果2项；没有效果0项。青少年犯罪、家庭暴力减少：积极效果0项；没有效果1项。
为了儿童的家庭检查	面向有2~5岁品行有问题或学业失败子女的高风险家庭，或者社会经济地位处于劣势、母亲有抑郁问题的家庭。	服务主要包括每天的家庭教育培训课程、学校咨询或社区转介。	减少儿童的问题行为、学业困难和情绪问题，缓解母亲的抑郁状况，促进父母积极参与育儿，采用积极的教养方式。	儿童发展和入学准备：积极效果10项；没有效果27项。母亲健康：积极效果7项；没有效果2项。积极育儿策略：积极效果18项；没有效果8项。

续表

项目名称	目标人群	工作人员和服务内容	预期效果	证据支持
家庭联结	特定服务区域的所有有新生儿家庭，新母亲和新生儿年龄在2～12周之间。但在有特殊需要时（例如，家庭处于高风险或者有迫切需要，护士已入院接受新生儿重症监护），适当放松（只要新生儿不到6个月大）。	1～3次由护士家访，家访时护士对新母亲和新生儿进行体格评估，筛查母婴和新生儿身心健康有关的潜在风险因素，并提供直接帮助，比如指导新生儿喂养。如果家庭已入院接受新生儿重症监护或者有急迫需要，护士会给家庭链接社区社会服务或其他资源，一直服务到孩子5岁。	支持家庭努力改善母婴健康状况。具体包括：增加母亲与社区资源的联系；减少儿童虐待与忽视；减少母婴对紧急医疗护理的使用；改善家庭环境的质量和安全性；增加积极的育儿行为；减少父母的焦虑和抑郁，由父母以外的人照顾时，提高儿童照顾质量。	儿童健康：积极效果9项；没有效果7项；资源链接和转介：积极效果1项；没有效果0项；母亲健康：积极效果1项；没有效果2项；积极育儿策略：积极效果1项；没有效果4项。
家庭精神	美国有孕妇和3岁以下子女的印第安家庭。现在也服务于母亲或儿童出现的非行为或健康问题的非土著家庭。	妊娠28周之前每两周家访一次，孩子出生后每个月家访一次。专业的家访员开展上门指导，一般持续45～90分钟。涵盖六个主要领域：产前护理、婴儿护理、生活技能、生活健康、发展。家访员一般是本地社区成员，对本地和少数族群的文化、传统、语言非常熟悉，且必须至少具有高中学历。	提升育儿知识和技能，解决可能影响母亲积极育儿的风险因素（如吸毒和酒精滥用、抑郁症、低教育水平、失业和遭受家庭暴力）；促进3岁及以下儿童身体、认知、语言、社会和情感的最佳发展；	儿童发展和入学准备：积极效果10项；没有效果30项；母亲健康：积极效果5项；没有效果47项；积极育儿策略：积极效果8项；没有效果11项。

续表

项目名称	目标人群	工作人员和服务内容	预期效果	证据支持
家庭精神		历以及两年的相关工作经验。	为儿童早期学业成功做好准备；确保儿童得到健康检查和医疗保健服务；将家庭与社区服务联系起来，以满足家庭的特定需求；提升父母和儿童的生活技能。	
养育发展服务的健康使用计划	初为父母的家庭，可以在怀孕期间或孩子3个月大之前的任何时间开始服务。符合条件的家庭面临多重挑战，包括单亲、低收入、药物滥用和家庭暴力。	经过培训的非专业人员或者专业人员（比如社会工作者）担任家访员，对父母做产前和产后家访，提供亲职教育信息，问题解决技术、提升父母技能，并满足其基本需求。	预防儿童虐待与忽视；提升家庭功能；改善妊娠和生育条件；促进儿童生长发育；创建安全的家庭；促进家庭自给自足。	儿童健康：积极效果6项；没有效果3项。家庭经济自给自足：积极效果0项；没有效果0项。母亲健康：积极效果7项；没有效果1项。儿童虐待与忽视减少：积极效果1项；没有效果0项。
健康开端	澳大利亚的示范项目，主要针对处于社会经济地位处于弱势的初次生育的母亲。	护士作为家访员在每次家访时处理以下问题：新生儿营养和身体护理、家庭营养和生育活动、家庭社会支持。如果有其他问题，那么家访员提供转介服务。两次家访之间提供电话支持，家庭从	改善儿童及其家庭的饮食习惯；减少看电视等久坐活动，及增加体力活动来预防儿童肥胖。	儿童发展和入学准备：积极效果1项；没有效果0项。儿童健康：积极效果14项；没有效果10项。母亲健康：积极效果3项；没有效果6项。

续表

项目名称	目标人群	工作人员和服务内容	预期效果	证据支持
健康开端		产前到孩子2岁前每周至少提供一次家访，之后减少家访频率，以及每次持续45～90分钟。		积极育儿策略：积极效果5项；没有效果0项。
美国健康家庭	单亲家庭、低收入家庭、有儿童虐待有记录的家庭，以及父母滥用药物、有心理健康问题、有家庭暴力倾向等的家庭。	婴儿6个月之前每周至少提供一次1小时的家访。家庭可以在产前或产后前三个月开始享受服务，一直持续到孩子5岁。有些项目也提供父母支持小组服务。	减少儿童虐待与忽视；改善亲子互动和儿童社会情感发展；协助儿童做好入学准备；促进儿童的身体健康和发展；促进积极养育；促进家庭经济自给自足；增加获得初级医疗保健服务和社区服务的机会；减少儿童受伤和使用急诊室的次数。	儿童发展和入学准备：积极效果44项；没有效果12项。儿童健康：积极效果7项；没有效果48项。母亲健康：积极效果9项；没有效果80项。家庭经济自给自足：积极效果7项；没有效果53项；不利结果或不清楚1项。资源链接和转介：积极效果3项；没有效果18项。积极育儿策略：积极效果28项；没有效果102项。儿童虐待与忽视减少：积极效果188项；没有效果20项；不利结果或不清楚1项。青少年犯罪、家庭暴力减少：积极效果3项；没有效果26项。

续表

项目名称	目标人群	工作人员和服务内容	预期效果	证据支持
健康步骤——1996年国家评估协议	从出生到2岁儿童的父母。通过将预防性发展和行为融入日常服务中，提升父母对婴幼儿的初级照护水平。	家访员在儿童年满3岁之前为家庭提供最少6次家访，每次家访都发生在儿童发展的关键转折点，包括：出生后的前儿周鼓励母乳喂养和支持父母建立照护模式；儿童9个月到活动的时候，督促父母关注家庭环境的安全性等。家访遵守标准的儿科服务指导原则。	提升儿童初级照护的临床能力和效果，以满足家庭的需要；提升父母在养育孩子方面的知识、技能和信心；促进婴幼儿的健康和发展。	儿童发展和入学准备：积极效果0项；没有效果2项。儿童健康：积极效果3项；没有效果4项。母亲健康：积极效果0项；没有效果1项。积极育儿策略：积极效果2项；没有效果12项。儿童虐待与忽视减少：积极效果0项；没有效果1项。
对学前儿童父母的家庭指导	2~5岁儿童的父母或其他照顾者。专门为希望能提升教育孩子的能力和信心并为孩子的成功做好充分准备的父母和其他照顾者而设计，家长可能只有有限的正规教育经历、英语水平较差、收入较低，或具有其他可能阻碍	每年提供30次家访，每次1小时，每年至少组织6次2小时的小组会议。至少提供连续两年的家访服务，鼓励在儿童2~5岁期间提供服务。家访员通常供为期4年的服务。家访员由项目服务点招募，每个服务点有一个专业的项目协调员，负责监督项目实施和督导家访员。	改善亲子关系；促进积极的亲子互动；帮助弱势儿童取得长期的学业成功；增加父母对子女教育的参与；为父母在社区获得经济和教育机会创造条件。	儿童发展和入学准备：积极效果11项；没有效果37项。积极育儿策略：积极效果1项；没有效果0项。

续表

项目名称	目标人群	工作人员和服务内容	预期效果	证据支持
对学前儿童父母的家庭指导	他们为孩子提供优质的学前教育的不利因素。			
护士干预新生儿健康成长轨迹	初为人母的妈妈和3岁前的婴儿。	婴儿1岁前提供4次家访，婴儿1～3岁提供2次诊所检查和2次电话联系。家访员教给新手妈妈看懂代表儿童成长的曲线图，还会指导她们管理孩子的情绪、母乳喂养、管理睡眠和互动游戏等。	预防新生儿增重过快和肥胖，鼓励新手妈妈根据孩子的年龄提供合适的以及时的回应。	**儿童发展和入学准备**：积极效果5项；没有效果11项。**儿童健康**：积极效果6项；没有效果19项。**积极育儿策略**：积极效果15项；没有效果38项。
孕产妇与婴幼儿持续家访计划	源自澳大利亚的家访项目，面向有2册、岁以下儿童的高风险家庭中的儿童及其父母。为了确定符合资格，须评估父母存在以下风险因素：缺乏支持、有精神疾病史或童年受虐史、抑郁、焦虑，有生活压力，有家庭暴力史或在家中酗酒或吸毒。	注册护士最少进行22次（产后注册）或25次（产前注册）家访，每次家访60～90分钟。家访期间，护士关注家庭的受教育程度、身心健康、家庭关系、目标设定和房屋经济及经济方面的问题。他们也会开展父母小组，链接社区资源和进行专业照护转介等。	支持父母在面对日常挑战时学会适应和自我管理；改善父母和儿童的健康和生活状况；帮助父母为自己和孩子设定目标；帮助父母在家庭和社区内建立关系。	**母亲健康**：积极效果1项；没有效果15项。**积极育儿策略**：积极效果1项；没有效果6项。

续表

项目名称	目标人群	工作人员和服务内容	预期效果	证据支持
母婴健康外展工作者项目	针对正在经历经济压力和社会隔离的低收入家庭。	家庭需要在产前登记，接受家访到孩子3岁。聘用当地社区的健康工作者担任家访员。每月提供一次家访，每次60分钟。社区健康工作者会教授有关营养、健康、儿童发展和积极育儿方面的技能，也会链接医疗和社会服务资源。	提高母婴健康水平；提高医疗、社会服务资源和转介服务的利用率；提升积极育儿策略的使用率。	儿童健康：积极效果4项；没有效果18项。资源链接和转介：积极效果3项；没有效果0项。母亲健康：积极效果10项；没有效果8项。积极育儿策略：积极效果31项；没有效果7项。
母婴健康计划	针对居住在密歇根州并接受医疗补助的孕妇和18个月以内的婴儿。	家访服务由团队来提供，成员包括持证社工、注册护士、新生儿精神健康专员、哺乳顾问和注册营养师。针对母亲和婴儿分别提供服务。母婴服务包括1次评估和自怀孕起最多9次家访。婴儿服务包括1次评估和1岁前最多9次家访。如果最需要，那么婴儿1岁至1.5岁之前受额外9次家访，但是1.5岁前必须停止。每次家访至少30分钟。	促进健康妊娠、安全分娩以及婴儿的健康成长和发育；降低母婴发病率和死亡率。	儿童健康：积极效果7项；没有效果0项。母亲健康：积极效果3项；没有效果0项。儿童虐待与忽视减少：积极效果0项；没有效果13项；不利结果或不清楚5项。
照顾婴儿的家访	年龄在14~25岁，生活在低收入社区的新手父母。在母亲招募，但是在父亲指导下，或者母亲要求从每周	由护士和精神健康专业人员实施家访。这类家访员一般单独进行家访，但是在招募、第一次和最后一次家访时，父亲访	帮助父母关注儿童的生理和情感需要；提升积极技能和策略的使用率；	儿童发展和入学准备：积极效果0项；没有效果2项；不利结果或不清楚0项。儿童健康：积极效果1项；没有效

续表

项目名称	目标人群	工作人员和服务内容	预期效果	证据支持
照顾婴儿的家访	或其他家庭成员也可以加入家访活动。现在家也服务于27个月，母亲怀孕期间进行8~10次家访。	家访转为隔周家访或者出现危机情况时需要联合开展服务。干预持续生育二胎或三胎的家庭，持续到孩子2岁。	促进有能力和灵活的育儿方式；改善母婴的心理健康状况；促进儿童的身体健康和发展；促进母亲健康和实现积极的生命历程。	果1项；不利结果或不清楚0项；**母亲健康**：积极效果1项；没有效果11项；不利结果或不清楚0项；**积极育儿策略**：积极效果0项；没有效果1项；不利结果或不清楚0项；
护士—家庭合作计划	低收入首次生育的母亲及其子女。母亲可以邀请丈夫和其他家庭成员参加。	由受过培训的注册护士开展一对一家访，在母亲怀孕期间开始（不晚于妊娠28周），到孩子2岁结束。也有非专业人员开展家访，非专业人员要要接受和护士一样时长的培训，并且需要接受更多的督导。	改善孕产妇健康和生育结果；改善儿童健康和发展状况；改善家庭经济状况，实现自给自足。	**儿童发展和入学准备**：积极效果13项；没有效果127项；不利结果或不清楚2项；**儿童健康**：积极效果6项；没有效果39项；不利结果或不清楚26项；没有效果2项；**母亲健康**：积极效果2项；没有效果86项；**家庭经济自给自足**：积极效果12项；没有效果78项；不利结果或不清楚2项；**资源链接和转介**：积极效果0项；没有效果0项；不利结果或不清楚1项；**积极育儿策略**：积极效果7项；没有效果30项。

续表

项目名称	目标人群	工作人员和服务内容	预期效果	证据支持
护士-家庭合作计划				**儿童虐待与忽视减少**：积极效果 7 项；没有效果 19 项；不利结果或不清楚 1 项。 **青少年犯罪、家庭暴力减少**：积极效果 8 项；没有效果 55 项。
基于社区的家庭资源和支持计划	农村地区的新手妈妈。	由儿童发展专员担任家访员，他们需要拥有本土或硕士学位，或者正在读大学并拥有五年与儿童和家庭相关的工作经历。家访从母亲怀孕 28 周起持续到孩子 1 岁。家访的频率根据项目阶段有所不同。项目开始的第一个月每周一次家访，之后到两周一次家访，共 8 次。婴儿出生前三个月每周一次家访，然后每两周一次家访，每次家访持续 1 小时。子出生前改为两周一次家访，共 18 次。	积极影响新手妈妈的育儿知识和技能；提高家庭对社区服务的使用率；提升家庭持续计划，房屋安全性和儿童免疫接种；增加新手妈妈关于二手烟对儿童发展的负面影响的知识。	**儿童健康**：积极效果 0 项；不利结果或不清楚 3 项。 **母亲健康**：积极效果 3 项；不利结果或不清楚 0 项；没有效果 0 项。 **积极育儿策略**：积极效果 2 项；没有效果 5 项；不利结果或不清楚 0 项。
父母即教师	针对有特殊需要的儿童、有虐待与忽视风险的家庭、低收入家庭、青少年父母、头胎。	家访员使用结构化的材料和提纲提供家访。每年至少为高需求家庭提供 12 小时的家访，服务时间从母亲怀孕到孩子上幼儿园，至少持续两年。	提高父母对低龄儿童发展的认识并改进育儿实践；及早发现发育迟缓或其他健康问题；防止虐待与忽视儿童；	**儿童发展和入学准备**：积极效果 7 项；没有效果 59 项；不利结果或不清楚 1 项。 **儿童健康**：积极效果 0 项；没有效果 13 项。

续表

项目名称	目标人群	工作人员和服务内容	预期效果	证据支持
父母即教师	父母，移民家庭、低识字率家庭、有心理健康或滥用药物或有同题的父母、无家可归或住房不稳定的家庭。		提高儿童的入学准备和学业成功率。	母亲健康：积极效果0项；没有效果2项。家庭经济自给自足：积极效果26项；没有效果1项；不利结果或不清楚1项。积极育儿策略：积极效果85项；没有效果3项；没有效果4项。儿童虐待与忽视减少：积极效果0项；没有效果4项。
婴儿游戏与学习策略	不太可能接受有效育儿指导的高危家庭。当地家访机构可根据其服务领域、背景制定自己的进择标准。服务对象为5~18个月的婴儿及其家庭成员。	家长教育者提供10次家访，每次90分钟。	加强父母与孩子之间的互动和联结，刺激孩子的早期语言、认知和社会性发展。	儿童发展和入学准备：积极效果1项；没有效果15项。积极育儿策略：积极效果11项；没有效果12项。
提升第一关系——家访升级模式	0~5岁孩子的父母。	家访员必须拥有硕士研究生学历。受过培训的家访员对亲子互动进行录像，并且与父母共同观看。还会提供引导父母进行反思。	帮助父母读懂和理解儿童的信号线索；提升儿童的社会情感发展；支持父母采取敏感和回应关儿童社会情感及满足这些需求	儿童发展和入学准备：积极效果3项；没有效果25项。积极育儿策略：积极效果14项；没有效果18项。儿童虐待与忽视减少：积极效果1项

续表

项目名称	目标人群	工作人员和服务内容	预期效果	证据支持
提升第一关系——家访升级模式 安全照护计划强化版	0~5岁孩子的家庭，尤其是有儿童虐待与忽视风险的家庭。	需求的资料和技巧。共10~14次家访，每次一小时，时间可以根据家庭需要延长。家访一般不超过18次，每周或每两周一次，每次持续60分钟。	性照顾行为。提升家庭环境的安全性。提升亲职技能与亲子互动。	项；没有效果2项。 母亲健康：积极效果0项；没有效果8项。 家庭经济自给自足：积极效果0项；没有效果2项。 资源链接和转介：积极效果1项；没有效果0项。 儿童虐待与忽视减少：积极效果1项；没有效果8项。 青少年犯罪、家庭暴力减少：积极效果1项；没有效果3项；不利结果或不清楚1项。
积极敏感教养提升视频反馈干预项目	针对1~7岁儿童出现问题行为风险较高的家庭。	视频反馈干预项目包括6~7次家访，每月1~2次，每次2小时。每次家访时，访问员拍下亲子互动录像，下一次家访时家访员和家长共同观看上次的录像片段，家访员对家长对该育儿实践和对该敏感性线索和对该敏感性的提供反馈。	提升父母的敏感性回应，促使父母采用积极的教养方式。	儿童发展和入学准备：积极效果4项；没有效果0项；不利结果或不清楚1项。 积极育儿策略：积极效果7项；没有效果5项；不利结果或不清楚0项。

续表

项目名称	目标人群	工作人员和服务内容	预期效果	证据支持
积极教养提升视频反馈干预	针对对有刚出生到 12 个月的婴幼儿的家庭。	家访员可以是老师、特殊教育人员、心理学家、护士、社会工作者、儿童精神科医生、行为健康工作人员，需要熟练掌握依恋理论和儿童发展的基础知识。他们的工作聚焦于促进亲子间的积极依恋关系，并包括 6～7 次家访。	关注儿童的微妙信号线索和表达；争取回应儿童的交流信号；共享积极和消极情绪。	儿童发展和入学准备：积极效果 1 项；没有效果 11 项；不利结果或不清楚 0 项。积极育儿策略：积极效果 1 项；没有效果或不清楚 0 项。有效果 2 项；不利结果或不清楚 0 项。

资料来源：Early childhood home visiting models. [2024-05-01]. https://homvee.acf.hhs.gov/sites/default/files/2023-05/homvee-summary-brief-jun2023.pdf.

遵从清晰一致的家访模式，该模式须至少已经存在三年，并具有可靠的研究证据支持。该模式以相关的本地知识为基础，能实现预先确定的目标，同时需要与制定全面、系统的家访项目标准的国家机构或高等教育机构建立联系，以确保高质量的服务递送和持续的项目质量改进。

当州政府或地区选择某一个或几个模式时，需要确保该选择：（1）满足所识别出的高风险社区或特定人群的需要；（2）提供最好的机会实现基本标准中提及的有价值的结果；（3）实施时根据可获取的资源和模式开发者的支持，忠于模式既有的内容和方式。另外，这些家访模式还应该与州政府或各地的儿童服务系统较好地匹配起来。

四、家访项目在预防儿童虐待与忽视中的循证效果

家访项目在美国已经开展了多年，其目标之一是为儿童创造一个安全的养育环境，预防儿童虐待与忽视的发生。家访项目涉及使用专业人员（如护士、社会工作者等）或经过培训的非专业人员和外行，从产前或婴儿出生后不久便开始定期访问婴儿的母亲（或其他家庭成员）。家访时间从几个月到两年或更长时间不等，孩子出生前后家访更频繁，而随着孩子成长，家访频率逐步降低，从每两周一次到每月一次。家访的总体目标是改善母亲和儿童的身心健康状况，尽管已有 60 多项随机对照实验和 30 多篇已发表的系统综述分析了家访的效果，但是它们在预防儿童虐待与忽视方面的结果不尽一致。

阿迪林和萨普利（Adirim & Supplee, 2013）通过系统综述截至 2012 年 7 月的文献，回顾了 32 个家访模式，其中 12 个满足美国卫生与公众服务部的标准。其中大部分模式被证实对儿童发展产生了有利的影响。其中

五个项目（儿童优先、早期起步计划、早期开端计划——基于家庭的选择、美国健康家庭和护士–家庭合作计划）能够有效减少儿童虐待。具体而言，儿童优先计划在启用儿童保护服务的家庭中效果显著。早期起步计划发现，儿童因意外伤害或中毒等原因导致就医的比例降低，并且父母所报告的严重身体虐待减少。早期开端计划——基于家庭的选择的评估结果显示，身体惩罚在 36 个月后显著减少。美国健康家庭计划同样能够有效降低体罚、攻击和孩子 7 岁前遭受性侵的发生率。护士–家庭合作计划 15 年后的追踪研究发现，被证实的儿童虐待与忽视减少。

西格尔及其同事（2021）试图从理论角度回答为什么有的家访项目未能在预防儿童虐待与忽视方面产生预期的效果。有一个明确的减少儿童虐待与忽视的目标能大大增加家访项目成功的机会。换句话说，支持家访项目的变革理论须与该项目服务的目标人群及其需求一致，并且这个项目的各个模块须确实是按照变革理论而设计的。他们的研究结果发现，53 个项目中只有 7 个体现出变革理论与目标人群需求的一致性，这些项目都显示出统计学意义上的正向结果，而变革理论与目标人群需求不匹配的 15 个项目中，没有一个获得成功。变革理论与目标人群需求部分匹配的家访项目评估后结果显示具有中等程度的成功率。因而，在开发家访项目时如果要体现出显著效果，那么关注项目目标、变革理论、目标人群与项目模块之间的一致性非常重要。

卡西利亚斯（Casillas）及其同事（2016）也试图从项目实施角度解释为什么有的家访项目有效，而有的家访项目无效。他们系统回顾了 156 项研究，其中包含 9 个不同的服务于 0~5 岁婴幼儿及其父母的家访模式。他们通过元分析确定了 18 个与项目实施相关的因素（比如家访员的选择、培训、督导、保真度监测等等）和 4 个研究特征（发表类型、目标群体、研究设计和对照组），并以此预测项目结果。研究结果显示，家访员的培训、督导和保真度监测均对儿童虐待与忽视的结果产生显著影响。而项目的目标群体和使用的对照组也对项目结果具有显著影响。因而，家访项目要想达到理想中的效果，需要仔细考虑和监督项目的实施过程。

古贝尔（Gubbel）及其同事（2021）通过系统综述和元分析回顾了家访项目中对预防儿童虐待与忽视产生效果的主要模块。文献检索产生了 77 项研究（$n = 48\,761$），在检验家访项目的有效性时，共有 174 个效应量，编码出 35 个不同的项目模块和服务递送技术。结果显示，尽管家访项目整体上预防儿童虐待与忽视的效果显著，但是影响程度很小。整体而言，当家访项目专注于提高父母对孩子或父母身份的期望（具有此模块的项目，$d = 0.308$；没有此模块的项目，$d = 0.112$），聚焦父母对孩子需求的反应或敏感性（具有此模块的项目，$d = 0.238$；没有此模块的项目，$d = 0.064$），以及使用视频反馈（具有此模块的项目，$d = 0.397$；没有此模块的项目，$d = 0.124$）时，能产生相对较大的影响。相反，提供实际和工具性的帮助与项目效果呈负相关关系（具有此模块的项目，$d = 0.044$；没有此模块的项目，$d = 0.168$）。这些结果对未来改进已有的家访项目或开发新的家访项目具有重要的启示。

参考文献

第五章 | 澳大利亚的积极教养项目

一、澳大利亚积极教养项目的发展历程

与全世界对"受虐综合征"的关注时间几乎同步，澳大利亚现代儿童保护体系的构建可追溯到20世纪60年代（Tomison, 2001）。父母对儿童实施身体虐待所带来的一系列严重后果迫使澳大利亚政府不得不介入家庭私域。受女权运动的影响，20世纪60至70年代是国家、家庭和儿童关系快速变革的时期。1972年，澳大利亚工党开展的一系列社会改革对澳大利亚儿童福利事业产生了重要影响。20世纪70至80年代，澳大利亚的儿童福利事业已经呈现出专业化特点，儿童福利部门聘用专业社会工作者开展儿童保护的评估和干预。与此同时，政府在推动儿童福利事业的过程中意识到家庭可以给儿童身心健康发展带来重大影响，因此在儿童保护服务中将重点转向为家庭提供预防性服务（Tilbury, 2023）。21世纪以来，澳大利亚政府推出了儿童保护的国家框架，希望通过雄心勃勃的长期投入确保澳大利亚儿童的安全和健康，并且随着时间推移能大幅持续减少儿童虐待与忽视案件的发生。在儿童保护的国家框架中，政府大力投资有循证依据的

家庭教养项目来确保儿童权益得到国家保障，并从公共卫生视角为处于不同风险水平的父母提供支持性服务。

积极教养项目是一个多层次、以预防为导向的育儿和家庭支持计划，由澳大利亚昆士兰大学亲职与家庭支持中心的马修·桑德斯（Sanders）及其同事开发。这个项目的目标是通过提升父母的育儿知识、技能和解决儿童问题来增进他们的养育自信，从而预防0～16岁儿童出现严重的情绪、行为和发育问题。它最初是桑德斯在博士就读期间为有情绪和行为问题的学龄前儿童父母设计的干预项目，咨询师帮助父母在家里实施一对一的小规模实验。1982—1995年，项目的核心部分得到进一步细化和研究检验，1993年桑德斯正式将它命名为"积极教养项目"，并于1995年发表第一项有关积极教养项目的研究成果。受斯坦福大学医学研究中心大规模健康促进研究案例的启发，桑德斯及其同事经过25年的不断积累，将积极教养项目发展成全面、系统的家庭教育服务项目，这一证据为本的公共卫生干预模式已在全球得到广泛传播（Sanders, Cann, & Markie-Dadds, 2003）。

基于家庭的不同需求，积极教养项目包含五个层级，这五个层级共同构成了一个干预强度逐渐增加的分层连续体。这种多层级干预策略的基本原理是，孩子有不同程度的功能障碍和行为障碍，父母也有不同的需求，并对干预类型、强度和介入模式有不同偏好。这种分层方法的目的在于最大限度地提高服务效率，控制成本，避免浪费和过度服务，并确保积极教养项目在社区能够普及并方便获得服务。积极教养项目覆盖了婴儿、幼儿、学龄前儿童、小学生和青少年五个不同的发展阶段，在每个发育阶段，干预的范围既可以非常广泛（针对整个人群），也可以非常狭窄（仅限于高危儿童）。这种灵活性使实务工作者能够根据自己的服务重点和经费来确定干预的广度和深度。此外，这个项目的多学科特点意味着它可以更好地利用现有的专业人员来提升父母的育儿胜任力。

二、积极教养项目的理论基础

积极教养项目是一种以社会学习理论为基础的家庭行为干预模式（Patterson, 1982）。作为预防和治疗儿童障碍的项目，它建立在以往干预儿童障碍的最强有力的实证依据基础之上，尤其是参考了那些针对有品行问题儿童的干预方案（Sanders,1996;Taylor & Biglan,1998;Webster-Stratton & Hammond, 1997）。积极教养项目希望增强家庭的保护因素，并减少与儿童的严重情绪问题和偏差行为相关的危险因素。具体来说，这个项目的目标是：（1）增强父母的育儿知识、技能、自信心；（2）为儿童创造包容性、安全、参与式、非暴力和低冲突的环境；（3）通过父母的积极教养行为促进儿童的智力、情感、语言、社交和行为能力发展。积极教养项目的内容借鉴了六个领域的理论视角和研究证据，它们分别是：

（一）亲子互动社会学习模式

该模式强调亲子互动的互惠性和双向影响特点（Patterson, 1982）。这一模式识别出维持强制型和失能型家庭互动模式的学习机制，并可以预测儿童未来的反社会行为（Patterson, Reid, & Dishion, 1992）。因此，积极教养项目特别注重向父母传授积极的儿童管理技巧，从而替代强制性的、不恰当的或无效的教养方式。

（二）儿童和家庭行为治疗以及应用行为分析的相关研究

这些研究开发了许多有用的行为改变策略，特别重视通过为儿童创造更积极的参与环境来重新管理问题的触发因素（Risley, Clarke, &

Cataldo,1976; Sanders, 1992, 1996）。行为改变了，对问题的解读方式也会随之发生改变。因此，积极教养项目的重要内容之一就是提高父母对儿童行为的管理能力。

（三）日常生活中的亲子教育发展研究

积极教养项目着眼于儿童在自然生活环境中获取能力，并将社会能力和认知能力的起源追溯到早期的亲子关系（Hart & Risley, 1995; White, 1990）。项目通过引导父母在情感支持性环境中利用自然生活中的互动来教授孩子语言、社会技能、发展能力和解决问题的技能，从而减少儿童出现严重情绪和行为问题的风险。该项目特别强调的是，把儿童主导的互动作为教学背景（Hart & Risley, 1975）。儿童如果不能获得核心的语言能力和冲动控制能力，就会有更大的风险出现行为问题等不利的发展结果（Hart & Risley, 1995）。

（四）社会信息处理模型

这一模型强调父母认知的重要作用，如归因、期望和信念是有利于提高父母的自我效能感、决策制定和行为意图的因素（Bandura, 1977, 1995）。因而，积极教养项目专门针对父母的归因方式进行干预，鼓励父母找出其他可能的解释，从而重新解读孩子与自己的互动方式。

（五）发展领域的研究

有大量研究已识别出与儿童负面发展结果有关的风险因素和保护因素（Emery, 1982; Grych & Fincham, 1990; Hart & Risley, 1995; Rutter, 1985）。具体而言，贫困、婚姻家庭冲突和亲子冲突等均被认为是父母教养方式的风险因素。父母不和是一种特殊的风险，与多种形式的儿童精神疾病有关（Grych & Fincham, 1990; Rutter, 1985; Sanders et al., 1997），积极教养项目会促进照顾孩子的养育团队成员之间的合作。改善夫妻沟通是很重要的减少因育儿问题引起婚姻冲突的技术，并可以同时减少亲子冲突中的个人痛苦（Sanders, Markie-Dadds, & Turner, 1998）。项目还针对令父母感到困扰的情绪反应进行干预，特别是在育儿过程中产生的抑郁、愤怒、焦虑和压力感（Sanders, Markie-Dadds, & Turner, 1998）。积极教养项目要帮助父母通过不同方式解决困扰，发展出更好的育儿技巧，从而减少他们的无助感、沮丧感和育儿压力。强化版积极教养项目使用认知行为疗法的情绪监测技术，挑战父母功能失调的认知和归因方式，并教授他们应对高风险儿童的特殊技巧。

（六）家庭干预的生态环境视角

这涉及明确承认更广泛的人类发展生态环境在育儿中的作用（Biglan, 1995; Mrazek & Haggerty, 1994；National Institute of Mental Health, 1998）。比格兰（Biglan,1995）指出，减少儿童的反社会行为需要改变育儿的社区环境。积极教养项目就是要改变这个更广泛的育儿生态环境。它通过将育儿经历正常化，尤其是参与父母教养的过程，打破父母的社会隔离感，增加父母与社区中其他人的社会和情感联结，并公开承认育儿的重要性和困难。它通过寻求社区主要利益相关者（例如，社区领袖、企业、学校和志愿者组织）的参与和支持来实现这一目标。

三、育儿能力的自我调节模型与积极教养项目实施原则

积极教养项目将培养父母的自我调节能力视为一项核心措施。自我调节模型源于班杜拉的社会学习理论（Bandura, 1977, 1995）。这意味着教

学的目的是使父母成为独立的问题解决者。自我调节是指那些内部的和跨情境的过程，使个体能够指导自己随着时间的推移对不断变化的情况做出不同的反馈。调节意味着通过有意或自动使用特定的机制和支持性元技能改变思想、情感、行为和注意力。当常规活动受到阻碍或目标导向性较为突出，以及挑战出现或习惯的模式失败时，自我调节就会被启动（Karoly，1993）。此处关于自我调节的定义强调自我调节过程应嵌入社会环境中，不仅提供个人自我定位的机会和挑战，也意味着人类动机的内部与外部决定因素之间实现动态互惠。

从治疗的角度来看，自我调节是个体通过所学技能修正自己行为的一个过程。这些技能包括选择与发展相适应的目标，监测孩子或父母的行为，选择合适的方法干预特定问题，实施解决方案，通过与关注领域相关的清单自我监督解决方案的实施情况，确定解决方案的优势与局限，并设定未来的行动目标。自我调节框架可以操作化为以下五个方面：

（1）自立：由于家庭服务项目有时间限制，父母在履行基本的育儿责任时需要成为独立的问题解决者，他们需要相信自己的判断并减少对他人的依赖。自立的父母有很强的韧性，有丰富的个人资源、知识和技能，从而对做好父母充满信心。

鼓励父母自立意味着父母与社会支持网络（例如，伴侣、大家庭、朋友和儿童照护支持服务等）的联系更加紧密。然而，一个家庭所处的更广泛的生态环境（例如，贫困、危险的邻里等）不容忽视。我们假设，越自立的父母在应对逆境时变得越有韧性，他们会在需要时寻求适当的支持，积极参与孩子的学校生活，并保护孩子免受伤害（例如，通过管理与伴侣的冲突创造一个安全、低冲突的环境）。

（2）父母的自我效能感：指父母认为他们可以克服或解决自己的育儿问题或孩子的行为问题。自我效能感高的父母对改变的可能性有更积极的期望。当孩子有行为问题时，父母常常缺乏管理日常亲职责任的自我效能感，积极教养项目的一个核心目标就是提升父母在日常管理中的自信心。

（3）自我管理：指父母所使用的旨在改变日常育儿实践并使自己变得自立的工具或技能。常用的工具或技能包括自我监控、制定绩效目标和标准、根据某些绩效标准进行自我评估以及选择改变的策略。正如父母对他们选择的培养孩子的方式负责一样，父母也选择希望自己的哪些方面和孩子的哪些行为得到改善，为自己设定目标，选择特定的育儿方式和管理技术，并对自己设定目标的标准进行自我评估。积极教养项目就是想通过分享知识和技能帮助父母做出明智的决定。该项目采用积极的技能培训，向父母示范技能并督促他们加以练习。同时，它使用自我监管框架，父母会收到在支持性环境中所学到的技能实践的反馈（Sanders, Markie-Dadds, & Turner, 2001）。

（4）个体能动性：鼓励父母"享有"变化过程。这意味着父母越来越多地将改变或自己处境的改善归因于自己和孩子的努力，而不是机会、年龄等外部因素。这个结果是通过父母找到孩子或自己行为改变的潜在的原因或解释来实现的。

（5）问题解决者。积极教养项目假设父母是积极的问题解决者，它会教授父母如何定义问题，识别选择，制定育儿方案，实施方案，评估结果，根据要求修改方案。但是，培训过程必须帮助父母学会迁移他们的知识和技能，这样他们才能在孩子未来发展的不同阶段和家庭其他子女遇到问题时应用这些原则和策略。

以上五项核心原则构成了积极教养项目的基础。这些原则整合了已有的预测积极育儿和儿童心理健康结果的保护因素和特定的风险因素。这些核心原则能转化为一系列具体的育儿技巧：

（1）确保安全和积极参与的环境。

所有年龄段的儿童都需要一个安全的、受监管的、保护性的环境，从而给他们提供探索、玩耍的机会。这对于促进儿童健康发展和预防家中事故和伤害至关重要（Peterson & Salanda,1996; Wesch & Lutzker, 1991）。这也有助于确保需要充分监督的儿童处在适当的发展环境中（Dishion & McMahon, 1998; Forehand, Miller, Dutra, &Watts Chance,1997）。积极教养项目借鉴了前人的工作，阐明了如何设计生活环境，以便促进未成年人的社会参与和技能发展（Risley, Clark, & Cataldo, 1976）。

（2）创造积极的学习环境。

这要求教授父母扮演好孩子第一任老师的角色。积极教养项目聚焦于父母如何积极和建设性地回应儿童主导的互动（例如，注意、协助、提示、建议），并通过偶尔示范帮助儿童学会自己解决问题。偶尔示范意味着父母只有在接收到孩子试图与他们交流的信号后才进行示范。这种方法已被广泛应用于语言、社会技能和社会问题解决技能的教学中（Hart & Risley, 1975, 1995）。相关的提问—回答—行动技术意味着教授父母将复杂的技能分解为更小更具体的步骤，并通过使用循序渐进的方式将这些技能逐步教给孩子。

（3）使用科学的育儿方式。

教授特定的儿童管理策略以替代强制性的和无效管教的做法（例如，大喊大叫、威胁或使用身体惩罚）。向父母展示一系列行为改变程序，包括：选择针对某一情境的基本规则；与孩子讨论规则；下达清晰、符合年龄特点的指令和要求；设定合乎逻辑的后果预期；实施安静策略（特定时段的冷静）；有计划地忽略某些要求性行为。教授父母在家庭和社区环境中（例如，准备外出、接待客人和购物时）使用这些技能，以促进育儿技巧在不同育儿情境中的适用性（Sanders & Dadds, 1993）。

（4）有切合实际的期望。

这包括与父母探讨他们对孩子的期望以及关于孩子行为背后原因的假设和信念，并从发展角度选择符合孩子和家长实际的目标。有证据表明，有虐待孩子风险的父母更容易对孩子的能力有不切实际的期望（Azar & Rohrbeck, 1986）。在父母对困难行为和亲社会行为拥有具体期望的背景下，教授他们从发展角度来设置适当的期望，而不是仅仅依靠传统的"年龄和发展阶段"这一方式来理解儿童发展理论。

（5）父母的自我关怀。

育儿受到一系列影响父母自尊和幸福感的因素的制约。各个层级的积极教养项目都将育儿视为个人自我关怀和成长大背景中的一部分，通过教授能够操作的实用育儿技巧来鼓励父母。项目还会教授夫妻间有效沟通的技巧。父母被鼓励探索自己的情绪状态如何影响他们的育儿方式，从而影响孩子的行为。父母通过制定具体的应对策略来管理自己的负面情绪，包括抑郁、愤怒、焦虑和高度的育儿压力。

四、积极教养项目的不同干预层级

根据受众特点、干预强度和培训模式等差异，积极教养项目分为五个层级，以满足不同家庭的教养需求，并有针对性地提高家庭教养质量。

（一）大众版积极教养项目

普遍性预防策略针对整个人群，旨在预防不充分或功能失调的教养方式（Mrazek & Haggerty, 1994）。有些研究注意到家庭干预研究人员没有充分利用媒体的作用（Biglan, 1992）。来自公共卫生领域的证据表明，媒体可以有效地增加社区对健康问题的认识，并有助于改变潜在的有害行为，例如吸烟、缺乏锻炼和不良饮食习惯（Biglan, 1995; Soreson, Emmons, Hunt, &Johnson, 1998）。

大众版积极教养项目旨在利用健康促进和社会营销策略实现以下目标：（1）促进在社区中使用积极的育儿策略；（2）增加父母对参与积极教养项目的接受程度；（3）增加社区对积极教养项目的整体认可度；（4）将有行为问题的儿童寻求帮助的过程去污名化和正常化；（5）提升项目的知名度和影响力；（6）反对媒体危言耸听和夸大其词指责父母的信息。

积极教养项目的宣传由当地项目协调员协调。项目协调员使用媒体资源工具包，其包括以下元素：（1）在社区广播节目播放一段30秒的广告来宣传该项目，还有一系列60秒的关于积极育儿的简短音频。（2）52个报纸专栏，讨论项目处理的常见育儿问题和父母普遍感兴趣的话题。（3）为父母准备育儿小贴士和一系列视频，描述如何应用常见的儿童行为管理技巧。（4）印发广告材料（例如，海报、小册子、名片、咖啡杯、T恤、冰箱贴）。（5）一系列新闻发布会发言稿模板和写给地方电视台、电台、报社和社区领袖，以请求它们支持的信件模板。

媒体宣传确保了积极教养项目能够实现最广泛地覆盖受众。收视率相关的数据显示，此类宣传节目在澳大利亚经常能吸引20%～35%的观众（尼尔森，1998）。这类节目使用一种有趣的形式来提供实用的信息，建议父母如何应对各种各样的常见儿童行为和发育问题（例如，睡眠问题、发脾气）。一周5~7分钟的积极教养项目片段使父母能够在家中通过电视学习积极教养的有关内容。广播和平面媒体也被用来提示父母观看积极教养项目，并告知他们如何获得更多有关育儿的信息。

精心策划的媒体宣传活动有可能接触广泛的人群，并动员社区支持该项倡议。因此，它是在外展动员社区支持之前让主要利益相关者参与进来的重要的环节。媒体宣传活动的主要目标群体是可以从育儿建议中受益的儿童照顾者。但是，媒体信息也可以让专业人士、政治家和他们的顾问，以及各级政府、志愿者组织以及尚未成为父母的公众看到或听到。这些群体可以通过推荐、链接资源或捐赠支持不同层级的积极教养项目。

大众版积极教养项目可能对有足够个人资源（例如，动机、读写能力、坚持、时间和支持）的父母有用，他们自己就能按照积极育儿技巧在家实操，无需额外的支持。然而，大众版积极教养项目不太可能对孩子有严重行为问题或父母患有抑郁、严重精神疾病的家庭奏效。在这些情况下，更密集的干预形式可能更有必要。

（二）精选版积极教养项目

精选版积极教养项目针对一般人口中的特定人群，他们比其他人有更大的风险出现问题，目的是预防重大的行为问题出现。尽管父母的个人风险状况事先未经过具体评估，但他们更可能成为干预的目标人群，因为他们通常被认为属于处于危险之中的某个亚类型。

精选版积极教养项目是选择性干预，通过初级保健服务系统来递送服务。初级保健服务通常具有广泛的影响力，因为很大一部分父母会把孩子带到这些地方，比如孕产妇和儿童健康服务中心、日托中心、幼儿园和学校，因此这项服务比传统的心理健康服务更容易为父母所接受。这些地方很适合提供简单的以预防为主的家庭教育项目，而父母将初级保健服务人员视为有关儿童健康发展的可靠信息来源，通常不会有寻求心理健康专业服务所带来的污名体验。

父母经常向全科医生征求关于儿童行为的建议（Christopherson, 1982; Triggs & Perrin, 1989）。家庭医生是父母最有可能寻求有关儿童情绪和行为问题的专业帮助的人选。然而，初级保健服务人员通常在提供行为管理建议方面并未经专业训练，因此，充分的培训必不可少。积极教养项目针对全科医生、儿童保健护士和其他初级保健服务人员的专业培训计划，目的在于改进对儿童行为问题的早期筛查和管理，以及与以社区为基础的心理健康专家和其他专业家庭服务（包括适当的转介机制）建立更紧密的联系。

精选版积极教养项目是面向对孩子的行为或发展特别担忧的家长的干预，只有简短的一到两个疗程（通常总共 20 分钟）。项目通过收集基本信息向五个年龄组儿童的家长提供一系列有关预防和管理行为问题的技巧，这五个年龄组分别为：婴儿（Markie-Dadds, Turner, & Sanders, 1997），蹒跚学步的孩子（Turner, Markie-Dadds, & Sanders, 1996），学龄前儿童（Turner, Sanders, & Markie-Dadds, 1996），小学生（Sanders, Turner, & Markie-Dadds, 1996），以及青少年（Sanders & Ralph, 2001）。此外，项目还提供了四个视频辅助材料，用来补充初级保健咨询中提供的简短贴士表的内容。所有材料均用通俗易懂的英语书写，并确保只有 6 年级阅读理解能力的人就能看懂，还保持对性别的敏感，避免专业术语和俚语，以免对母语是非英语的父母构成障碍。每个贴士表都建议采取有效、实用的方法以预防或解决常见的儿童管理和发展问题。信息以简短的咨询格式提供，澄清了家长提出的问题，解释材料是根据家庭的需要量身定制的。家庭如果有任何困难，那么可以寻求进一步的帮助。

这种层级的干预是为管理儿童偶尔出现的行为问题而设计的，一般不涉及因为其他行为而导致管理困难或出现家庭功能障碍的情况。这一层级的干预重点是管理特定的儿童行为。干预的关键指标包括：（1）父母正在寻找信息，因此改变的动机是积极的；（2）问题行为相对不太密集；（3）问题行为的严重程度是轻度到中度；（4）问题行为最近才出现；（5）父母和孩子没有患重大疾病；（6）家庭情况稳定；（7）该家庭已成功完成其他层级的干预，再次返回寻求快速解决的方案。

（三）初级关怀项目

这是一种服务更密集的积极教养项目，针对父母对孩子轻度和相对分散的问题行为（例如，发脾气、睡眠障碍）表现出的担忧。与精选版积极教养项目类似，这一层级的干预适用于管理不太频繁的儿童问题行为，同样一般不涉及因为其他行为而导致管理困难或出现家庭功能障碍的情况。它们的关键区别在于，初级关怀项目除了提供建议和信息外，还结合了其他积极的育儿技能培训，并要求家长践行所推荐的育儿策略。这一层级的儿童一般不符合临床障碍的诊断标准（例如对立违抗性障碍、行为障碍或多动症），但可能存在亚临床症状水平的问题行为。

这一层级的干预包含3～4节每节20分钟的课程，包括积极的技能培训及选择性使用涵盖共同性发育和行为问题的育儿贴士表。它还促进了高级技能的推广，教授父母如何应用知识和技能处理非目标行为及将之应用在其他孩子身上。具体内容如下：

（1）第一节课程通过访谈和直接观察澄清问题的出现时间和性质，协商干预的目标，并创立基线监测系统来跟踪问题行为的发展。

（2）第二节课程回顾和确定最初的问题是否仍然存在；讨论基线监测的结果，包括父母对孩子行为的看法；与父母讨论问题的性质（诊断结果）及其可能的病因并协商育儿计划（使用贴士表或设计活动日程）——这一计划可能会通过讨论、示范或展示相关的视频片段引入特定的积极育儿策略；还会与父母一起制订应对计划，识别和消除实施新计划的任何潜在障碍，然后父母开始实施这一计划。

（3）第三节课程会监测家庭的进展和讨论实践中遇到的问题，并可能涉及介绍额外的育儿策略，目的是进一步完善父母在日常生活中的执行情况并为他们提供鼓励。

（4）第四节课程主要是回顾进展，排除父母遇到的任何困难和障碍，进行积极反馈和鼓励，以及终止服务。如果几周后仍未取得积极成果，家庭可能会被转介到更高级别的干预。

（四）标准版积极教养项目／小组形式的积极教养项目／自我指导式积极教养项目

这种预防性干预针对的是被确定为具有可识别的问题但尚未达到行为障碍诊断标准的高风险人群。需要注意的是，这一层级的干预可以针对处于危险中的个别儿童或整个儿童群体。例如，可以在低收入地区提供集体形式的项目，目标是识别出具有严重破坏性和攻击性行为的孩子并让他们的父母参与进来。父母被教授多种管理孩子的技能，包括在期待的行为出现后提供简短的有条件关注，安排在高风险情况下的参与式活动，以及如何使用明确的冷静指令，等等。它使用特定策略（例如有计划的活动培训）促进育儿技能在不同情境中和随时间变化的可迁移性（Sanders &

Dadds，1982）。与初级关怀项目一样，这一层级的干预将提供信息、积极的技能培训和支持相结合。此外，它教授父母在家庭中和社区环境中针对目标儿童及这些儿童的兄弟姐妹应用这些育儿技能。这里有几种不同的服务递送形式：

1. 标准版积极教养项目

这一项目共有 10 节课（每节课 90 分钟），包括教授儿童行为问题出现的原因，鼓励儿童发展的策略和管理不当行为的策略。积极技能训练方法包括榜样示范、演练、反馈和布置家庭作业。视频片段被用于展示积极的育儿技巧，包括一些普适化提升策略（例如，用足够的范例进行训练，改变训练时长），从而促进育儿技能可以在不同情境、不同孩子和不同时间阶段之间迁移。这一项目也进行家访或门诊观察，让父母自行选择要实现的目标，观察父母与孩子的互动及其育儿技巧的使用，并由实务工作者进行反馈。后续进一步的临床治疗包括识别出高风险的育儿情况，并制定有计划的活动日程。最后，项目还涉及育儿技能的维持和巩固。

2. 小组形式的积极教养项目

小组形式的积极教养项目共有 8 节课，理想情况下以 10～12 名家长为一组进行，采用参与式技能培训帮助家长获得新知识和新技能。这一项目包括 4 节 2 小时的小组活动，为家长提供通过观察、讨论、实践和反馈来学习的机会。家长在情感支持性环境中获得他们使用技能的建设性反馈意见。在两次活动之间，家长需要完成家庭作业以巩固他们在小组活动中学习的技能。在小组活动之后，提供 3 次 15～30 分钟的电话跟进，从而为家长提供额外的支持，帮助他们将在小组活动中学到的东西付诸实践。最后一节课根据已有的资源，提供技能维持和扩展，可能是以小组活动或者电话形式来庆祝的方式结束项目。虽然在小组环境中参加该项目可能意味着父母个人会受到较少的关注，但是对父母来说，参与小组活动有几个好处，包括获得支持、友谊和来自其他父母的建设性反馈意见，以及有机会通过同伴互动将他们的育儿经验正常化。

3. 自我指导式积极教养项目

在这种自我指导式的递送模式中，《每位家长的自助育儿手册》提供了详细信息，其中简要介绍了一个为期 10 周的家长自助项目。每周课程包含一系列固定读物和建议家长完成的家庭作业。这种形式最初被设计为仅提供简单的育儿信息给参加临床实验的对照组家长，然而，来自家庭成员的正向报告已经证明这个项目自身就是一种强大的干预（Markie-Dadds, Sanders, & Turner, 1999）。

有些父母需要寻求更多的支持来管理他们的孩子，而不是仅限于获得信息。因此，自助模式可以通过每周增加 15 ～ 30 分钟的电话咨询使父母的育儿技能得到提高。这种咨询的目的在于向父母提供简短的、最基本的支持，以此促进父母在学习项目内容时注意力集中并且充满动力，父母还可以根据家庭需要定制项目。与其引入新的育儿策略，不如使用这种咨询来指导父母学习可能适用于他们当前状况的书面材料。

如果孩子在多个不同环境中有问题行为，并且父母的育儿技巧明显不足，那么选择这一层级的干预更为合适。如果父母希望获得个别化的帮助，那么参加标准版积极教养项目是一个不错的选择。小组形式的积极教养项目适合作为大众版（适用于所有父母）或精选版（适用于有特定目标的父母群体）积极教养项目中的育儿技能支持策略，但是，它特别适合作为早期干预策略以帮助当下孩子有问题行为的父母。自我指导式积极教养项目非常适合获得临床服务机会较少的家庭（例如，农村或偏远地区家庭）。它最有可能在有动力自己完成项目的家庭中取得成功。这一层级的干预可能要考虑的障碍包括家庭逆境、父母或孩子患有精神疾病等。在这些情况下，这一层级的干预可以在密切监测家庭进展的情况下开展。

（五）强化版积极教养项目

这一层级的干预适用于参加了较低层级的干预后因为其他风险因素而没有产生变化的家庭。它扩展了干预重点，包括婚姻沟通、父母的情绪管理和压力应对技巧。通常在这一干预层级，儿童有相当严重的行为问题，这些问题因额外的家庭逆境而变得更加复杂。在参与第四层级的项目后，家长请求或被认为需要接受进一步的帮助，从而来参加这个量身定制的项目。

强化版积极教养项目目前一共包括三个模块：

第一个模块：练习，通常在家庭中进行，最多包含三节课。这些课让父母有机会练习在第四层级的项目中所学的积极育儿策略，并接受个性化反馈。这个过程允许父母和临床医生一起工作，识别和克服障碍，完善育儿策略。这些课主要是自我指导式的，父母设定自己的目标，评估自己的表现并完成家庭作业。

第二个模块：应对技巧，专门为遇到适应困难并怀疑自己的育儿能力的父母设计。适应困难可能包括压力、焦虑、抑郁或愤怒情绪。这一模块最多包括三节课，旨在识别功能失调的思维模式，向父母介绍应对技巧——放松、压力应对培训等（Meichenbaum, 1974），挑战无益的想法（Beck, Rush, Shaw, & Emery, 1979），以及制订应对计划。

第三个模块：伴侣支持，专门为需要调整关系或存在沟通困难的双亲家庭设计（Dadds, Schwartz, & Sanders, 1987）。这一模块最多包含三节课，向父母介绍各种技能以提高他们的合作能力。它可以帮助父母改善沟通，提高父母使用积极的育儿策略的一致性，并推动父母为彼此的育儿方式提供支持；教授父母以积极地相互倾听和交谈的方式，共享有关家庭的信息并更新最新信息，出现问题时互相支持，并且一起解决问题。

目前正在开发和实验其他几个模块，涉及改变功能失调的归因、改善家庭的安全性、减少依恋关系中的障碍，以及减轻残障儿童父母的照顾负担等方面的内容。开发完成后，这些模块将为从业者提供更加全面的资源，以便针对特定的风险因素进行针对性干预。

第一节课主要进行回顾，评估父母的进步，确定目标并商定治疗计划。然后，开展模块治疗，每个模块理想的状况是最多持续90分钟（家访除外，家访每次应该持续40~60分钟）。每个家庭涉及的内容是根据临床判断和家庭的需要来决定的（如果父母在目标领域表现出某些能力，那么这些练习就可以省去）。

两节课之间，父母需要完成家庭作业来巩固他们的学习。完成模块治疗后，最后一节课的目的是通过强化父母的自我管理技能来维持治疗中所获得的技能，从而减少父母对临床医生的依赖。

五、积极教养项目的循证干预效果

积极教养项目已经在全球39个国家和地区进行了应用，这些国家和地区文化背景不同，经济发展水平也不同。在我国，香港地区对不同层级的积极教养项目都进行了文化改良，上海仅对标准版积极教养项目进行了初步验证。

过去40年，有630篇有关积极教养理论的论文，有320篇评估积极教养项目效果的论文。德格拉夫（De Graaf）及其同事（2008）对标准版积极教养项目在父母教养风格和能力方面的效果进行了元分析。结果发现，标准版积极教养项目能够减少功能失调的父母教养风格，提高父母的胜任力，这些效果能够随着时间变化得到维持。这一干预还能够减少儿童的破坏性行为，并且效果能够持续改善。弗莱彻（Fletcher）及其同事（2011）对积极教养项目对于父母教养实践的影响也进行了元分析，结果发现，积极教养项目对父母的育儿实践产生了积极影响，并且对母亲的积极影响大于对父亲的积极影响。诺瓦克（Nowak）和海因里希斯（Heinrichs, 2008）全面回顾了 55 项积极教养项目的评估研究，他们使用多层线性模型进行分析后发现，积极教养项目能够在育儿技能、儿童行为问题和父母精神健康维度随着干预强度不同带来较小至中等程度的积极变化。父母自我报告的变化比专业人员基于观察得出的变化数据更大，而且困扰越大的家庭改变程度越大。针对残障儿童的积极教养项目的元分析发现，不同层级的干预都能减少儿童的问题，并且在父母的教养方式、父母的育儿满意度和自我效能感、父母适应、父母关系和儿童行为方面均有显著效果（Tellegen & Sanders, 2013）。威尔逊（Wilson）及其同事（2012）系统回顾了 33 项评估积极教养项目实验组与控制组的效果的研究，结果发现，实验组中的母亲报告的效果总体显著，但是父亲报告的效果较小并且与控制组没有差别，其中 32 项研究的作者属于积极教养项目的工作人员。

普林茨（Prinz）及其同事（2009）从人口整体水平评估了积极教养项目同儿童虐待与忽视之间的关系。这项研究将美国加利福尼亚州南部的 18 个县随机分配到实验组和控制组，经过积极教养项目干预的县所报告的儿童虐待与忽视案件、因虐待住院和受到伤害的案件，以及因虐待不得不送去寄养的案件数量都显著减少。这项研究向政策制定者提供了通过积极教养项目提升社区整体凝聚力及居民健康水平的证据。

积极教养项目的开发者桑德斯及其同事（2014）对 1980—2013 年间发表的 116 项研究（其中 62 项随机对照实验，涵盖 16 099 个家庭）的结果进行系统综述和元分析，发现积极教养项目对儿童的社交、情感和行为结果（$d = 0.473$），以及父母的教养方式（$d = 0.578$）、父母的育儿满意度和自我效能感（$d = 0.519$）具有中等程度的影响；对父母适应（$d = 0.340$）、父母关系（$d = 0.225$）具有较小程度的影响。通过进一步分析发现，标准版和强化版积极教养项目的干预效果要比大众版、精选版积极教养项目和初级关怀项目的干预效果更加显著。

参考文献

第六章 | 亲子互动疗法对高收入国家儿童虐待与忽视的效果研究

一、亲子互动疗法的开发与研究历程

20 世纪 70 年代，美国佛罗里达大学临床心理学教授希拉·艾伯格（Sheila Eyberg）开发了亲子互动疗法（PCIT）。它主要是为 2～7 岁有严重破坏性行为的儿童而开发的，试图从家庭行为视角向父母提供帮助（Eyberg, 1988）。这一疗法借鉴了康斯坦斯·汉夫（Constance Hanf）的二阶段模型来整合社会学习理论、依恋理论、发展理论、行为原理和传统的游戏疗法等内容，它的目标是通过帮助家长采用权威型教养方式来提升亲子关系质量，同时也考虑到儿童对温暖、心理自主性和设置限制的需求，从而达成最理想的治疗效果。亲子互动疗法主要由接受过正式培训的精神健康专业人员来提供服务，治疗通常需要持续 14～16 周，每周一次，每次 60 分钟。目前，亲子互动疗法的效果得到美国心理学会、美国行为和认知治疗学会、美国全国社会工作者协会和美国儿科研究院等组织和机构的认可，其专业服务在全世界得以推广。

已有的研究证据显示，亲子互动疗法是一个可以有效打破亲子互动恶性循环的家庭教育服务项目，由此可进一步减少由亲子互动恶性循环带来的儿童虐待与忽视（Batzer et al., 2018）。它在结构上包含两个治疗阶段：第一阶段由儿童主导互动，其主要目标是根据依恋理论指导父母学习与孩子一起游戏的技巧，促使父母与孩子建立温暖、和谐的亲子关系；第二阶段由父母主导互动，其主要目标是根据社会学习理论向父母传授有效的管教策略，如监督策略和后果策略，以持续性减少儿童的消极行为（Eyberg et al., 2001）。过去40年，已有越来越多的证据表明，亲子互动疗法在减少儿童的外化行为和改善父母的育儿实践方面具有积极效果（Thomas et al., 2017; Thomas & Zimmer-Gembeck, 2007; Valero-Aguayo et al., 2021）。近年来，逐步有研究证明，亲子互动疗法的效果远远不止于减少儿童的破坏性行为。例如，有关亲子互动疗法及其改良版本的最新研究开始关注更广泛的儿童群体，包括寄养儿童（Mersky et al., 2015）和受虐儿童（Abrahamse et al., 2021），并将之应用于不同精神障碍群体中，如学龄前抑郁儿童（Luby et al., 2020）、内化行为障碍儿童（Carpenter et al., 2014）、孤独症儿童和注意缺陷多动障碍儿童等（Matos et al., 2009; Vess & Campbell, 2022）。

遭受过虐待与忽视的儿童通常会表现出行为障碍，如不服从父母、对他人进行身体攻击和出现反社会行为等（Kolko, 1992），而他们的父母通常会采取更消极的体罚来管理这些问题行为（Chaffin et al., 2004）。乌尔奎萨（Urquiza）和麦克尼尔（McNeil, 1996）认为，很多身体虐待型的亲子关系可以被恰如其分地描述为强制性恶性循环的延伸，即父母使用身体暴力作为一种管教策略来确保孩子服从或终止孩子的消极行为。为打破这一恶性循环，亲子互动疗法通过增进亲子之间的情感纽带，加强针对问题行为的积极、非暴力的管教策略，来改变功能失调的亲子关系模式（Batzer et al., 2018; Urquiza & McNeil, 1996）。已有的研究提出，亲子互动疗法有望成为介入有虐待儿童身体行为或倾向的照顾者的有效干预措施（Chaffin et al., 2011; Chaffin et al., 2004）。

目前已有 2 篇系统综述和 1 篇元分析探讨了亲子互动疗法在儿童遭受虐待的家庭中的有效性（Batzer et al., 2018; Kennedy et al., 2014; Warren et al., 2022）。两篇系统综述分别于 2015 年和 2021 年完成，各纳入了 11 项和 40 项研究。巴泽尔（Batzer）等人（2018）的系统综述研究了亲子互动疗法在治疗受虐儿童及其照顾者的四个关键结果变量（重复使用儿童福利服务、儿童虐待与忽视风险、儿童的外化行为和照顾者的养育行为）上的效果。结果表明，亲子互动疗法是一种有效的干预措施，可以通过提升照顾者的积极养育技能和减少儿童的外化行为来预防儿童虐待与忽视的发生。沃伦（Warren）等人（2022）通过评估亲子互动疗法对受虐儿童及其照顾者的长期效果，以及增加对儿童及其照顾者创伤症状的研究而扩展了巴泽尔等人的研究。这两篇系统综述详细描述了每项研究在受虐儿童中的有效性；然而，系统综述作为一种定性研究方法，通常包括所有类型的干预研究，这阻碍了我们采用随机对照实验设计来评估亲子互动疗法在干预受虐儿童及其照顾者中的实际效应大小。

针对亲子互动疗法的第一次元分析于 2012 年完成，共纳入了 6 项研究（其中包括 5 项随机对照实验和 1 项准随机对照实验），评估分析了 3 项研究结果，包括虐待儿童的可能性、父母的养育压力和身体虐待的复发率（Kennedy et al., 2014）。这项研究初步提供了亲子互动疗法能够有效降低身体虐待的复发率和父母养育压力的综合性证据。然而，各项被纳入的研究所采用的亲子互动疗法版本（如标准版与改良版）、参与者的特征

（如有身体虐待史的家庭与高危家庭）、对照组设计（如常规治疗与等待组、空白组处理）以及所研究国家（如美国与澳大利亚）均有所不同，而由于研究数量有限，这项元分析并没有考察这些潜在的调节因素的影响。此外，在这项元分析结束之后，过去十几年中又出现了多项新的随机对照实验研究，这些研究评估了亲子互动疗法对受虐儿童及其照顾者的影响（Abrahamse et al., 2021; Villodas et al., 2021; Webb et al., 2017）。因此，有必要进行新的元分析。

将亲子互动疗法应用于受虐儿童及其照顾者时需对其进行调整以满足受干预家庭在接受治疗时的特殊需要，如使用小组亲子互动疗法、居家亲子互动疗法和辅以其他治疗技术（如动机访谈）的亲子互动疗法等（Warren et al., 2022）。尽管有一项针对外化行为问题儿童的元分析表明，标准版亲子互动疗法优于改良版亲子互动疗法（Thomas et al., 2017），但这一结论还需要在受虐儿童及其照顾者同儿童虐待与忽视相关的其他结果中进一步探讨。此外，有关亲子互动疗法的疗程和持续时间的结论仍未达成一致。例如，托马斯（Thomas）和齐默·吉贝克（Zimmer-Gembeck）等（2012）发现，在减少儿童的外化行为和父母的消极育儿策略方面，有时间限制的亲子互动治疗方案比时间灵活可变的亲子互动治疗方案更有效；而默斯基（Mersky）等人（2015）指出，简版的亲子互动治疗方案与标准版的亲子互动治疗方案的干预效果相比，并没有显著差异。因此，亲子互动疗法的版本和疗程对受虐儿童及其照顾者的有效性值得进一步研究。

鉴于以往系统综述研究存在的局限性，本研究的主要目的首先是综述最新的随机对照实验研究，并评估亲子互动疗法在受虐儿童及其照顾者中的干预效应大小。随机对照实验研究通过随机化过程确保组间差异仅仅来自干预效果（Zabor et al., 2020），因此对随机对照实验研究进行元分析可以提供最可靠的亲子互动疗法干预效果的证据。其次是研究影响亲子互动疗法干预效果的潜在调节因素，这将有助于专业人员了解如何在提供亲子互动治疗服务时实现效果最大化。

二、研究方法

本研究遵循了系统综述和元分析优先报告的条目指南。

1. 文献检索

在 PubMed、PsycINFO、Web of Science、MEDLINE、Scopus、Cochrane Library、ProQuest Dissertations & Theses Global 数据库中，使用以下检索词/词组——trauma、child abuse、child maltreatment、child abandonment、child neglect、child welfare、domestic violence、physical abuse、sexual abuse、emotional abuse、verbal abuse、foster care、kinship care、foster children、child protection 及 parent-child Interaction/therapy，检索相关英文文献。截至 2023 年 1 月 20 日发表的所有研究均被纳入检索范围。此外，研究者还通过人工检索筛选了已发表综述的参考文献，以确保主要的研究未被遗漏。

2. 纳入标准和排除标准

遵循干预研究中有关研究对象、干预措施、对照组处理、研究结果和研究设计的原则，制定了文献的纳入和排除标准。

（1）研究对象：儿童虐待与忽视的高风险家庭或已证实有儿童虐待与忽视行为的家庭。

（2）干预措施：亲子互动疗法是唯一的干预方案。为了排除其他干预方案的干扰，与其他干预方案相结合的研究将被排除。

（3）对照组处理：对照组可以是主动对照（接受常规治疗）或被动对照（无任何治疗措施，如等待组）。

（4）研究结果：研究应包括至少一种相关结果，如儿童虐待与忽视的结果、与父母教养或精神健康相关的结果，以及儿童虐待与忽视的复发风险等。没有提供效应量大小的研究将被排除在外。

（5）研究设计：应采用随机对照实验设计。

3. 数据提取

数据提取由一名研究助理完成，并由另一名研究助理进行检查。从研究中提取的数据信息包括：（1）作者和发表年份；（2）参与者的人口统计学特征，如儿童和家长的年龄、性别、种族、受教育程度等；（3）儿童虐待与忽视的详情；（4）干预方案和对照措施，包括干预组和对照组的样本量，对照组处理方式，亲子互动疗法版本和干预次数、周期，等等；（5）研究方法和结果，包括研究设计、随访时间和结果。在每个结果中，提取了干预组和对照组的测量工具、平均值和标准差。

4. 偏倚风险评估

为了评估被纳入研究的偏倚风险，我们使用了 Cochrane 偏倚风险评估工具（Higgins et al., 2019）。该评估工具包括多个方面的偏倚处理：随机序列的产生、分配方案的隐藏、研究者和受试者设盲、结果评估者设盲、结果数据的完整性、选择性报告研究结果的风险以及其他偏倚来源。偏倚风险的等级包括"低风险""高风险"或"风险不明确"。两位研究助理对被纳入研究的质量进行独立评分，出现分歧时邀请第三位研究助理通过讨论解决。

5. 统计与分析

根据数据的异质状况，本研究采用随机效应模型或固定效应模型计算每项结果的效应值和 95% 置信区间。由于样本量小且不均等，因此本研究计算了 Hedges' g，对效应值进行标准化处理（Hedges & Olkin, 1985）：$g <$ 0.2 为极小效应量，$0.2 \leqslant g < 0.5$ 为较小效应量，$0.5 \leqslant g < 0.8$ 为中等效应量，$g \geqslant 0.8$ 为较大效应量（Cohen, 1977）。

异质性检验采用 Cochran's Q 检验和 I^2 统计量进行评估。Q 检验的 $p < 0.05$ 或 I^2 检验的 I^2 值 $> 50\%$，表明研究中存在显著的异质性；而 Q 检验的 $p > 0.05$ 或 I^2 检验的 I^2 值 $< 50\%$，则表明没有显著的异质性（Higgins et al., 2003）。如果存在显著异质性，则采用探索性亚组分析和元回归分析来研究异质性的来源。亚组分析采用混合效应模型对分类调节因素进行分析，包括对照组类型（主动对照与被动对照）、亲子互动疗法版本（标准版与改良版）、虐待特征（儿童虐待与忽视的高风险家庭、已证实儿童虐待与忽视的家庭、混合样本）、国家（美国、其他国家）和分析方法（意向性分析、依从者分析）等内容。元回归分析适用于连续性协变量，包括儿童的年龄、照顾者的年龄、疗程次数和样本大小。

虽然漏斗图是识别偏倚的常用方法，但由于被纳入的研究数量较少，我们无法使用漏斗图评估偏倚。因此，我们通过 Egger 回归检验来评估发表偏倚，将 $p > 0.05$ 视为低发表偏倚（Egger et al., 1997）。在出现发表偏倚的情况下，采用修剪填补法计算调整后的效应大小（Duval & Tweedie, 2000）。此外，我们还计算了失安全系数来估计结果的稳定性（Rosenberg, 2005），显示了使效应量大小从显著变为非显著所需的研究数量。失安全系数大于 $5k+10$（k 为分析中包含的研究数量），则表示效果稳健（Rosenberg, 2005）。本研究使用 STATA 15.0 进行元分析，显著性水平设定为 0.05（双尾）。

三、研究结果

（一）文献筛选结果

图 6-1 显示了文献筛选和纳入过程的 PRISMA 流程图。共检索到 1 279 项相关研究，其中 384 项研究属于重复研究被排除，830 项研究在筛选了标题和摘要后因不符合纳入标准而被排除。在剩余的 65 项研究中，有 53 项研究在通读全文后因违反了至少一项纳入标准而被排除，最后有 12 项研究被纳入本次元分析。

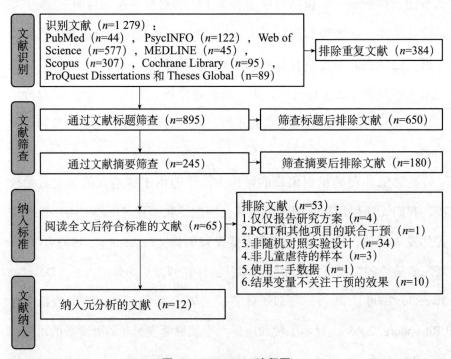

图 6-1　PRISMA 流程图

（二）研究特征

表 6-1 总结了 12 项被纳入研究的特征。共有 1 277 名参与者，其中 91.31% 为女性照顾者，平均年龄为 34.17 岁（$SD = 5.28$，取值范围为 28.6～44.3 岁）。有 7 项研究报告了照顾者的教育水平（80.2% 接受过高中及以上程度的教育），8 项研究报告了照顾者的婚姻状况（31.7% 已婚），3 项研究报告了超过半数的参与者（26.1%）为白人或高加索人。儿童的平均年龄为 5.13 岁（$SD = 0.8$，取值范围为 4.4～6.8 岁），41.17% 为女孩。5 项研究（41.7%）以女性照顾者为对象，7 项研究（58.3%）涉及混合样本。8 项研究（66.7%）是在美国实施的，2 项研究（16.7%）是在澳大利亚实施的，1 项研究（8.3%）是在荷兰实施的，1 项研究（8.3%）是在英国实施的。9 项研究（75%）发表在同行评审的期刊上，3 项研究（25%）是博士学位论文。

3 项研究中身体虐待是主要的虐待形式，2 项研究称家庭暴力是主要的虐待形式，而 7 项研究未说明虐待类型。7 项研究（58.3%）中的照顾者主要由儿童福利系统或服务部门转介而来，3 项研究（25%）中的照顾者来自不同的转介途径，2 项研究（16.7%）中的照顾者主要由社区心理健康中心或社区组织转介而来。7 项研究（58.3%）样本有虐待史，2 项研究（16.7%）使用了儿童虐待高风险样本，3 项研究（25%）使用了混合样本（家庭有虐待高风险或虐待史）。

我们从纳入本次元分析的 12 项随机对照实验中，提取了 15 项亲子互动疗法的干预效应量。其中有 9 项非主动对照条件和 6 项主动对照条件。亲子互动疗法的版本有标准版（$k = 4$）和改良版（$k = 11$）：常见的改良版有小组形式（$k = 3$）、居家形式（$k = 2$）、带动机访谈的混合形式（$k = 2$）

表 6-1　被纳入文献的基本特征

第一作者（发表年份）、国家、来源	儿童的特征	照顾者的特征	儿童虐待与忽视详情	亲子互动疗法干预情况	对照组	结果指标[a] 测量量表[b]	追踪时间
AbrahaMse et al. (2021) 荷兰 期刊	30% 女孩；年龄 2~7 岁（M = 5.7）；60% 荷兰人。	n = 20；100% 女性；40% 单亲父母；70% 亲生父母。	确认有儿童虐待与忽视史；未说明虐待与忽视类型；由社区心理健康中心转介。	在家服务形式；8 节；每周 1 次。	对照组等待服务	儿童虐待与忽视风险[a1]；儿童的问题行为[b1/b2]；育儿压力[c2]；教养技能[d1]。	8 周
Ashley (2012) 美国 学位论文	年龄 M = 6.76（4.37）。	n = 82；100% 女性；年龄 M = 30.83 (5.88)；11% 已婚；63.4% 高中以下学历；93% 白人。	儿童处在高虐待风险中；由州监狱转介。	小组形式；7 节；每周 1 次。	常规治疗服务	儿童虐待与忽视风险[a1]；育儿压力[c1]；教养技能[d1]。	7 周
Chaffin et al. (2004) 美国 期刊	年龄 4~12 岁；52% 白人，40% 非裔美国人。	n = 110；65% 女性；年龄 M = 32 (8.8)；52% 白人；40% 非裔美国人；34% 已婚；75% 高中及以上学历。	确认有儿童虐待与忽视史；由儿童福利中心转介。	2 种干预情况：标准版 PCIT+动机成分；标准版 PCIT+个体化赋能服务；22~24 节；每周 1 次。	以儿童为中心的服务	儿童虐待与忽视风险[a2]；儿童的问题行为[d1]；教养技能[d1]；父母抑郁[g1]。	未报告

续表

第一作者（发表年份）、国家、来源	儿童的特征	照顾者的特征	儿童虐待与忽视详情	亲子互动疗法干预情况	对照组	结果指标[a]测量量表[b]	追踪时间
Foley et al. (2016) 美国 期刊	34% 女孩; 年龄 M=6.45; 93% 高加索人。	n=44; 81.8% 女性; 年龄 M=30.28 (7.5); 41% 高加索人; 29% 已婚; 70% 高中及以上学历。	有一定儿童虐待与忽视风险; 由社区组织推荐。	小组形式; 12 节（120 分钟）; 每周 1 次。	常规治疗服务	儿童虐待与忽视风险[a2]; 儿童的问题行为[b1b2]; 育儿压力[c2]。	未报告
Mersky et al. (2016) 美国 期刊	54% 女孩; 年龄 M=4.6; 61% 非裔美国人。	n=102; 89% 女性; 年龄 M=44.3 (11.2); 100% 寄养父母; 52% 已婚; 51% 少数民族/种族; 79.1% 拥有高等教育。	寄养儿童; 由儿童福利系统转介。	PCIT 简版: 2 天的小组培训和 8 周的在家服务。 PCIT 标准版: 3 天的小组培训和 14 周的在家服务。	对照组等待服务	儿童的问题行为[b1b2]。	14 周
Mersky et al. (2015) 美国 期刊	56% 女孩; 年龄 3~6 岁 (M=4.6); 61% 非裔美国人。	n=128; 89% 女性; 年龄 M=44.3 (11.2); 49% 非西班牙裔美国人; 100% 寄养父母; 52.3% 已婚; 94% 高中及以上学历。	寄养儿童; 由儿童福利系统转介。	PCIT 简版: 2 天的小组培训和 8 周的在家服务。 PCIT 标准版: 3 天的小组培训和 14 周的在家服务。	对照组等待服务	育儿压力[c2]; 教养技能[d1]。	14 周

续表

第一作者（发表年份）、国家、来源	儿童的特征	照顾者的特征	儿童虐待与忽视详情	亲子互动疗法干预情况	对照组	结果指标 [a] 测量量表 [b]	追踪时间
Terao (1999) 美国 学位论文	64.7%女孩；年龄 M=4.89。	n=34；100%女性；年龄 M=31.56。	确认有儿童身体虐待史；由儿童福利系统转介。	PCIT 标准版；14节；每周1次。	家庭保护服务	儿童虐待与忽视风险 [a1]；育儿压力 [c1]。	未报告
Thomas et al. (2011) 澳大利亚 期刊	29%女孩；年龄 M=5（1.6）。	n=150；100%女性；年龄 M=33.5（8.9）。	具有很高的虐待与忽视儿童风险或已有虐待行为；视儿童行为；由多种来源转介。	PCIT 标准版；儿童主导互动：11.8节（SD=4.49，range=4~25）；父母主导互动：5.07节（SD=2.75，range=2~13）。	对照组等待服务	儿童虐待与忽视风险 [a1]；儿童的问题行为 [b1/b2]；育儿压力 [c1]；教养技能 [d1]。	未报告
Thomas et al. (2012) 澳大利亚 期刊	29.6%女孩；年龄 M=4.57（1.3）；61%非裔美国人。	n=151；100%女性；年龄 M=33.9（7.3）；74%出生于澳大利亚；95%高中及以上学历。	具有很高的虐待风险儿童或已有虐待行为；视儿童行为；由多种来源转介。	PCIT 标准版；14节（SD=0.84，range=12~16）。	对照组等待服务	儿童虐待与忽视风险 [a1]；儿童的问题行为 [b1]；育儿压力 [c1]；教养技能 [d1]。	未报告
Villoads et al. (2021) 美国 期刊	32.8%女孩；年龄 M=4.78（1.7）；58.2%西班牙	n=55；100%女性；年龄 M=28.6（7.03）；98.2%亲生父母	怀疑存在儿童身体虐待和精神虐待；由儿童福利系统转介。	在家服务形式；12~20节（60分钟）；每周1次。	常规治疗服务	育儿压力 [c2]；教养技能 [d1/f1]。	未报告

续表

第一作者（发表年份）、国家、来源	儿童的特征	照顾者的特征	儿童虐待与忽视详情	亲子互动疗法干预情况	对照组	结果指标 [a] 测量量表 [b]	追踪时间
	裔美国人。	15.9%已婚；58.2%西班牙裔美国人；29.5%高中学历。					
Webb et al. (2017) 美国 期刊	33.3%女孩；年龄 $M=4.4$ (1.2)。	$n=197$；91.7%女性；年龄 $M=34.4$ (7.3)；87%亲生父母；66%澳裔美国人；35%已婚。	被报告有不恰当的管教行为；由多种来源转介。	标准版PCIT，删除了3周的动机成分；内容：12节；每周1次。	对照组等待服务	儿童的问题行为 [b1]；育儿压力 [c1]。	未报告
Woodlee (2022) 英国 学位论文	45.1%女孩；年龄 $M=4.76$ (1.4)；57.4%白人。	$n=204$；88.2%女性；年龄 $M=32.29$ (6.3)；98%亲生父母；70.1%白人；17.2%已婚。	存在家庭暴力行为；由儿童福利服务部转介。	小组形式；22节（60分钟）；每周1次。	常规治疗服务	儿童虐待与忽视 [e1]。	未报告

注：[a] 仅测量一次或两次的结果不包括在内；[b] 测量量表以角标的形式呈现。
[a1] Child Abuse Potential Inventory；[a2] Child Abuse Potential Inventory-Short Form；[b1] Eyberg Child Behavior Inventory；[b2] Child Behavior Checklist；[b3] Behavior Assessment System for Children；[c1] Parenting Stress Inventory；[c2] Parenting Stress Inventory-Short Form；[d1] Dyadic Parent-Child Interaction Coding System；[e1] Conflict Tactics Scale；[f1] Alabama Parenting Questionnaire-Preschool Revision。

和小组培训加居家服务（$k=4$）。亲子互动疗法的次数从 7 次到 24 次不等，大多每周进行一次，中位数为 16 次，平均为 16.86 次（$SD=5.86$），而大多数实验未报告每次治疗的时间长度。8 项研究没有报告干预后的随访时间，其余研究的随访时间为 7～14 周。

在结果方面，15 个效应值包含四类研究结果：儿童的问题行为（$k=10$）、父母技能（$k=8$）、父母的养育压力（$k=11$）和虐待儿童的可能性（$k=7$）。《艾伯格儿童行为量表》（$k=9$）和《儿童行为量表》（$k=7$）是评估儿童问题行为最常用的量表。《艾伯格儿童行为量表》已被证明符合心理测量学上的信度和效度标准，可用于评估儿童的破坏性行为（Chen et al., 2018）。这个量表包含一个频率量表和一个问题量表，频率量表用于评估儿童问题行为出现的频率，问题量表则用于评估家长对儿童问题行为的容忍度以及与之相关的困扰。《儿童行为量表》包括内化行为量表和外化行为量表。在父母技能方面，所有研究都使用了《亲子互动量表》（$k=8$）。父母的养育压力主要通过《育儿压力量表》（$k=6$）及《育儿压力量表-简表》（$k=4$）来测量。所有研究都使用了《儿童虐待与忽视的潜在风险量表》（$k=6$）或《儿童虐待与忽视的潜在风险量表-简表》（$k=1$）来测量儿童虐待与忽视的潜在可能性。

（三）文献质量评估

大多数被纳入研究没有报告随机序列的产生方法（10 项，83.3%）或分配方案的隐藏方案（11 项，91.7%），而这些会导致产生选择偏倚的风险较高。9 项研究（75%）未对结果评估者设盲或没有报告设盲过程。图 6-2 显示了偏倚风险的评估结果。总体而言，被纳入研究的偏倚风险普遍不明确，因为大多数研究倾向于不报告有关选择偏倚、具体表现和检测偏倚风险的重要信息。

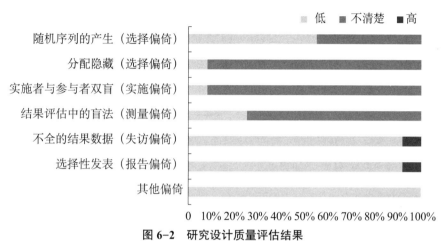

图6-2　研究设计质量评估结果

（四）亲子互动疗法干预的有效性

1. 结果类别 1: 儿童行为

图 6-3 展示了结果类别的效应量大小和异质性指数。上述所有结果的异质性都很大，$I^2 > 80\%$；研究使用随机效应模型来计算效应量的大小。与对照组相比，亲子互动疗法在降低儿童的外化行为（$g = 0.63$，95% CI[0.08, 1.18]）、问题行为强度（$g = 0.88$，95% CI[0.28, 1.47]）和问题行为频率（$g = 1.91$，95% CI[0.89, 2.92]）上均具有显著效果，而对儿童的内化行为（$g = 0.16$，95% CI[-0.57, 0.88]）没有效果 [见图 6-3（A-D）]。

表 6-2 展示了发表偏倚检验和敏感性分析的结果。Egger 回归检验结果显示，儿童问题行为频率存在显著的发表偏倚（$\beta = 9.42$，$p = 0.013$）。然而，在使用修剪填补法后，儿童问题行为频率的结果趋于不变，这表明尽管存在发表偏倚，但发表偏倚的影响不大。所有失安全系数都超过了 $5k +$ 10，表明效应量的大小是稳定的。

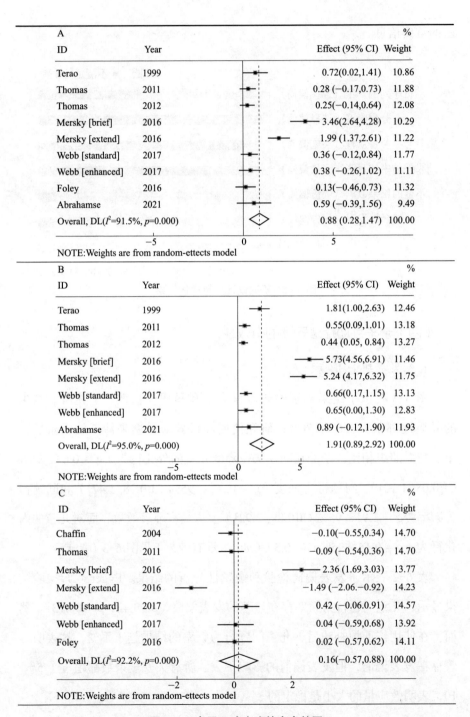

图 6-3 亲子互动疗法效应森林图

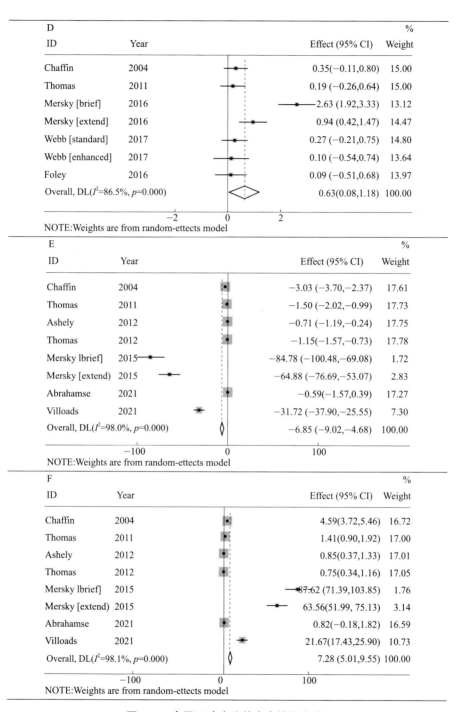

图6-3　亲子互动疗法效应森林图（续）

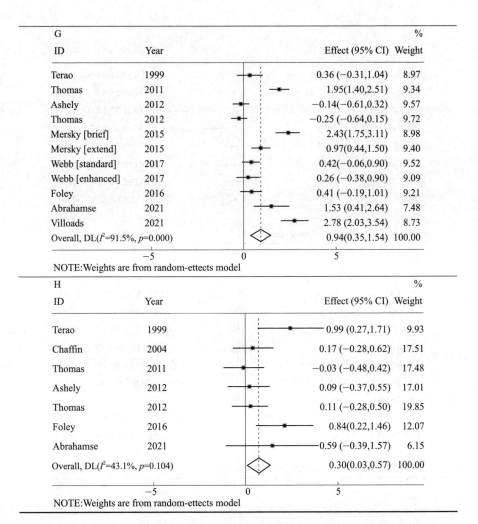

图 6-3 亲子互动疗法效应森林图（续）

注：（A）儿童问题行为强度研究，（B）儿童问题行为频率研究，（C）儿童的内化行为研究，（D）儿童的外化行为研究，（E）积极教养技能研究，（F）消极教养技能研究，（G）育儿压力研究，（H）儿童虐待与忽视风险研究。

2. 结果类别 2：教养技能

教养技能的 Q 统计量具有统计学意义（$p < 0.001$），I^2 统计量也超过了 75%，这意味着这两项结果具有高度的异质性。结果显示，亲子互动疗法显著提高了积极教养技能（$g = -6.85$，95% CI[-9.02, -4.68]），降低了

表6-2 发表偏倚检验和敏感性分析

		发表偏倚检验		敏感性分析	
		Egger 回归检验		失安全系数	修剪填补法
	k	β	p	N	
		（SE）			95% CI
儿童问题行为强度	9	6.14	0.125	21 952	NC
		（3.52）			
儿童问题行为频率	8	9.42	0.013	17 296	NC
		（2.70）			
儿童的内化行为	7	6.85	0.490	NA	NC
		（9.18）			
儿童的外化行为	7	8.72	0.204	1 678	NC
		（1.46）			
积极教养技能	8	-9.71	0.001	79 410	NC
		（1.75）			
消极教养技能	8	10.10	0.001	52 476	6.18
育儿压力	11	8.12	0.042	10 202	NC
		（3.42）			
儿童虐待与忽视的风险	7	3.62	0.043	1 832	0.20
		（1.34）			[0.00, 0.38]

注：k，处理条件数量；NC，未根据修剪填补法调整发表偏倚；NA，不适用。

消极教养技能（$g = 7.28$，95% CI[5.01, 9.55]），且效应量较大 [见图 6-3（E-F）]。

Egger 检验表明，积极教养技能结果（$\beta = -9.71$，$p = 0.001$）和消极教养技能结果（$\beta = 10.10$，$p = 0.001$）可能存在发表偏倚。经过修剪填补后，消极教养技能的调整效应量（$g = 7.28$，95% CI[5.01, 9.55]）略有降低，而积极教养技能的调整效应量（$g = -6.85$，95% CI[-9.02, -4.68]）则保持不变，这表明发表偏倚并未影响教养技能的总体结果。失安全系数明显超过 $5k + 10$，因此我们的研究结果是可靠的。

3. 结果类别 3：儿童虐待与忽视风险的结果

（1）育儿压力。

育儿压力的 Q 统计量为 113.19（$p < 0.000$），具有统计学意义，I^2 统计量为 91.2%，表明存在高度的异质性。测量育儿压力研究的合并效应量为 0.94（$g = 0.94$，95% CI [0.35, 1.54]），表明亲子互动疗法显著减轻了照顾者的育儿压力 [见图 6-3（G）]。

育儿压力的结果存在发表偏倚（Egger 检验 $\beta = 8.12$，$p = 0.042$）。虽然存在发表偏倚，但修剪填补法的结果表明，在对发表偏倚进行调整后，结论没有改变，说明结果是可靠的。对失安全系数（N = 10 202）的分析也得出了类似结果。

（2）儿童虐待与忽视的风险。

在儿童虐待与忽视的风险方面，I^2 值（43.1%）和显著 Q 值（$p = 0.104$）表明被纳入研究的异质性程度较低 [见图 6-3（H）]，因此我们使用固定效应模型来计算效应量大小。结果显示，亲子互动疗法显著降低了儿童虐待与忽视的风险，其影响虽然较小，但具有显著性（$g = 0.30$，95% CI[0.03, 0.57]）。

Egger 回归检验结果显著（$\beta = 3.62$，$p = 0.043$）。随后，我们使用修剪填补法调整了发表偏倚，得出了较低的调整效应量，但没有推翻原结果（$g = 0.20$，95% CI[0.00, 0.38]）。根据失安全系数，需要 1 832 项没有显著性的研究才能将效应量大小降至较小水平。因此，这一分析结果是稳定的。

（五）异质性评估

我们通过亚组分析和元回归分析了研究设计、样本特征和干预特征的异质性（见表6-3和表6-4）。由于儿童虐待与忽视风险的结果异质性较低，因此未对其进行调节变量分析。

1. 结果 1：儿童行为

亚组分析结果表明，虐待与忽视等级和分析方法对儿童问题行为的强度和频率的影响有显著的调节作用。确认有儿童虐待与忽视史（儿童问题行为强度：$g = 1.70$，95% CI[0.47, 2.92]；儿童问题行为频率：$g = 3.40$，95% CI[1.11, 5.70]）和采用依从者分析方法（儿童问题行为强度：$g = 2.03$，95% CI[0.59, 3.48]；儿童问题行为频率：$g = 3.95$，95% CI[0.84, 7.05]）的研究，其效应量大小明显高于儿童虐待与忽视的高风险或混合样本（儿童问题行为强度：$g = 0.30$，95% CI[0.07, 0.54]；儿童问题行为频率：$g = 0.55$，95% CI[0.31, 0.79]）以及采用意向性分析方法（儿童问题行为强度：$g = 0.32$，95% CI[0.11, 0.53]；儿童问题行为频率：$g = 0.73$，95% CI[0.37, 1.07]）的研究。此外，与其他国家的照顾者（$g = 0.57$，95% CI[0.34, 0.80]）相比，美国照顾者（$g = 4.24$，95% CI[1.62, 6.85]）从亲子互动疗法的干预中获益更多，能够有效降低儿童问题行为频率的得分。

元回归分析的结果表明，父母的年龄越大，对儿童问题行为强度（$\beta = 0.20$，$p = 0.050$）和频率（$\beta = 0.42$，$p = 0.012$）的干预效果越好。然而，在儿童的内化行为和外化行为方面，没有发现显著的异质性差异。

2. 结果 2：教养技能

就教养技能而言，虐待与忽视等级、亲子互动疗法版本、国家和分析方法是可能造成异质性的原因。相对于高风险或混合样本，使用确认有儿童虐待与忽视史的样本（积极教养技能：$g = -27.79$ vs. $g = -1.12$；消极教养技能：$g = 26.95$ vs. $g = 0.98$）、使用亲子互动疗法改良版（积极教养技能：$g = -16.19$ vs. $g = -1.30$；消极教养技能：$g = 16.82$ vs. $g = 1.06$）、在美国进行（积极教养技能：$g = -23.35$ vs. $g = -1.21$；消极教养技能：$g = 24.46$ vs. $g = 1.01$），并使用依从者分析（积极教养技能：$g = -21.89$ vs. $g = -4.51$；消极教养技能：$g = 22.30$ vs. $g = 5.30$）的研究报告了更好的干预效果。在元回归分析中，没有发现显著的调节因素。

3. 结果 3：儿童虐待与忽视的风险

在育儿压力方面，测量工具和虐待与忽视等级对亲子互动疗法的干预效果有显著的调节作用。

与《育儿压力量表》（$g = 0.43$，95% CI[-0.22, 1.07]）相比，使用《育儿压力量表-简表》（$g = 1.61$，95% CI[0.70, 2.51]）时，亲子互动疗法的干预似乎普遍更有效。同对儿童虐待与忽视高风险或混合样本的研究（$g = 0.43$，95% CI[-0.20, 1.06]）相比，对有儿童虐待与忽视史的样本的研究（$g = 1.61$，95% CI[0.68, 2.52]）报告了更大的效应值。在元回归分析中，没有发现显著的调节因素。

表 6-3　亚组分析结果

结果指标	异质性	类别	k	g	p	95% CI	I^2	Q_w	Q_b
儿童问题行为强度	对照组	被动对照	7	1.01	0.008	[0.27, 1.76]	91.7	71.93***	1.66
		主动对照	2	0.40	0.174	[-0.17, 0.97]	36.4	1.57	

续表

结果指标	异质性	类别	k	g	p	95% CI	I^2	Q_w	Q_b
儿童问题行为强度	亲子互动疗法版本	标准版	4	0.34	0.005	[0.10, 0.58]	0.0	1.40	2.48
		改良版	5	1.30	0.003	[0.13, 2.48]	92.8	55.97***	
	虐待与忽视等级	高风险或混合样本	4	0.30	0.012	[0.07, 0.54]	0.0	0.19	4.79*
		有儿童虐待与忽视史	4	1.70	0.007	[0.47, 2.92]	90.4	31.27***	
	国家	美国	4	1.56	0.025	[0.20, 2.92]	93.9	49.07***	3.11
		其他国家	5	0.32	0.006	[0.09, 0.55]	0.0	0.49	
	分析方法	依从者分析	3	2.03	0.006	[0.59, 3.48]	90.0	19.4***	5.28*
		意向性分析	6	0.32	0.003	[0.11, 0.53]	0.0	1.85	
儿童问题行为频率	对照组	被动对照	7	1.93	0.001	[0.80, 3.05]	76.8	12.91***	0.03
		主动对照	1	1.81	0.000	[0.89, 2.92]	NA	NA	
	亲子互动疗法版本	标准版	4	0.76	0.001	[0.32, 1.21]	67.0	9.10*	2.93
		改良版	4	3.11	0.022	[0.46, 5.75]	96.8	93.61***	
	虐待与忽视等级	高风险或混合样本	4	0.55	0.000	[0.31, 0.79]	0.0	0.57	5.87*
		有儿童虐待与忽视史	4	3.40	0.004	[1.11, 5.70]	95.2	62.25***	
	国家	美国	3	4.24	0.001	[1.62, 6.85]	95.0	39.97***	7.2**
		其他国家	5	0.57	0.000	[0.34, 0.80]	0.0	0.99	
	分析方法	依从者分析	3	3.95	0.013	[0.84, 7.05]	95.9	48.95***	4.08*
		意向性分析	5	0.73	0.00	[0.37, 1.07]	56.0	9.10	
儿童的内化行为	对照组	被动对照	5	0.24	0.661	[−0.83, 1.31]	94.8	76.36***	0.27
		主动对照	2	−0.06	0.750	[−0.42, 0.30]	0.0	0.11	
	亲子互动疗法版本	标准版	2	0.16	0.539	[−0.35, 0.66]	57.2	2.34	0.00
		改良版	5	0.16	0.780	[−0.95, 1.26]	94.6	74.46***	

续表

结果指标	异质性	类别	k	g	p	95% CI	I^2	Q_w	Q_b
儿童的内化行为	虐待与忽视等级	高风险或混合样本	4	0.11	0.430	[−0.16, 0.37]	0.0	2.51	0.05
		有儿童虐待与忽视史	3	0.25	0.805	[−1.71, 2.20]	97.3	74.45***	
	国家	美国	4	0.19	0.793	[−1.22, 1.59]	96.0	74.45***	0.01
		其他国家	3	0.13	0.443	[−0.20, 0.45]	17.3	2.42	
	分析方法	依从者分析	2	0.43	0.823	[−3.34, 4.20]	98.6	73.94***	0.04
		意向性分析	5	0.05	0.651	[−0.17, 0.28]	0	3.14	
儿童的外化行为	对照组	被动对照	5	0.80	0.044	[0.02, 1.58]	90.2	40.88***	1.58
		主动对照	2	0.25	0.171	[−0.11, 0.62]	0.0	0.47	
	亲子互动疗法版本	标准版	2	0.23	0.174	[−0.10, 0.56]	0.0	0.05	1.69
		改良版	5	0.80	0.050	[−0.01, 1.61]	89.9	39.63***	
	虐待与忽视等级	高风险或混合样本	4	0.18	0.183	[−0.08, 0.44]	0	0.29	3.06
		有儿童虐待与忽视史	3	1.28	0.038	[0.07, 2.48]	93	28.69***	
	国家	美国	4	0.98	0.047	[0.015, 1.95]	91.5	35.46***	2.30
		其他国家	3	0.20	0.183	[−0.09, 0.49]	0.0	0.18	
	分析方法	依从者分析	2	1.77	0.036	[0.12, 3.42]	92.9	14.10***	3.32
		意向性分析	5	0.22	0.057	[−0.01, 0.45]	0.69	0.0	
积极教养技能	对照组	被动对照	5	−8.40	0.000	[−11.73, −5.06]	98.2	223.01***	0.12
		主动对照	3	−7.50	0.000	[−11.44, −3.56]	98.3	115.73***	
	虐待与忽视等级	高风险或混合样本	3	−1.12	0.000	[−1.54, −0.69]	59.7	4.96	50.69***
		有儿童虐待与忽视史	5	−27.79	0.000	[−35.12, −20.46]	98.7***	315.09	

续表

结果指标	异质性	类别	k	g	p	95% CI	I^2	Q_w	Q_b
积极教养技能	亲子互动疗法版本	标准版	2	-1.30	0.000	[-1.64, -0.96]	8.1	1.09	46.80***
		改良版	6	-16.19	0.000	[-20.44, -11.93]	98.5	344.65	
	国家	美国	5	-23.35	0.000	[-28.98, -17.71]	30.3	2.87	59.06***
		其他国家	3	-1.21	0.000	[-1.60, -0.81]	98.8	333.86***	
	分析方法	依从者分析	4	-21.89	0.000	[-28.67, -15.12]	98.7	223.24***	22.97***
		意向性分析	4	-4.51	0.000	[-6.67, -2.35]	97.4	113.28***	
消极教养技能	对照组	被动对照	5	8.19	0.000	[4.88, 11.49]	98.2	225.69***	0.01
		主动对照	3	7.92	0.001	[3.21, 12.64]	98.4	127.80***	
	虐待与忽视等级	高风险或混合样本	3	0.98	0.000	[0.59, 1.34]	53.2	4.27	42.24***
		有儿童虐待与忽视史	5	26.95	0.000	[19.12, 34.77]	98.7	310.41***	
	亲子互动疗法版本	标准版	2	1.06	0.001	[0.42, 1.71]	3.98	74.9	41.97***
		改良版	6	16.82	0.000	[12.09, 21.54]	98.6	359.43	
	国家	美国	5	24.46	0.000	[17.87, 30.93]	51.2	4.10	48.89***
		其他国家	3	1.01	0.000	[0.54, 1.49]	98.9	354.36***	
	分析方法	依从者分析	4	22.30	0.000	[15.41, 29.19]	98.7	222.23***	20.65***
		意向性分析	4	5.30	0.000	[2.78, 7.81]	98.0	148.97***	
育儿压力	测量工具	《育儿压力量表-简表》	5	1.61	0.001	[0.70, 2.51]	87.9	33.01***	4.33*
		《育儿压力量表》	6	0.43	0.193	[-0.22, 1.07]	89.0	45.54***	
	对照组	被动对照	7	1.02	0.008	[0.26, 1.77]	91.8	73.20***	0.08
		主动对照	4	0.82	0.151	[-0.30, 1.95]	92.2	38.47***	
	亲子互动疗法版本	标准版	4	0.62	0.201	[-0.33, 1.56]	92.6	40.69***	0.70
		改良版	7	1.15	0.006	[0.32, 1.98]	91.5	70.69***	

续表

结果指标	异质性	类别	k	g	p	95% CI	I^2	Q_w	Q_b
育儿压力	虐待与忽视等级	高风险或混合样本	6	0.43	0.179	[-0.20, 1.06]	89.1	45.82***	4.28***
		有儿童虐待与忽视史	5	1.61	0.001	[0.68, 2.52]	87.9	32.98***	
	国家	美国	6	1.11	0.015	[0.22, 2.01]	92.2	64.17***	0.35
		其他国家	5	0.74	0.087	[-0.11, 1.59]	91.0	44.43***	
	分析方法	依从者分析	4	1.17	0.049	[0.01, 2.32]	92.5	40.21***	0.23
		意向性分析	7	0.83	0.031	[0.08, 1.58]	92.1	75.50***	

注：$^*p < 0.05$，$^{**}p < 0.01$，$^{***}p < 0.001$。

表6-4　元回归分析结果

结果指标	调节变量	k	β（SE）	p	95% CI
儿童问题行为强度	儿童的年龄	9	0.17（0.50）	0.759	[-1.41, 1.74]
	父母的年龄	9	0.20（0.06）	0.050	[0.00, 0.40]
	疗程	9	-0.01（0.03）	0.763	[-0.12, 0.09]
	样本量	9	-0.00（0.01）	0.710	[-0.03, 0.02]
儿童问题行为频率	儿童的年龄	8	3.53（1.04）	0.076	[-9.23, 7.99]
	父母的年龄	8	0.42（0.05）	0.012	[0.22, 0.62]
	疗程	8	-0.06（0.03）	0.162	[-0.17, 0.06]
	样本量	8	-0.01（0.04）	0.120	[-0.03, 0.01]
儿童的内化行为	儿童的年龄	7	2.17（1.20）	0.321	[-13.06, 17.40]
	父母的年龄	7	0.35（0.17）	0.281	[-1.76, 2.47]
	疗程	7	-0.20（0.08）	0.242	[-1.24, 0.83]
	样本量	7	0.07（0.03）	0.259	[-0.31, 0.44]
儿童的外化行为	儿童的年龄	7	1.29（0.54）	0.253	[-5.54, 8.10]
	父母的年龄	7	0.30（0.08）	0.159	[-0.68, 1.28]
	疗程	7	-0.09（0.04）	0.240	[-0.54, 0.36]
	样本量	7	0.03（0.01）	0.255	[-0.13, 0.19]

续表

结果指标	调节变量	k	β（SE）	p	95% CI
积极教养技能	儿童的年龄	8	12.57（12.56）	0.500	[-146.96, 172.11]
	父母的年龄	8	-2.91（1.58）	0.318	[-23.10, 17.27]
	疗程	8	0.19（1.02）	0.880	[-12.77, 13.16]
	样本量	8	0.42（0.23）	0.318	[-2.47, 3.30]
消极教养技能	儿童的年龄	8	-9.45（13.61）	0.614	[-182.39, 163.48]
	父母的年龄	8	3.63（1.71）	0.281	[-18.13, 25.39]
	疗程	8	-0.26（1.11）	0.850	[-14.34, 13.81]
	样本量	8	-0.34（0.25）	0.397	[-3.46, 2.78]
育儿压力	儿童的年龄	11	-0.26（0.54）	0.653	[-1.64, 1.12]
	父母的年龄	11	-0.01（0.08）	0.925	[-0.22, 0.20]
	疗程	11	0.07（0.05）	0.241	[-0.07, 0.21]
	样本量	11	-0.01（0.01）	0.354	[-0.04, 0.02]

注：k，处理条件的数量。

四、讨论与结论

本项系统综述通过纳入随机对照实验研究来检验亲子互动疗法对儿童虐待与忽视及照顾者的干预效果，采用元分析方法对已有的两篇系统综述的结果进行了拓展（Batzer et al., 2018; Warren et al., 2022），并更新了已有的元分析的结果（Kennedy et al., 2014）。12项随机对照实验结果的元分析为我们提供了最新证据：亲子互动疗法在减少儿童的外化行为问题、提高父母的教养技能、减少父母的育儿压力以及预防潜在的儿童虐待与忽视方面是有效的。

首先，本项元分析表明，亲子互动疗法可以对儿童的外化行为问题产生中等至较大程度的影响，这与亲子互动疗法主要用于治疗儿童外化行为的目标是一致的（Eyberg, 1988）。然而，与以往的研究（Kaminski et al., 2008）有所不同，本研究发现亲子互动疗法对受虐儿童的内化行为没有效果，这可能是由测量方法不同造成的。亲子互动疗法对儿童内化行为的显著影响实际上来自测量焦虑和抑郁症状的研究（Brendel & Maynard, 2013; Luby et al., 2012）。因为焦虑和抑郁症状是内化行为的主要指标，而本次元分析中的被纳入研究均使用《儿童问题行为量表》来评估儿童的内化行为。因此，需要有更多的研究使用不同方法进行综合评估，以进一步检验亲子互动疗法是否能显著减少儿童的内化行为。此外，与儿童的外化行为不同，儿童的内化行为主要发生在个体内部，难以被家长观察到（Lim et al., 2019）。亲子互动疗法在后期阶段强调设置限制和非暴力管教策略，这可能会导致家长更加关注儿童的外化行为，而不是内化行为。例如，默斯基（Mersky）等人（2016）发现，随着时间的推移（从接受干预后 8 周追踪到 14 周），参与小组形式亲子互动治疗的儿童表现出更少的内化行为。因此，在未来的研究中，需要进行更长期的追踪，以考察持续的或延迟的治疗效果。

其次，本项元分析表明，亲子互动疗法能有效改善父母的教养技能，这与之前研究的结果是一致的（Batzer et al., 2018; Warren et al., 2022）。与对照组相比，接受亲子互动疗法服务的施虐照顾者倾向于使用更多积极的教养技能，较少使用消极的教养技能。一般来说，有儿童虐待与忽视史的家庭往往呈现出消极互动较多、积极互动较少的特点，因此亲子关系质量较差（Alessandri, 1992）。亲子互动疗法通过增加积极教养技能（如表扬、反思性陈述和行为描述）来修复紧张的亲子关系（Eyberg, 1988），减少消极的养育行为（如消极谈话、命令和批评），可以有效预防儿童虐待与忽视的发生，保护高风险家庭中儿童的安全（Villodas et al., 2021）。

最后，关于降低儿童虐待与忽视的风险，本项元分析表明使用亲子互动疗法干预后，父母的育儿压力显著降低，且效应值较大，而儿童虐待与忽视的风险虽然效应值较小但出现显著降低。肯尼迪（Kennedy）等人（2014）的元分析发现，与对照组的照顾者相比，有儿童虐待与忽视史的家庭接受亲子互动治疗后报告儿童虐待与忽视的风险并未显著降低。在扩大了被纳入研究的数量后，虽然效应值较小，但效应值的显著性使研究者看到了亲子互动疗法的干预效果。对效应值较小的一种可能的解释是，儿童虐待与忽视风险的降低是继父母教养技能和儿童问题行为改变之后的次要效应，其产生效果所需的时间可能比被纳入研究的评估时间更长（Abrahamse et al., 2021）。此结果还表明，儿童虐待与忽视风险的测量方法可能无法有效评估、预测儿童虐待与忽视的复发风险。由于亲子互动疗法侧重于减少儿童的外化行为和修复亲子关系，因此它能降低与儿童的问题行为或互动相关的儿童虐待与忽视风险是合理的（Bagner & Eyberg, 2007）。同时，《儿童虐待与忽视的潜在风险量表》还进一步测量了父母和其他照顾者的担忧和压力。与对照组相比，查芬（Chaffin）等人（2004）发现亲子互动疗法干预组的照顾者在《儿童虐待与忽视的潜在风险量表》"儿童问题"分量表上的得分减幅更大，而在"抗压"分量表和"孤独"分量表上的得分则没有差异。由于分量表效应值的样本有限，我们的研究只分析了总量表的有效性，因此需要进一步研究亲子互动疗法对儿童虐待与忽视风险不同维度的影响。

为了探讨被纳入研究的异质性，我们进行了调节变量分析。结果表明，虐待与忽视等级、国家、亲子互动疗法版本、分析方法、测量方法和父母的年龄显著调节了亲子互动疗法对不同结果变量的影响，而对照组、疗程、儿童的年龄和样本量则没有显著的调节作用。研究还发现，同儿童虐待与忽视处于高风险的家庭的样本相比，亲子互动疗法能显著改善有儿童虐待与忽视史的样本中的儿童问题行为和父母的积极教养技能，并减轻父母的育儿压力，这回应了肯尼迪等人（2015）提出的疑惑。在本项元分析的研究中，大多数出现儿童虐待与忽视的家庭都是从儿童福利系统或服务部门转介而来的，因此它们有更高的改变动机，否则它们可能会被法院干预（Child Welfare Information Gateway, 2020）。

与来自澳大利亚和荷兰的照顾者相比，来自美国的照顾者从亲子互动疗法中学习到更多的积极教养技能。已有的研究发现，不同文化群体的养育实践各不相同（Power, 2013），对育儿实践和教养技能相关量表的敏感性的跨文化差异可能会影响它们的信度和效度（Abrahamse et al., 2019）。尽管本项元分析中纳入的所有研究都使用了相同的亲子互动量表编码系统，但今后还需对此进行更多的跨文化研究。

亲子互动疗法版本是提高父母教养技能的另一个调节因素。与标准版相比，改良版能在更大程度上提高父母的积极教养技能，而在儿童问题行为和虐待与忽视风险方面则没有显著差异。为了满足受虐儿童及其照顾者的需要，有必要对亲子互动疗法进行改良，但考虑到其成本效益，接受过标准版培训的专业人员在改良干预措施时应小心谨慎。亲子互动疗法有多种改良方案，如小组形式、带有动机访谈的混合形式和居家形式。然而，由于本研究纳入的关于不同版本亲子互动疗法的研究数量较少，这限制了我们进一步比较不同干预版本影响的可能。此外，亲子互动疗法的疗程对干预效果没有显著影响，这与之前的研究结果一致，即简版亲子互动疗法至少与标准版亲子互动疗法具有同样的干预效果（Mersky et al., 2015; Thomas & Zimmer-Gembeck, 2012）。这意味着在财力和人力资源有限的地区，可以优先考虑使用简版亲子互动疗法。

本研究具有一些局限性。第一，《儿童问题行为量表》中的外化行为和内化行为具有高度异质性，但通过元回归分析和亚组分析并未发现其异质性的来源，这需要未来的研究进一步探讨。由虐待与忽视等级（如儿童虐待与忽视的强度和频率）引起的异质性没有得以研究，因为被纳入研究所提供的这方面信息很少。第二，被纳入的大多数研究都没有测量儿童虐待与忽视实际发生的情况，而是使用了《儿童虐待与忽视的潜在风险量表》进行测量，这限制了我们探索亲子互动疗法对真实的儿童虐待与忽视行为的影响。乌塞尔（Euser）等人（2015）认为，在很多研究中使用《儿童虐待与忽视的潜在风险量表》作为主要测量工具可能会混淆结果的有效性。第三，这些研究都来自西方国家，主要是美国。因此，应谨慎地将这些研究的结果推广到其他国家。第四，很少有研究报告追踪研究结果，因此我们只能探讨潜在的长期治疗效果。第五，本项元分析纳入的高质量研究数量有限，因此，应谨慎解释研究结果的效应值。未来的随机对照实验研究应报告随机化是如何产生的、分配方案的隐藏是如何实施的，以及盲法的处理情况。

本研究对采用随机对照实验的亲子互动疗法研究的有效性进行了系统评估，并提供了最新的研究证据，证明了亲子互动疗法对于有儿童虐待与忽视史或儿童虐待与忽视处于高风险的家庭是一种有效的干预措施。本研究的结果还表明，亲子互动疗法能有效减少受虐儿童的外化行为，提高照顾者的教养技能，减轻照顾者的育儿压力以及降低儿童的潜在受虐风险。同儿童虐待与忽视处于高风险的家庭相比，有儿童虐待与忽视史的家庭受益更多，而且疗程对所有结果变量的治疗效果都没有明显的调节作用。未来需要进行更多的高质量随机对照实验研究和追踪研究，从而得到更可靠的效应值来估计潜在的长期治疗效果。应继续探讨亲子互动疗法在不同社会文化背景下对具有不同虐待与忽视特征儿童的有效性。优化儿童虐待与忽视的测量方法，除使用《儿童虐待与忽视的潜在风险量表》以外，未来的研究还可以使用其他测量工具评估实际发生的儿童虐待与忽视的强度和频率。此外，鉴于不同国家的育儿实践各不相同，还需要对亲子互动编码系统进行跨文化研究。考虑到亲子互动疗法的疗程对儿童虐待与忽视风险没有显著影响，专业人员可以在儿童服务稀缺的地区选择简版亲子互动疗法，以最大限度地提高成本效益。

参考文献

第七章 | 中低收入国家家庭教育服务项目的系统综述

一、中低收入国家家庭教育服务项目的文献回顾

针对儿童的暴力影响着全球十多亿 2～17 岁的儿童，而来自父母或其他照顾者的儿童虐待与忽视在中低收入国家更为普遍（Hillis et al., 2016; Stoltenborgh et al., 2015）。一篇研究综述发现，在中低收入国家，儿童遭受的虐待与忽视更严重。比如，非洲女童遭受身体虐待的中位数比例（50.8%）是北美女童（21.7%）的两倍多，男孩的情况也同样如此（非洲为 60.2%，北美为 24.3%）（Moody et al., 2018）。同时，以往的研究还强调了 90% 以上同儿童虐待与忽视有关的死亡也发生在中低收入国家和地区，其死亡率接近高收入国家的 2.5 倍（Matzopoulos et al., 2008; World Health Organization, 2021）。对儿童的虐待与忽视不仅会给儿童带来长期痛苦（比如，心理健康问题、身体机能障碍、残疾和死亡）（Hughes et al., 2017; Mehta et al., 2023; O'Sullivan et al., 2018），还会给各国的经济和社会带来沉重负担（Fang et al., 2015）。因此，预防儿童虐待与忽视逐渐被视为中低收入国家的一项重要公共议题。

家庭教育服务项目被认为是预防并减少儿童虐待与忽视的一项关键策略（World Health Organization, 2016），它通过提供一系列有关育儿知识、技能培养、能力提升、家长支持的活动或服务来帮助家长（联合国儿童基金会，2020）。这些项目已被证实能对家长的育儿行为产生积极影响，包括增加积极的亲子互动、向家长传授有效的育儿技能、提高家长解决问题的能力，以及减少对儿童的虐待与忽视（Gubbels et al., 2019），从而能使儿童和他们的家庭均受益。一个国家的收入水平会对家庭教育服务项目的效果产生影响，尽管这些项目在高收入和中低收入国家都能有效地预防儿童虐待与忽视，但低收入国家的家长会从中受益更多（Chen & Chan, 2016）。

迄今为止，已有两篇系统综述介绍了在低收入与中等收入国家所开展的旨在预防暴力和严厉管教的家庭教育服务项目（Knerr et al., 2013; McCoy et al., 2020）。克内尔（Knerr）等人（2013）所做的系统综述涵盖了从有发表记录以来到2010年的文献，其中包含了12项研究。这项系统综述分析了父母或其他照顾者干预在减少中低收入国家的严厉和虐待性养育方式、促使父母采取积极教养方式，以及改善亲子关系方面的有效性。麦考伊（McCoy）等人（2020）对东亚和东南亚的预防暴力侵害儿童的家庭教育服务项目进行了综述，其中包含了2015年7月前发表的11项研究。这两篇系统综述显示，家庭教育服务项目可以降低中低收入国家特定形式的暴力侵害儿童行为的发生率，并促进亲子间的积极互动。但是，这两篇系统综述所纳入的研究很少将儿童虐待与忽视或严厉管教作为结果变量来考察。更具体来说，在克内尔（Knerr）等人（2013）的综述中，只有1项研究报告了虐待性养育方式，并且因数据不足无法计算效应值的大小。类似地，在麦考伊（McCoy）等人（2020）的综述中，11项研究中仅有2项报告了语言和身体上的惩罚行为。因此，需要在低收入和中等收入国家进一步研究家庭教育服务项目对减少儿童虐待与忽视这一结果的影响。

近年来，中低收入国家中开展的针对预防儿童暴力的家庭教育服务项目明显增加。例如，世界卫生组织、联合国儿童基金会、牛津大学、班戈大学和开普敦大学的专家合作开发并实验了一项"家庭教育与终身健康项目"，目的在于减少针对儿童的家庭暴力，增加中低收入国家儿童的福祉（World Health Organization, 2023）。自 2012 年开始开展这项工作以来，这个项目推出了一系列开放获取、低成本和非商业性的家庭教育服务项目，比如针对幼儿（2～9 岁）和青少年（10～17 岁）及其家长的项目（Shenderovich et al., 2022）。在牙买加，弗朗西斯等人（2021）开发了"Irie 家庭工具箱"，它也是为 2～6 岁儿童的父母设计的低成本暴力预防项目。随着过去几年不断出现新证据，因而，有必要对低收入和中等收入国家中预防儿童虐待与忽视的家庭教育服务项目的认识进行更新。

因而，本项范围综述的目的有两个：一是全面总结有关在低收入与中等收入国家中开展的旨在减少儿童虐待与忽视的家庭教育服务项目的现有证据；二是识别该领域存在的知识空白。在已有的两项系统综述之外，本项范围综述将重点关注以儿童虐待与忽视或虐待性养育为结果变量的家庭教育服务项目。

二、研究方法

本研究遵循了系统综述和元分析优先报告的条目指南（Page et al., 2021）。

（一）搜索策略

我们在六个数据库——PubMed、PsycINFO、Web of Science、Cochrane

Library、MEDLINE 和 Scopus——中进行检索，还使用 ProQuest Dissertations & Theses Global、世界卫生组织图书馆数据库以及预防暴力的证据数据库来识别灰色文献。搜索词是通过组合条目和同义词而制定的，包括：国家名称（南非、泰国，以及世界银行 2010 年认定的其他低收入和中等收入国家），对儿童的暴力行为（例如，儿童虐待与忽视、严厉管教方式），以及干预措施（例如，育儿干预、亲职项目、家庭教育服务项目）。通过标题、关键词和摘要检索识别了在 2023 年 4 月 15 日之前发表的相关文献。我们还对被纳入研究和相关综述的参考文献进行了人工检索，尽最大可能确保没有遗漏符合条件的研究。

（二）纳入标准

纳入标准采用 PICOS 原则（研究对象、干预措施、对照组、结果和研究类型）来确定。

（1）研究对象：参与者包括生活在低收入和中等收入国家的儿童父母或者其他主要照顾者。

（2）干预措施：包括旨在减少儿童虐待与忽视或严厉的和虐待性养育方式的家庭教育服务项目。被排除在本研究之外的干预项目或是包含多个组成部分，而育儿只是其中一个次要的组成部分；或是仅关注性虐待；又或是针对特定人群（例如，受艾滋病病毒或营养不良影响、患有注意缺陷多动障碍或身体残疾的儿童或照顾者）。

（3）对照组：对照组可以是没有接受干预、仅接受常规服务或者处于等待名单中的参与者。

（4）结果：被纳入的研究应至少报告一种由照顾者对儿童实施的虐待与忽视，而性虐待除外。

（5）研究类型：对研究类型没有限制。被纳入的研究可以是随机对照实验、准随机对照实验和前后测实验。

（三）文献选择

图 7-1 展示了指导文献选择过程的 PRISMA 流程图。在识别阶段，将

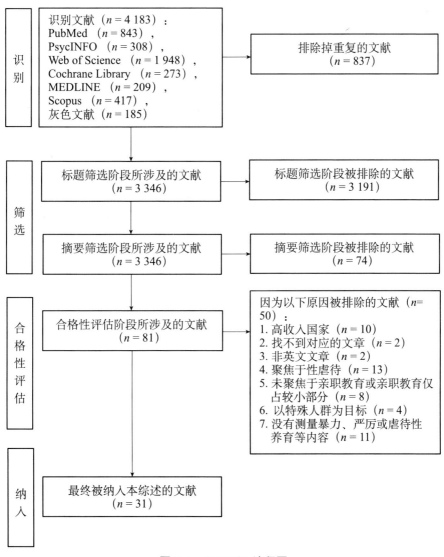

图 7-1 PRISMA 流程图

六个数据库和灰色文献中的 4 183 篇文献导出到 Endnote X9，并排除了 837 篇重复文献。在筛选阶段，经过标题筛选后排除了 3 191 篇文献，经过摘要筛选后排除了 74 篇文献。剩下的 81 篇文献经过全文筛选评估，其中 31 篇文献符合纳入标准，最后被纳入本项范围综述。

两名研究助理独立负责筛选符合条件的文献。一旦出现争议，邀请第三名研究助理，经过讨论达成一致。

（四）数据提取

在所有符合条件的研究中，我们使用提前设置好的 Microsoft Excel 表格提取了以下数据：（1）研究的作者和发表年份；（2）照顾者的人口统计学特征（年龄、性别比和就业情况）和儿童的人口统计学特征（年龄、性别比和所遭受虐待与忽视的类型）；（3）研究方法（国家、地区、环境、样本量、研究类型、对照组和随后追踪时间）；（4）干预特点（干预内容、活动数量、干预模式和服务提供者）；（5）研究结果（测量工具和结果）。根据范围综述的要求，不需要对研究进行正式的质量评估（Levac et al., 2010）。

三、研究结果

（一）研究特征

1. 研究对象

表 7-1 报告了 31 项研究的特征。在这 31 项研究中，有 1 项研究报告了两项实验的结果，而另外 1 项研究与其他研究使用了同一项实验，因此这 31 项研究共包含 31 项已完成的实验。被纳入研究的样本总量为 5 408，

表 7-1　所纳入研究的特征（*n* = 31）

作者	目标儿童群体	研究地点	照顾者的样本特征	方法	照顾者的变化
Cluver, Lachman et al. (2016)	10~17 岁	南非；农村地区。	*n* = 30；45.9 岁；97% 为女性；13% 在职。	前后测设计	干预显著减少了虐待性暴力/虐待性管教和儿童行为问题，并增加了积极的育儿行为和社会支持。
Cluver, Meinck et al. (2016)	10~17 岁	南非；农村和城郊地区。	*n* = 119；47.8 岁；94.1% 为女性；10.9% 在职。	前后测设计	干预显著减少了总体虐待与忽视，监护不力、不一致的管教等情况，改善了照顾者的抑郁症状和儿童行为问题，并增加了积极/参与式养育和社会支持。
Cluver et al. (2017)	10~18 岁	南非；农村地区。	*n* = 552；49 岁；95% 为女性。	整群随机对照实验　对照组：主动控制　为期 5~9 个月的后续追踪	与对照组相比，干预在后测和追访时显著减少了实验组父母对儿童的身体和情感虐待。在追访时，儿童忽视的情况并未出现明显变化。根据父母的报告，积极养育、参与式育儿和父母监护不力的情况在后测和追访时都有显著改善。照顾者的抑郁症状、育儿压力和社会支持方面在追访时都有出现显著的变化，而儿童行为问题则在追访时没有出现显著的改善。
Francis and Baker-Henningham (2021)	学龄前儿童	牙买加；一所位于内城低收入地区的学校。	*n* = 223；31.9 岁；87.35% 为女性；58% 在职。	整群随机对照实验　对照组：空白对照组	与对照组相比，干预显著减少了实验组的体罚行为和精神暴力（总体虐待与忽视），并提高了父母的参与度，但对儿童行为问题没有影响。
Janowski et al. (2020)	2~9 岁	南苏丹；冲突后地区。	*n* = 98；75.5% 为女性。	前后测设计	干预显著减少了总体虐待与忽视、身体虐待和情感虐待，同时增加了积极的育儿行为。

续表

作者	目标儿童群体	研究地点	照顾者的样本特征	方法	照顾者的变化
Janowski et al. (2020)	10~17岁	南苏丹；冲突后地区。	$n=108$；55.1%为女性。	前后测设计	干预大大减少了总体虐待与忽视、身体虐待、情感虐待，改善了监护不力的情况，并增加了积极的育儿行为。
Jansen et al. (2021)	2~9岁	摩尔多瓦共和国和罗马尼亚；低收入者和少数族裔。	$n=119$；35.2岁；98%为女性。	前后测设计	干预显著减少了总体虐待与忽视、身体虐待、情感虐待、忽视、功能不良的育儿行为，儿童行为问题和照顾者的心理困扰，同时增加了积极式养育的育儿行为。
Jocson et al. (2023)	10~17岁	菲律宾；城市社区。	$n=30$；41.66岁；90%为女性。	前后测设计	干预显著减少了总体虐待与忽视、身体虐待、儿童行为问题，照顾者的抑郁症状和育儿压力，但在情感虐待与忽视、积极养育方面没有产生影响。
Khosravan et al. (2018)	3~6岁	伊朗；农村地区。	$n=64$；25.34岁。	随机对照实验 对照组：空白对照组	与对照组相比，干预组出现打耳光和掐、捏等行为的频率明显降低。
Lachman et al. (2017)	3~8岁	南非；一处低收入郊区。	$n=68$；41.58岁；98.55%为女性；97%无业。	随机对照实验 等待对照组：服务	在总体虐待与忽视、儿童行为问题、照顾者的抑郁症状和育儿压力之间没有表现出明显差异；然而，干预母组的积极养育显著增加了父母的积极养育，减少了总体虐待和情感虐待、身体虐待和情感虐待。

续表

作者	目标儿童群体	研究地点	照顾者的样本特征	方法	照顾者的变化
Lachman et al. (2020)	0~18岁	坦桑尼亚；农村地区。	n=248；43.12岁；36.7%为女性。	整群随机对照实验 空白对照组，农业综合企业对照组；兼职+农业综合企业控制组	与空白对照组相比，干预明显减少了总体虐待与忽视、身体虐待、精神虐待、忽视，儿童行为问题和照顾者的抑郁症状，并增加了积极的育儿行为，但对育儿压力没有产生影响。
Lachman et al. (2021)	2~6岁	菲律宾；城市社区。	n=120；36.11岁；100%为女性；65%无业。	随机对照实验 对照组：常规治疗 为期一年的后续追踪	在后测和追访中，干预明显减少了总体虐待与忽视、情感虐待和忽视状况。在后测时身体虐待也有显著减少，但在追访时和追访期间，积极养育、儿童行为问题、照顾者的心理健康问题方面均没有显著变化。
Lachman et al. (2023)	0~17岁	马来西亚；城市社区。	n=74；42.55岁；97.3%为女性。	前后测设计	干预大大减少了总体虐待与忽视、身体虐待，精神虐待和儿童行为问题，但对忽视、积极养育以及照顾者的焦虑和抑郁水平没有明显影响。
Li et al. (2013)	小学生	中国；香港最大的公共屋邨。	n=142；33岁；86.7%为女性。	随机对照实验 对照组：空白对照组	与对照组相比，干预措施显著减少了严厉的育儿行为。然而，两组父母的育儿压力分评分没有表现出显著差异。
McCoy et al. (2021)	2~9岁	泰国；最贫困地区的一个社区。	n=60；47.2岁；98.3%为女性；41.7%无业。	前后测设计	干预显著减少了总体虐待与忽视、身体虐待、忽视、儿童行为问题、照顾者的焦虑和抑郁症状，功能不良的育儿行为，监护不力等问题，并增加了积极的育儿行为。

续表

作者	目标儿童群体	研究地点	照顾者的样本特征	方法	照顾者的变化
Miller et al. (2021)	3~12岁	叙利亚；冲突后地区。	n=151；64.2%无业。	随机对照实验 对照组：等待服务	干预大大减少了严厉管教并改善了照顾者的心理健康问题。
Murphy et al. (2021)	2~9岁	肯尼亚；相连的街道。	n=15；24.04岁；100%为女性；100%无业。	前后测设计	干预大大减少了身体虐待和育儿压力，并增加了积极的育儿行为。
Ofoha and Saidu (2014)	6~12岁	尼日利亚；社区背景。	n=43；46.8岁；59.3%为女性。	准实验设计 对照组：空白对照组	干预显著地减少了体罚行为。
Ofoha and Ogidan (2020; Ogidan and Ofoha (2018)	3~12岁	尼日利亚；社区背景。	n=300；18~44岁（28.4）；83%为女性。	准实验设计 对照组：等待服务	干预大大减少了总体虐待与忽视和严厉的管教行为。大多数家长学会了使用更积极的管理策略。
Oveisi et al. (2010)	2~6岁	伊朗；一个城市社区。	n=272；29.13岁。	随机对照实验 对照组：空白对照组	干预大大减少了总体虐待与忽视和功能不良的育儿行为。
Ozyurt et al. (2018)	4~12岁	土耳其；一所州立医院。	n=138；100%为女性	前后测设计	那些在上个月表示他们会对孩子发火（17.4%），对孩子大声吼叫（24.6%），有时会羞辱孩子的脸（27.7%），并打孩子的脸（6.3%）的参与者大表示，他们对自己的孩子做出这些行为的频率大大降低了（分别为3.9%，17.4%，19.8%和0）。

续表

作者	目标儿童群体	平均年龄	研究地点	照顾者的样本特征	方法	照顾者的变化
Ponguta et al. (2020)		4~5岁	黎巴嫩;社区。	n=106;32.45岁;89.63%无业。	随机对照实验 对照组:等待服务	与对照组相比，干预明显减少了实验组的严厉管教行为和育儿压力，但对儿童行为问题没有影响。
Puffer et al. (2015)	3~7岁		利比里亚;洛法县的社区。	n=135;35.6岁;57.5%为女性。	随机对照实验 对照组:等待服务	与对照组相比，干预显著减少了实验组的严厉管教行为，同时增加了积极的育儿行为，但对儿童行为问题的影响并不明显。
Puffer et al. (2017)	8~12岁		泰国;城市、近郊和农村社区。	n=479;41岁;83%为女性;35%无业。	随机对照实验 对照组:等待服务 为期一个月的后续追踪	与对照组相比，干预在一个月的随访中明显减少了实验组严厉的管教行为，但在积极养育方面没有显著影响。
Ramsli et al. (2022)	5~13岁		菲律宾。	n=46;93.5%为女性。	前后测设计	干预大大减少了总体虐待与忽视，严厉的管教行为和情感攻击行为。
Rerkswattavorn and Chanprasertpinyo (2019)	2~9岁		泰国农村地区。	n=85;51.2岁;91.5%为女性;74.5%无业。	随机对照实验 对照组:空白对照组 为期6个月的后续追踪	在身体虐待和言语虐待方面，两组之间没有表现出显著差异。
Robinson et al. (2021)	3~9岁		巴布亚新几内亚;弱势社区。	n=207;18~50岁;61.0%为女性。	前后测设计	干预显著减少了身体虐待和情感虐待。

续表

作者	目标儿童群体	研究地点	照顾者的样本特征	方法	照顾者的变化
Ruiz-Casares et al. (2022)	0~7岁	印度尼西亚；低收入村庄。	n = 736; 32.78岁; 100% 为女性。	整群随机对照实验 对照组：等待服务 为期6个月的后续追踪	在后测和追访时，两组在严厉的惩罚行为方面没有表现出明显差异。然而，干预显著增加了积极的育儿行为，但在后测时对儿童行为问题没有影响。
Skar (2021)	3~4岁	哥伦比亚；低收入家庭。	n = 323; 32.89岁; 78.5% 为女性。	随机对照实验 对照组：接受社区服务	与对照组相比，干预显著地减少了精神暴力、人身攻击行为，并改善了照顾者的心理健康状况。
Wang et al. (2023)	3~9岁	中国；农村及城市地区。	n = 21; 36.52岁; 95.2% 为女性。	前后测设计	干预显著地减少了身体虐待、情感虐待、儿童忽视以及儿童行为问题，并提高了照顾者的养育技能，但对照顾者的抑郁症状、育儿压力和社会支持方面没有影响。
Ward et al. (2020)	2~9岁	南非；城郊居住区。	n = 296; 18~60岁; 99.32% 为女性。	随机对照实验 对照组：常规治疗 为期一年的后续追踪	与对照组相比，干预显著地减少了心理上和身体上的惩罚行为、儿童行为问题，改善了照顾者的抑郁症状，并增加了积极的育儿行为。但后是育儿压力也随之显著上升了。

样本大小从 15 到 736 不等，其中有 5 项实验（16.1%）的样本量大于或等于 300，有 6 项实验（19.4%）的样本量小于 50。大多数照顾者为女性（61%～100%），其中有 4 项实验仅招募女性照顾者，没有实验专门针对男性照顾者，仅有 1 项坦桑尼亚研究包含了更多的男性照顾者（Lachman et al., 2020）。

研究中儿童的年龄范围为 0～18 岁，大多数儿童的年龄在 10 岁以下。根据招募标准，有 18 项实验（58.1%）明确说明了招募 10 岁以下的儿童，有 5 项实验（16.1%）招募了 10 岁及以上的儿童，而有 8 项实验（25.8%）招募了来自不同年龄段的儿童，并没有明确区分幼儿（10 岁以下）和大龄儿童（10 岁及以上）。在大多数研究中，男童和女童的比例几乎相同（45%～55% 为女孩）。

2. 研究背景

在所有实验中，绝大多数在非洲（38.7%）和亚洲（48.4%）进行；其余的实验在拉丁美洲和加勒比地区（6.5%）、欧洲（3.2%）以及大洋洲（3.2%）进行。在非洲进行的 12 项实验中，有 4 项（33.3%）在东非，5 项（41.7%）在南非，3 项（25%）在西非进行。在亚洲进行了 15 项实验，其中半数以上（53.3%）在东南亚进行（泰国和菲律宾各 3 项，马来西亚和印度尼西亚各 1 项）。其余的实验则分布在东亚（中国有 2 项）、西亚（伊朗有 2 项，叙利亚、土耳其和黎巴嫩各 1 项）地区。

有 7 项实验（22.6%）在低收入国家进行，其中一半以上（71.4%）在东非地区进行。有 24 项实验（77.4%）在中等收入国家进行，其中一半在南非（20.8%）和东南亚（29.2%）进行。在明确说明研究地点的 21 项实验中，有 16 项（76.2%）在低收入社区或村庄进行，有 3 项（14.3%）在冲突后地区进行。

3. 研究设计的类型

13项（41.9%）实验采用前后测设计，2项（6.5%）采用准实验设计，16项（51.6%）采用随机对照实验设计。在这16项随机对照实验设计中，有12项（75.0%）是个体水平的随机对照实验，4项（25.0%）是整群随机对照实验。实验的对照组包括无干预（41.9%）、常规治疗、积极干预（16.1%）、等待服务组以及空白对照组（41.9%）。6项实验（19.4%）在干预后进行了后续追踪，追踪时间从5到12个月不等，平均追踪时间为8个月。

（二）干预措施

1. 理论和关键的项目模块

表7-2报告了干预措施的特点和组成模块。27项实验介绍了理论方法，其中大多数干预措施（81.5%）基于社会学习理论或者社会学习理论与其他理论（比如依恋理论和生态系统理论）的结合。

干预项目的内容包括以下模块：（1）通过积极的养育方式建立亲密的亲子关系（93.5%），包括对儿童的精心陪伴、表达或谈论感受、使用表扬和奖励、积极倾听、儿童主导游戏、讲述和指导、给予积极的指令，以及制定家庭规则和建立日常习惯；（2）非暴力管教策略（64.5%），包括重新引导孩子的负面行为，忽视寻求关注的负面行为，对不遵从和违反规则的行为采取措施，以及对攻击性行为采取冷静策略；（3）压力或愤怒管理（45.2%）；（4）处理冲突和解决问题（45.2%）；（5）儿童的基本需要和发展特点（29.0%）；（6）暴力的潜在危险（16.1%）；（7）危机应对措施和财务管理方法（19.4%）。

2. 干预类型

在被纳入的31项实验中，最常用的亲职项目是"家庭教育与终身健康项目"（45.2%），其中有 8 项实验使用了适用于幼儿的版本（PLH-YC，57.1%），有 5 项实验使用了适用于青少年的版本（PLH-T，35.7%），有 1 项实验使用了与其他家庭教育项目相组合的综合版本（7.1%）。"家庭教育与终身健康项目"是专门为低收入和中等收入国家开发和设计的。除了"家庭教育与终身健康项目"之外，哥伦比亚和菲律宾开展的"国际儿童发展项目"、巴布亚新几内亚开展的"儿童发展育儿项目"、牙买加开展的"Irie 家庭工具箱"以及叙利亚开展的"霍兰德战争地区儿童照顾者支持干预项目"等，都是基于低收入和中等收入国家的文化背景而开发的。

有 5 项亲职项目根据高收入国家的循证家庭教育服务项目进行了修订或文化改良，比如：在土耳其开展的"积极教养项目"，在泰国开展的"提升家庭项目"，在伊朗开展的"SOS（为父母提供帮助）项目"，在利比亚开展的"家长创造不同项目"，以及在印度尼西亚开展的"家庭优先项目"。

3. 干预实施

所有实验都采用小组形式进行。干预由以下人员实施：受过培训的社区工作者、儿童保育员和社会工作者（42.9%），普通工作人员或志愿者（39.3%），研究生（10.7%），以及研究团队（10.7%）。绝大多数实验（90.3%）在社区环境中进行，有 2 项（6.5%）在学校环境中进行，有 1 项（3.2%）在临床环境中进行。

被纳入实验的活动次数从 1 次到 25 次不等，平均为 9.45 次，每次活动的平均时间为 157 分钟。彭古塔（Ponguta）等人（2020）开展的"母子教育项目"的活动次数最多，而奥夫哈（Ofoha）和赛达（Saida）开展的"亲职教育干预工具包"项目包含的活动次数最少，只有 1 次活动，持续时间为 2 小时。

表 7-2 中低收入国家中亲职教育项目的干预特点和组成部分

作者	干预名称	形式	干预措施的组成模块	活动时长及工作者类型	使用的理论
Cluver, Meinck et al. (2016)	Sinovuyo 青年项目（原版 PLH-T）	家长小组	精心时刻、互相赞美、谈论情绪；制定规则和建立生活习惯；处理愤怒和压力；共同解决问题，在不发生冲突的情况下处理问题；确保青少年在社区中的安全，并应对危机情况。	12次活动；每次2~2.5小时；每周1次活动；当地社会组织的儿童保护工作者。	社会学习理论
Cluver, Lachman et al. (2016)	Sinovuyo 青年项目（原版 PLH-T）	家长小组	精心时刻、互相赞美、说出感受和谈论情绪；制定规则和建立生活习惯；应对压力、恐惧、羞愧和愤怒；共同解决问题，在不发生冲突的情况下处理问题；确保青少年在社区中的安全，并应对危机情况。	10次活动；每周1次活动；业余社区工作者。	社会学习理论
Cluver et al. (2017)	Sinovuyo 青年项目（原版 PLH-T）	家长小组	精心时刻、互相赞美、谈论情绪；制定规则和建立生活习惯；处理愤怒和压力；共同解决问题，在不发生冲突的情况下处理问题；保持社区的安全，并应对危机情况；拥有储蓄和制定预算的动力，并掌握储蓄与制订家庭储蓄计划的方法。	14次活动；每次1.5~2小时；19名社区成员，1名当地社会组织的员工，以及5名社会辅助工作者。	社会学习理论
Francis and Baker-Henningham (2021)	Irie 家庭工具箱	家长小组	促进儿童的积极行为（表扬、积极倾听、亲自示范你所期望的行为）；预防和管理儿童的不良行为（了解儿童不良行为的原因、明确地教孩子你所期望的行为、了解孩子，重新引叙述／辅导、儿童主导游戏、儿童主导型行为）	8次活动；每次90分钟；每周1次活动；研究团队。	整合性理论（没有提到某个特殊理论）

续表

作者	干预名称	形式	干预措施的组成模块	活动时长及工作者类型	使用的理论
Francis and Baker-Henningham (2021)			导不良行为，减少关注、施加后果、暂停）；情绪管理（识别和理解儿童情绪、父母的愤怒情绪管理）；支持孩子的学业。		
Janowski et al. (2020)	原版 PLH-YC	家长小组	积极的养育策略（与孩子一对一地相处、用语言描述行为、谈论感受、使用表扬和奖励、给予积极的指令、制定家庭规则和建立日常习惯）；非暴力管教（重新引导负面行为、忽视、施加后果、暂停、避免和解决冲突）。	12 次活动；每周 2~3 小时；社区志愿者、社会工作者，以及医疗机构。	社会学习理论
Janowski et al. (2020)	原版 PLH-T	家长小组	精心时刻、互相赞美、说出感受和谈论情绪；制定规则和建立生活习惯；应对压力、恐惧、羞愧和愤怒；共同解决问题，在不发生冲突的情况下处理问题；保持社区的安全，并应对危机情况，拥有储蓄和制定预算的动力，并掌握储蓄与制订家庭储蓄计划的方法。	14 次活动；每周 2~3 小时；社区志愿者、社会工作者，以及医疗机构。	社会学习理论
Jansen et al. (2021)	改编版 PLH-YC	家长小组	积极的养育策略（精心陪伴、用语言描述行为、谈论感受、使用表扬和奖励、给予积极的指令、制定家庭规则和建立日常习惯）；非暴力管教（重新引导负面行为、忽视、施加后果、暂停、避免和解决冲突）。	12 次活动和 6 次活动；每次 2~3 小时、每周 1~2 次活动；当地的活动促进者。	社会学习理论

续表

作者	干预名称	形式	干预措施的组成模块	活动时长及工作者类型	使用的理论
Jocson et al. (2023)	改良版 PLH-T	家长小组	设置家庭目标和精心时刻：表扬和指令；保持冷静：管理愤怒和压力；建立保持健康和安全的准则；家庭预算和储蓄；对我们的行为负责；作为家庭共同解决问题；保持社区的安全，并应对危机情况。	9 次活动；每周 2～3 小时；专业人员和研究生。	社会学习理论
Khosravan et al. (2018)	教育干预	家长小组＋家访	该课程包括儿童在生理、情感、心理活动、营养和生长、发育等方面的特点，以及这个年龄段常见的行为变化和正确地应对这些变化的育儿方法。	5 次活动；每周 90 分钟；研究团队。	依恋理论
Lachman et al. (2017)	Sinovuyo 关爱幼儿家庭项目（PLH-YC）	家长小组	积极的养育策略（儿童主导游戏；情感交流，给予回应并具有敏感性；积极的指令；制定家庭规则）；非暴力管教（忽视负面行为，暂停，施加后果，与儿童一起解决问题）。具体的标签式表扬；简单和有形的奖励；	12 次活动；每周 2～3 小时；当地社会组织的工作者。	社会学习理论
Lachman et al. (2020)	熟练育儿与制定家庭预算项目	家长小组	5 节关于养育技能的课程（家庭关系，角色与责任，沟通）；2 节关于儿童保护的课程（识别，应对）；5 节关于家庭预算的课程（财务管理，减少债务，储蓄，关于金钱的沟通，财务支持）。	12 次活动；来自国际非营利组织的专业培训人员。	社会学习理论

续表

作者	干预名称	形式	干预措施的组成模块	活动时长及工作者类型	使用的理论
Lachman et al. (2021)	菲律宾儿童的幸福家庭项目 MaPa 或（改编自 PLH-YC）	家长小组	积极的养育策略（精心陪伴；描述行为和感受，以促进认知和社会情感的发展；积极强化正面行为；通过有效的指令寻求关注的家庭加后果，对不遵守和违规则设立行为边界）；非暴力管教（忽视寻求关注的负面行为，冷静地处理攻击性行为，以及反规则的行为加后果，以及与儿童一起解决问题）；在整个项目中为照顾者提供以正念为基础的减压活动。	12 次活动；每周 2～3 小时；当地社区的工作者。	社会学习理论
Lachman et al. (2023)	Naungan Kasih 项目（包括 PLH、CCD 和 LPPKN 育儿项目）	家长小组	确立育儿目标、价值观、角色和责任；通过高质量的亲子陪伴建立积极的关系；积极沟通和强化；通过制定规则和建立日常习惯来保持健康与安全；有效的纪律和冲突管理，包括处理青少年披露性暴力问题的内容。	6 次活动；每周 2 小时；当地社会组织的工作者和一所大学的研究者。	社会学习理论
Li et al. (2013)	父母教育项目	家长小组	了解孩子在升入小学后对父母的需求、学习父母处理问题的方法和培养积极倾听技能的重要性；学习父母严厉管教的后果，并减少父母的严厉管教行为；学习积极育子的技巧（表达爱和关心、肯定孩子的努力，从孩子的角度看问题、表扬孩子）；对孩子设立合理的期望、学习在处理孩子的家庭作业、测验和考试时进行积极互动。	4 次活动；每周 2 小时；社会工作者。	父母的管教模式与社交能力

续表

作者	干预名称	形式	干预措施的组成模块	活动时长及工作者类型	使用的理论
McCoy et al. (2021)	改编版 PLH-YC	家长小组	积极的养育策略（儿童主导游戏；社会情感交流、使用表扬和奖励，积极的指令、施加后果，与儿童一起解决问题）；正念减压。	8 次活动；每周 2~3.5 小时；当地的医疗工作者。	社会学习理论
Miller et al. (2021)	霍兰德战争地区儿童照顾者支持干预项目	家长小组	照顾者的福祉（压力与放松、减轻压力、应对挫折和愤怒）；在逆境中加强养育（更好地认识压力对育儿的影响，增加积极的亲子互动，减少苛刻的养育方式）。	9 次活动；每周 1 次活动；非心理健康专业人员。	社会学习理论
Murphy et al. (2021)	改良版 PLH-YC	家长小组	积极的亲子关系（儿童主导游戏、描述性评论、社会情感交流、使用表扬和奖励，制定家庭规则）；有效的限制和管教（重新引导负面行为、积极的指令、施加后果，暂停、解决冲突）；家长情绪的自我调节。	12 次活动；每周 2 次活动；一名社区志愿工作者和一名社会工作者。	社会学习理论
Ofoha and Saidu (2014)	亲职教育干预工具包	未报名	教育父母认识体罚的潜在危险；提高父母对非暴力教养方法的认识；提供处理儿童不良行为的实用指南。	1 次活动；2 小时。	社会学习和认知一致性理论

162

续表

作者	干预名称	形式	干预措施的组成模块	活动时长及工作者类型	使用的理论
Ofoha and Ogidan (2020); Ogidan and Ofoha (2018)	防止暴力侵害儿童的父母心理教育项目	家长小组	了解儿童的各个发展阶段以及符合其年龄的行为期望；积极沟通和亲子互动；常见的儿童行为问题和强化因素，父母是孩子的榜样，严厉管教的有害影响；使用非暴力管教方法，关注良好行为，忽视不良行为；当儿童表现良好时给予表扬。	8次活动；每周2小时；1名教育学、心理学博士生。	社会学习理论
Oveisi et al. (2010)	SOS（为父母提供帮助）项目	家长小组	了解孩子的行为：概述孩子发展的情况，并帮助家长了解孩子行为的驱动因素。积极的养育策略：提供实用的技巧和工具，与孩子建立积极的关系，制定规则并有效沟通。情绪调节：重点帮助家长教导孩子如何管理情绪和应对压力。社交技能：指导家长如何帮助孩子培养社交技能，并与他人建立有意义的联系。家庭互动：探讨家庭互动的重要性以及家庭互动如何影响孩子的行为，并就家长如何营造一个支持性和能够滋养孩子成长的家庭环境提供建议。	2次活动；每周2小时；医生。	社会学习理论
Ozyurt et al. (2018)	积极教养项目	家长小组	积极养育；培养自信、有能力的孩子；培养具有抗逆力的孩子。	3次活动；每周1次活动。	社会学习理论

续表

作者	干预名称	形式	干预措施的组成模块	活动时长及工作者类型	使用的理论
Ponguta et al. (2020)	母子教育项目	家长小组	儿童成长；游戏在儿童成长中的重要性；育儿实践；健康与卫生；为孕产妇赋权。	25次活动；每周3小时。	
Puffer et al. (2015)	家长创造不同项目	家长小组	儿童发展与适当的期望；与儿童沟通并以同理心倾听；有尊严地管教；制定规则和建立日常习惯；家长自我保健和压力管理；促进学习准备的活动和科学习游戏，让学习充满乐趣；预防疟疾。	10次活动；每周2小时；非专业促进者。	行为疗法
Puffer et al. (2017)	幸福家庭项目（改良自提升家庭项目）	家长小组	儿童发展与期望；管理照顾者的压力；奖励好的行为、与孩子一起制定目标、关注并奖励；沟通以改善人际关系；酒精和毒品对解决问题的影响；制定规则，解决行为问题并制订行为改变计划。	12次活动；每周2.5小时；缅甸的非专业人员。	社会学习理论，生态系统理论
Ramsli et al. (2022)	国际儿童发展项目	家长小组	有效的沟通技能；问题解决技能；积极的管教策略。	4个月；每周1次活动；社区工作者。	依恋理论

续表

作者	干预名称	形式	干预措施的组成模块	活动时长及工作者类型	使用的理论
Rerkswattavorm and Chanprasertpinyo (2019)	自主设计的非暴力育儿项目	讲座＋家长小组	有关身体虐待和言语虐待的影响及后果（生物、认知、社会心理和行为等方面）的讲座；有效的管教策略（父母与孩子之间的积极关系、使用积极强化策略，减少或消除不良行为）。	3次活动；每周1小时；研究团队。	未报告
Robinson et al. (2021)	儿童发展育儿项目	家长小组	学习儿童发展的相关知识：有关大脑发育，照顾者参与的重要性，心理刺激和积极关注以及不良经历对发展的影响的信息。认知、社交和情感发展：不同年龄段的需求、沟通、行为、游戏的重要性以及儿童主导游戏；积极的育儿策略：从儿童的角度理解儿童的行为，以及尊重儿童。父母的养育方式和反思性养育：情绪管理，父母的自我意识、沟通以及问题解决。	6次活动；教会志愿者。	社会学习理论
Ruiz-Casares et al. (2022)	家庭优先项目	家长小组	通过一系列互动，指导父母确立长期育儿目标，为孩子提供温暖并建立规则，了解0～18岁儿童的想法和感受，以及在不使用惩罚的情况下解决问题。	10次活动；每周2～3小时；社区健康工作者。	未报告
Skar et al. (2021)	国际儿童发展项目	家长小组	在国际儿童发展项目中，良好的照顾者与儿童的互动主要包括良好的情绪、沟通和管理。	6次活动；国际儿童发展项目促进者。	未报告

续表

作者	干预名称	形式	干预措施的组成模块	活动时长及工作者类型	使用的理论
Wang et al. (2023)	改良版 PLH-YC	家长小组	积极的养育策略（精心陪伴、谈论感受、使用表扬和奖励、给予积极的指令、制定家庭规则和建立日常习惯）；非暴力管教（重新引导负面行为、暂停、施加后果、忽略、避免和解决冲突）；正念减压。	8次活动；每周2小时；2名社会工作博士生和3名社会工作硕士生。	社会学习理论
Ward et al. (2020)	PLH-YC	家长小组	积极的养育策略（精心陪伴、使用表扬和奖励、用语言描述行为、谈论感受和建立日常习惯）；非暴力管教（重新引导负面行为、暂停、施加后果、忽略、给予积极的指令、制定家庭规则）；以正念为基础的减压活动。	12次活动；每周3小时；半专业社区成员。	社会学习理论

缩写：CCD，关爱儿童健康成长与发展项目；PLH-YC，家庭教育与终身健康项目-幼儿版；PLH-T，家庭教育与终身健康项目-青少年版；LPPKN，国家人口与家庭发展委员会；ICDP，国际儿童发展项目。

（三）测量方式和结果

在 21 项实验中，研究团队仅从照顾者的报告中收集信息；而在另外 10 项实验中，研究团队同时从儿童和照顾者的报告中收集信息。

1. 主要结果

（1）来自照顾者的报告。 针对儿童的虐待与忽视行为（100%）是主要结果。共有 24 项实验（77.4%）测量了总体虐待与忽视，16 项（51.6%）测量了身体虐待或体罚，14 项（45.2%）测量了情感虐待，7 项（22.6%）测量了忽视，1 项（3.2%）测量了性虐待。大多数实验使用了《亲子冲突策略量表》（22.6%）、《儿童虐待与忽视筛查工具》（9.7%）及其改良版本，以及《儿童虐待筛查工具试用版》（35.5%）。

大多数实验报告显示，家庭教育服务项目大大降低了儿童虐待与忽视的发生率。家庭教育服务项目的效果因暴力类型而不同。其中有 18 项实验表明家庭教育服务项目对总体虐待与忽视产生了积极影响，16 项表明对身体虐待产生了积极影响，13 项表明对情感虐待产生了积极影响，4 项表明对忽视产生了积极影响。然而，并未观察到项目对性虐待产生影响。共有 22 项实验（71.0%）测量了父母的育儿技能，其中：6 项研究了干预对父母参与度的影响；5 项研究了父母监护不力的情况；16 项测量了积极的育儿策略，包括设置限制、积极养育和支持性积极行为；2 项测量了不一致的育儿策略；3 项测量了功能不良的育儿策略。大多数实验使用了《亚拉巴马州育儿问卷》和《养育幼儿量表》。

在测量了父母育儿技能的 22 项实验中，拉赫曼（Lachman）等人（2023）、普菲策（Puffer）等人（2017）和乔森（Jocson）等人（2023）均未发现家庭教育服务项目能显著增加积极的育儿方式或减少消极的育儿方式。其余研究表明积极的养育策略能明显改善积极和参与性的育儿方式，减少监护不力、管教不一致和功能不良的育儿方式。

（2）**来自儿童的报告**。在 10 项实验中，有 3 项发现家庭教育服务项目无法减少对儿童的虐待与忽视行为。拉赫曼等人（2020）发现，与对照组相比，儿童报告的数据显示家庭教育服务项目在儿童虐待与忽视（即总体虐待与忽视、身体虐待、情感虐待和忽视）和父母的积极育儿行为方面没有差异。与此同时，拉赫曼等人（2023）还发现，由儿童报告的虐待与忽视（即总体虐待与忽视、身体虐待、情感虐待和忽视）的前后测结果之间没有差异，并且父母积极的育儿行为也没有增加。普菲策等人（2017）在他们的研究中发现，来自儿童的报告表明，在照顾者参加家庭教育服务项目后，总体虐待与忽视有轻微但并不显著的减少。

2. 次要结果

（1）**来自照顾者的报告**。最常报告的次要结果包括儿童问题行为（58.1%）、照顾者的心理健康（38.7%）以及育儿压力（35.5%）。在 18 项关于儿童问题行为的研究中，最常使用的量表是《儿童行为量表》（38.9%），其次是《艾伯格儿童行为清单》（27.8%）与《优势和困难问卷》（27.8%）。绝大多数实验（91.7%）测量了照顾者的抑郁和焦虑水平，其中 5 项实验使用了《流行病学抑郁量表》的主体部分，4 项实验使用了《抑郁、焦虑和压力量表》。对于育儿压力的测量，5 项实验使用了《父母压力量表》（45.5%），6 项实验使用了《育儿压力量表》（54.5%）。

不同的研究类型对研究结果有不同影响。在 18 项实验中，有 11 项（61.1%）明显减少了儿童的问题行为。在 7 项结果不显著的实验中，有 6 项（85.7%）采用了随机对照实验设计。在测量照顾者心理健康的 12 项实验中，有 8 项（66.7%）明显改善了照顾者的心理健康。在 4 项结果不显著的实验中，有 2 项（50%）采用了随机对照实验设计。在 11 项实验中，有 5 项（45.5%）显示项目明显减少了父母的育儿压力，而有 1 项实验显示项目产生了不利影响。在 5 项结果不显著的实验中，有 4 项（80%）采用了随机对照实验设计。

其他结果包括对体罚的态度（25.8%）、社会支持（19.4%）、父母的自我效能感（22.6%）、亲密关系暴力（22.6%）、亲子关系（12.9%）、儿童抑郁症状（12.9%）、家庭功能（9.7%）、婚姻满意度（9.7%）以及父母滥用药物的情况（6.5%）。研究结果表明，家庭教育服务项目可以提高父母的自我效能感（100%）、提升照顾者的社会支持（66.7%）、改善亲子关系（83.3%）、改变父母对体罚的态度（100%）和改善家庭功能（100%）。它们还减少了亲密关系暴力（100%）和照顾者滥用药物（100%）的发生。然而，并没有发现项目与婚姻满意度和儿童抑郁症状之间有关联。

（2）来自儿童的报告。在 6 项实验中，有 2 项发现家庭教育服务项目可以显著减少儿童的抑郁症状和问题行为。具体来说，克卢弗（Cluver）等人（2016）发现，家庭教育服务项目可以显著减少儿童从前测到后测的抑郁症状、问题行为、目睹家庭暴力的次数，以及改善照顾者的社会支持。而乔森等人（2023）则发现，从前测到后测，儿童的问题行为、危险行为、抑郁症状和目睹家庭暴力的次数都有所减少。

（3）追踪结果。在 4 项照顾者报告了儿童虐待与忽视行为的追踪实验中，有 2 项报告称项目减少儿童虐待与忽视行为的效果在 5～12 个月的追踪中得以维持。拉赫曼等人（2021）发现，总体而言，项目在减少总体虐待与忽视、情感虐待和忽视方面的效果可以在一年的追踪研究中持续存在。克卢弗等人（2016）发现，在 5～9 个月的追踪中，干预明显减少了照顾者自我报告的身体虐待和情感虐待，但对忽视没有明显影响。关于次要结果，追踪研究的数量较少，而且不同研究的结果变量不尽相同，因此难以对其进行报告。

四、讨论与结论

自世界卫生组织提出制止暴力侵害儿童行为的七项策略以来（World Health Organization, 2016），在中低收入国家已经出现了大量证明其有效的相关证据。本综述所纳入的研究，近90%是在2016年及之后发表的。我们的研究结果表明，家庭教育服务项目在预防和减少低收入和中等收入国家儿童虐待与忽视的风险因素方面大有可为。本项综述全面总结了低收入与中等收入国家预防儿童虐待与忽视的家庭教育服务项目。31项实验代表了不同地区的社会文化背景和人群特征。大多数干预措施是在资源匮乏的情况下实施的，父母的社会经济特征各不相同，这表明在低收入和中等收入国家开展的家庭教育服务项目可惠及不同的人群。近半数的家庭教育服务项目是由非专业人员实施的，在资源匮乏的环境中，这一点尤为重要。因为在这些地区，专业人员往往短缺或当地难以负担雇佣专业人员的成本，以及公共卫生系统薄弱并且服务不具有可及性（Knerr et al., 2013）。此外，来自泰国（McCoy et al., 2021）和菲律宾（Lachman et al., 2021）的研究结果表明，将家庭教育服务项目嵌入公共卫生和现金转移等日常服务体系中是可行的。整合现有的服务体系更具成本效益，也更容易被当地民众接受。

大多数家庭教育服务项目强调与儿童建立积极关系和非暴力管教策略的重要性；然而，一些干预模块在小组活动次数和儿童年龄方面存在差异。短期和长期干预方案都能有效预防儿童虐待与忽视，但其侧重点有所不同。短期干预方案更倾向于向父母宣传暴力管教的潜在危险，并介绍儿童发展的特点，而长期干预方案侧重于为建立积极的亲子关系和非暴力管教提供实务指导。儿童的年龄范围从新生儿到 18 岁不等，半数以上的干预措施针对的是 10 岁及以下的儿童。因此，针对不同年龄组的家庭教育服务项目的内容也不尽相同。例如，针对大龄儿童的家庭教育服务项目中增加了危机应对和财务管理的内容，而针对年龄较小儿童的家庭教育服务项目则强调了儿童的基本需要和发展特点。值得注意的是，绝大多数针对 10 岁以上儿童的家庭教育服务项目使用了"家庭教育与终身健康项目-青少年版"；因此，除了这一项目的青少年版外，针对大龄儿童的家庭教育服务项目的有效性证据还比较有限。

以往关于家庭教育服务项目的研究结果可以被划分为对儿童的暴力行为（总体虐待与忽视及其亚类型）、与父母相关的结果测量（育儿技能、心理健康和育儿压力）以及与儿童相关的结果测量（问题行为）三类。除了米勒（Miller）等人（2020）进行的实验使用了自行开发的测量工具外，其余实验均使用了经过文化验证的量表，从而具有良好的心理测量学特性，这增加了不同文化间结果的可比性。多数实验使用了照顾者自我报告的测量方法，无论是使用前后测设计还是随机对照实验设计，都报告了家庭教育服务项目同减少总体虐待与忽视、身体虐待和情感虐待，以及同积极育儿技能的改善之间的关联。针对儿童虐待与忽视的无效干预方案往往具有以下特点：使用自行设计的项目、样本量较小、在基线评估中体罚程度较低。在一些研究中，照顾者报告了项目对儿童虐待与忽视有显著的干预效果，而儿童的报告则显示没有效果（Lachman et al., 2020; Lachman et al., 2023; Puffer et al., 2017）。同实施虐待与忽视的照顾者相比，遭受虐待与忽视的儿童更关注自己直接的受虐经历，记忆也更为深刻，这导致了照顾者和儿童在感知和描述虐待与忽视方面的差异。因此，可以使用直接观察评估工具来评估亲子互动的变化。

关于次要结果，大多数使用随机对照实验设计的研究显示，与对照组相比，实验组照顾者的心理健康、育儿压力以及儿童的问题行为都没有明显改善。实验结果不显著可归因于在项目结束后立即安排后测评估，以及干预效果的延迟。以往的研究报告指出，照顾者可能需要更多的时间和较低水平的压力来实践非暴力管教技巧和积极的育儿技能，从而取代他们习惯使用的严厉管教方式（Lachman et al., 2017; Whittingham et al., 2009）。长期的追踪调查将有助于研究潜在的延迟干预效应。

这些研究表明，家庭教育服务项目具有良好的可行性、可接受性和有效性。因此，有必要在低收入和中等收入国家推广和改良已证明有效的循证家庭教育服务项目。在本研究包括的家庭教育服务项目中，作为一种免费使用并且基于证据的项目，"家庭教育与终身健康项目"在低收入和中等收入国家的使用具有最充分的证据支持。除此之外，"积极教养项目""提升家庭项目"和"国际儿童发展项目"也在低收入和中等收入国家的不同环境中得到了成功实施。然而，与需要支付大量费用才能获得版权和材料的项目（如"积极教养项目"和"提升家庭项目"）相比，"家庭教育与终身健康项目"在低收入和中等收入国家中的推广和实施更具成本效益。

本研究综述发现了已有文献中存在的一些重要空白。第一，大多数研究是在非洲和亚洲进行的，主要集中在东非、南非以及东南亚地区，在中非、北非、中亚、南亚、欧洲和中南美洲等地区的低收入和中等收入国家存在研究空白，而这些地区的儿童虐待与忽视问题也很严重（Moody et al., 2018）。此外，来自低收入国家的证据仍然有限，绝大多数研究来自东非。这可能与东非低收入国家更多有关。然而，研究不应忽视东非地区以外的低收入国家。

第二，除了拉赫曼等人（2020）在坦桑尼亚进行的研究中男性照顾者比例较高外，大多数研究中男性照顾者的招募率较低。一个广泛存在的全球性问题是，招募和留住男性照顾者参加家庭教育服务项目往往比较难（Siu et al., 2017）。目前，父亲参与育儿的程度正在逐步提高，育儿不再仅被视为母亲的职责。以往在高收入国家进行的研究表明，设计与父亲角色相关的内容，由男性项目导师开展课程，并设立仅针对父亲的小组，可以吸引男性照顾者参加家庭教育服务项目（Panter-Brick et al., 2014）。

第三，针对儿童忽视的干预措施很少。尽管其中一些家庭教育服务项目将儿童忽视作为一项结果进行了测量，但结果显示，这些项目对儿童忽视的影响有限。这可能是因为当前的家庭教育服务项目没有包括有关儿童忽视的具体内容。父母可能没有意识到他们会忽视自己的孩子，更不必说了解忽视可能产生的负面影响（Anderst & Dowd, 2010）。以往的研究表明，提高父母对儿童忽视问题的认识和了解，可以有效保护他们的孩子免受忽视（Beyazit & Bütün-Ayhan, 2019）。因此，未来的研究和家庭教育服务项目可以在低收入和中等收入国家对父母开展有关儿童忽视的定义、类型、后果和预防措施的教育。

第四，大部分研究没有报告有关儿童虐待与忽视行为的详细信息（如虐待与忽视的严重程度或频率）或其相关风险因素（如照顾者儿时遭受虐待与忽视的历史和社会经济因素）。这就限制了研究人员探索当前的家庭教育服务项目是否足以满足具有不同暴力特征的家庭的需求。未来的研究需要全面评估和报告照顾者和儿童的虐待与忽视历史以及家庭的社会经济背景。

本研究存在以下局限性。首先，本研究只搜索了英文文章并将其纳入分析。我们发现了一些相关的非英文研究；然而，由于语言的限制，我们将其排除在本研究之外，这可能会造成一些潜在的偏差。其次，由于我们将搜索词限定为国家，且主要搜索标题和摘要，因此在标题和摘要中未指明研究国家的研究也被排除在外。最后，本研究是一项范围综述，我们没有提供有关亲职项目效果好坏或质量评估的信息。因此，应谨慎解释被纳入研究的结果。

综上所述，本范围综述提供了关于中低收入国家中 0～18 岁儿童的照顾者的家庭教育服务项目的性质和初步效果的最新证据。尽管本范围综述所纳入的干预项目在活动次数、实施者和目标儿童年龄等方面存在差异，但大多数项目都强调了积极教养和非暴力管教这些核心内容的重要性。本范围综述还表明，大多数家庭教育服务项目在减少总体虐待与忽视、身体虐待和情感虐待，以及提高积极育儿技能方面是有效的。今后应努力将家庭教育服务项目扩展到东非地区以外的低收入国家，考虑设计并测量儿童忽视方面的内容，利用直接观察进行评估，设计与父亲角色相关的内容，并进行更长期的追踪评估。

参考文献

下篇：中国家庭教育服务的探索创新

    下篇包括第八章至第十二章共五章内容，旨在总结中国家庭教育服务项目的最新探索与实践效果。第八章论述跨代合作是当代中国家庭育儿实践的主要模式，随着社会文化变迁，跨代合作育儿过程中的代际权力冲突隐而不宣，却深刻影响着儿童权利的实现和家庭教育服务项目的设计。第九章基于跨代合作育儿实践，阐述国际循证家庭教育服务项目在中国的文化改良和本土化过程。初步的试点效果显示，改良后的家庭教育服务项目具有较高的接受度和较好的可行性。第十章通过准随机对照实验设计，验证循证家庭教育服务项目在中国的有效性。与对照组家长相比，接受过家庭教育服务项目的家长显著降低了虐待儿童的风险，积极教养能力得到提升。第十一章论述中国家庭教育服务项目的追踪访问效果：项目在减少情感虐待和体罚、提高积极教养能力和降低儿童问题行为方面的效果至少能维持 3 个月。第十二章论述在农村社区实施家庭教育服务项目的促进因素和障碍因素，为未来在农村大规模推广家庭教育服务项目提供切实可行的建议。

第八章 | 中国跨代合作育儿及儿童保护的行动逻辑

一、中国跨代合作育儿的社会文化背景

　　立足于中国生育政策放开、女性就业率上升、正式照料体系不完善、儿童福利制度缺失等家庭和社会结构转型期现状，城市双职工家庭为应对变迁而寻求祖辈参与合作育儿成为一种"新常态"。2017年中国教育学会家庭教育专业委员会的调查显示，从儿童出生到小学阶段，79.7%的城市家庭中祖辈参与幼儿教养，且主要呈现出父辈和祖辈联合教养的形式（岳坤，2018）。此外，女性祖辈被广泛认为拥有更多养育孩子的智慧和经验，因此在跨代合作育儿中扮演着重要角色。2012年中国老龄科学研究中心的调查表明，老年女性参与抚养孙辈的城市家庭的占比已达71.95%（陈佳，孙茜，周晓辰，2022）。

　　正是在合作育儿的过程中，代际的生活空间、扮演角色高度重叠，密切的交流互动增多，给了彼此更多关注育儿实践的机会。"不打不成器""棍棒底下出孝子"等传统观念深刻影响了中国家庭的教育实践，打骂、体罚

等身体暴力被合理化为有价值的教养方式，然而这却给儿童带来一系列负面的认知、情绪以及行为问题，产生深远的不良影响（Leeb et al., 2011；赵鑫，2022）。同时，家庭作为儿童遭受暴力的主要场所之一，其私域性质使得发生于其中的暴力行为不易察觉，也不允许外人插手干预，公权力更难以突破壁垒为儿童提供及时有效的保护（贾玉娇，2021）。而祖辈作为主干家庭的成员，在合作育儿过程中他们有机会进入核心家庭内部，深度参与核心家庭的日常生活，有更大可能目睹父母对儿童实施的暴力行为。探究祖辈在儿童身体暴力事件中的行动策略及其背后的逻辑，能够为未来的儿童保护项目提供实证依据，助力各级预防和干预体系更好地采取应对措施。

　　跨代合作育儿呈现出复杂的图景。现有关于跨代合作育儿的研究主要围绕常见的育儿事项，包括孩子的吃喝拉撒、学习教育和行为引导等方面，祖辈与父辈之间存在紧密的团结合作，代际矛盾和冲突也并非新鲜事（张杨波，2018）。随着祖辈的加入，家庭成员的组成方式和关系样态发生改变，家庭权力关系也变得更加复杂多元，祖辈和父辈将这些日常的育儿实践作为权力的角斗场，在这一过程中展开了关于家庭地位和亲密关系的微妙竞争。然而，迄今为止，中国社会对于在育儿过程中时有发生的暴力管教儿童现象缺乏专门关注，也甚少将其放到三代共居的家庭背景下来考察。对儿童的暴力管教与其他的育儿实践存在显著的差异，它折射的是父母对于儿童独立人格和基本权利的漠视（关颖，2012），父母权力与儿童权利之间的冲突被集中体现出来。而祖辈面对暴力事件的行动反应使得父辈对子代单向的权力受到了促进或制约，祖辈权力、父辈权力和儿童权利三者交织博弈，由此造就了不同的权力格局和暴力后果。本章重点关注以下问题：在现有的家庭模式下祖辈目睹儿童遭受身体暴力后的行动策略是什么样的？这些行动策略背后存在怎样的逻辑？代际权力关系又在其中发挥了什么样的作用？

二、分析框架

罗德曼提出的文化资源理论认为，家庭内部权力分配同时取决于不同家庭成员的相对资源，以及当地社会文化中普遍盛行的家庭规范（Rodman，1972）。换句话说，家庭作为社会学意义上的组织系统，个人资源、伦理规范等要素形塑了组织内部的权力关系。以此为切入点，聚焦具体的合作育儿实践，将有助于我们深入理解家庭内部权力关系的变迁。

（一）传统家庭主义：家庭取向，祖尊子孝的权力关系

在传统的农业社会中，土地是最为重要的生产资料和家庭财产，父辈从祖辈处继承现成的土地和家业，并从他们那里学会谋生的劳作技术，这种经济和知识经验上的优势地位赋予了祖辈至高无上的权威（张园园，2009）。家产与经验的继承要求权责均衡，父辈在继承的同时要履行对祖辈相应的义务（李永萍，2017），因此祖辈对土地、房屋等与家庭成员生存至关重要财产的控制权成为传统社会父权和"长老秩序"得以维系的经济基础（王跃生，2003），也成为"厚重平衡"的代际关系、"父慈子孝"的伦理纲常得以维系的关键力量（贺雪峰，郭俊霞，2012）。这一资源格局和伦理道德不仅支撑着中国传统家庭的抚育行为，也形塑了成年子代对亲代的赡养。

一方面，祖辈作为一家之主掌握资源使用和管理的权力，承担上承祖先遗志、下启子孙未来的使命，对家庭成员负有无条件的、无限的相互照顾和扶持的责任和义务。这种"无限义务"意味着祖辈不仅要关心

子代，还要将这种照顾的责任延续到孙辈（刘汶蓉，2013）。因此，在对孙辈的抚育上，祖辈通常会在时间、经验和情感上给予子代帮助。又出于"男主外，女主内"的传统性别观念和家庭责任分工，一般是年轻的母亲承担幼儿的生理性抚养，女性长者给予协助和支持。在这一过程中，受益于文化规范所赋予父系家族长辈的权威，婆婆拥有至高无上的"教子权"和"御媳权"，可以对媳妇进行"家政教导"和事务规训（汪兵，林杰，2003；王秀贵，2013；刘阳，2020）。另一方面，父辈在传统宗法等级秩序及以"顺亲无违"为中心的孝道伦理下要孝亲敬老、奉养感念（周晓虹，2008）。在抚育幼儿上，父辈应该接受来自祖辈权威的规训和教化，"奉事循公姥"，服从决策，具体执行。年轻母亲在家务和育儿方面要受制于婆婆，对未成年子女的权力内容仅限于对子女的生活安排或小范围的管教，话语权、决策权均处于低水平状态（李硕，2019）。当婆媳在共同养育的过程中出现冲突时，丈夫一般更倾向于支持自己的母亲，这既是母子亲密关系的延续，也符合"孝道"的基本要求（王跃生，2003）。代际关系是家庭关系的主轴，夫妻关系成为副轴（梁海艳，2022）。

（二）新家庭主义：个人取向，祖退子强的权力关系

在小农社会向工业社会迈进的过程中，家庭的财富积累方式发生变化，以父辈为主导的非农收入成为主要的家庭经济来源，祖辈在家庭中的权威丧失了经济基础（李永萍，2017）。同时，知识和技术的更新周期缩短，老年人的生产生活经验几乎失去了传承价值（姚晓欧，2010），父母身份不再具有传统的神圣性（阎云翔，2006）。以义务和责任为本位的传统家庭观念被现代化进程逐渐消解，取而代之的是一整套现代家庭生活方式与价值系统，家庭的功能性导向日益凸显，家庭中"自我中心式的个人主义"迅速

膨胀，"无公德个人"形成（阎云翔，2006），这些都深刻地影响着当代中国人关于代际互动的理想，并在合作育儿实践中体现出来。

由于在市场化洪流中抚养幼儿的成本与风险大大提高，父辈利用祖辈延续家族的理想，通过对祖辈进行"代际剥削"（李勇萍，2017）来获得通过社会福利制度无法实现的家庭照顾服务（姚俊，2012）。而祖辈依然受到强烈的"责任伦理"和传统家庭主义影响，为了支持家庭的发展性目标，将协助抚育孙辈看成自己不可推卸的责任（汪永涛，2020），并将其视为一种经济和情感投资，以期在未来换取同等的回报（姚俊，2012；林茂，2021）。由此，跨代合作育儿在现代社会广泛存在，而且两代女性延续了传统，依然是育儿的中心和主要力量（唐乃华，2009；酒宇航，2020）。不同于传统社会中年轻的母亲对育儿拥有较小的裁量权，现代女性自身意识的觉醒、教育和就业的普遍化、代际平等观念的强化等使现代女性获得了更高的社会经济地位和更多的社会资源，这种优势地位传导到家庭政治中转化成为育儿主导权。年轻母亲不再只是单纯执行对子女的生理性抚养，还担负起子女的社会性抚养的职责，并在这一过程中全面规划、全程决策和全线参与。而祖辈的文化和道德权力日渐式微、对子女的经济情感依赖逐渐增强，出于对年轻母亲能力、地位的认可或亲密关系维系的需要，祖辈展现出尽可能大的包容度。祖辈在合作育儿中积极调整代际互动模式，为了"生产"融洽的代际关系更多地采取"温情策略"（张爱华，2015；张新辉，李建新，2020），将原来由自身承载的权力让渡给年轻母亲，转到幕后担任"保姆"的边缘性角色而放弃大部分的决策权（汪永涛，2020；沈奕斐，2013；林彬彬，2019），最终形成"以年轻母亲为中心、祖辈处于边缘"的权力格局（肖索未，2014）。一旦双方在育儿上出现分歧和冲突，年轻母亲因为具备"现代科学育儿知识"，更容易得到来自丈夫的支持。横向夫妻关系取代纵向代际关系成为家庭关系主轴，在跨代合作育儿关系中居于主导地位（王苏，郭雁南，2008）。

（三）马赛克家庭主义：混合取向，动态弹性的权力关系

随着市场经济转型的日益深入、全球化浪潮的席卷而来、儒家传统文化的当代复兴，新的家庭模式、关系和规范正在探索和形成之中。计迎春基于中国本土情境提出"马赛克家庭主义"的概念，认为中国的家庭关系呈现出一种传统与现代并存的马赛克杂糅性（计迎春，2019）。在这一阶段，代际共生状态突出，代际团结依然展现出高度的韧性，祖辈协助育儿仍是家庭存续的重要支持。马赛克家庭主义还系统地嵌入了性别视角，指出不同代际的女性在育儿照料实践中扮演了主要角色，成为推动代际共生家庭模式发展的微观动力机制。同时，传统父系权威的影响依然存在，子代包括女性在家庭中的地位和权力也得到了提升，家庭关系朝着更加平衡和多元化的方向发展。夫妻关系并没有完全取代代际关系成为家庭关系的主轴，而是呈现出双轴并重的格局（赵凤，计迎春，陈绯念，2021）。

在家庭内部，夫妻关系与代际关系之间存在着张力，它们既可能相互融合共生，也可能彼此竞争冲突。代际的权力关系是流动的、弹性的，这为家庭成员个体利益的表达提供了空间。在代际围绕着资源以及伦理对权力进行分配、平衡和协调的过程中，必然伴随着围绕权力而产生的合作、妥协、退让、竞争、冲突等权力互动形式。一方面，虽然年轻母亲可能拥有更多的育儿决定权力，但这并不代表她相比婆婆有更高的家庭权威。尊老的伦理价值在新时代依旧被提倡，权威性孝道有其思想惯性，传统社会对"好媳妇"的要求依旧没有完全解除，祖辈的主观体验仍会影响年轻母亲的育儿参与度（陈佳，孙茜，周晓辰，2022）。此外，子代的权

力不具有制度化或道德化规范的基础，亲代并不必然要遵从子代在育儿事务上的各项安排（肖索未，2014），有研究显示，一些婆婆在与儿媳共同参与育儿活动时会处于"虚假遵从"的状态，会在幕后营造出自身的权力体系（刘阳，2020）。而且祖辈参与合作育儿具有道德合法性，父辈对祖辈的付出会产生感激和内疚的情绪体验，这些因素都会使得父辈在权力关系中放低姿态（唐乃华，2009）。另一方面，随着养老和医疗保障制度的建立，祖辈对父辈的刚性经济需求减少，代际资源之间的差距得到一定的弥合，有的祖辈甚至还承担了继续对子代进行资源传递和社会支持的义务（肖索未，关聪，2018）。在此前提下，为了获得子女的信任和理解，老人可能会主动放弃在育儿实践中的决策权和话语权，以维系代际良好的情感互动；但也有可能作为对子女"逆反哺"的回应，老人更加执着于对家庭权力的争夺（李硕，2019），依旧有掌握家庭事务管理权的渴望，并对育儿实践进行弥散性干预（刘阳，2020）。当代代际互动是一个充满动态性和灵活性的过程，代际权力关系存在内在的张力，最终家庭权力的格局取决于两代人在亲密关系中资源拥有的多寡，以及对伦理规范的拿捏。

（四）儿童身体暴力：父母权力对儿童权利的侵害

在以上有关跨代合作育儿的讨论中，都不约而同地将目光聚焦于祖辈与父辈之间的权力关系，而作为被照顾者的儿童却显示出主体性"缺位"的状态，他们的权利诉求没有得到应有的关注。不同于一般的育儿实践，对儿童的暴力管教更具冲突性、争议性，三代之间的权力格局在这一特殊事件上更能得到体现。联合国儿童基金会将对儿童实施的身体暴力定义为故意使用各种手段造成儿童身体伤害或疼痛，包括以管教的名义责打、猛烈地摇晃、殴打、体罚儿童等。身体暴力涉及父母权力对儿童权利最直接的侵害。由于儿童身心尚未成熟，对家庭存在深厚依赖，父母可以对儿童的生命健康、生活起居、学习教育等事宜进行完全干预，父母所拥有的权力大于儿童。我们探讨了历史变迁中的家庭主义以及家庭权力结构，而这些都在影响、约束着父母的儿童权利观念。在传统社会"长老统治"的权力结构下，儿童被视为父母的附属品，是父母光耀门楣、传宗接代的工具。如若违抗父母意愿，父母可以随意"处置"子女，身体暴力被视为理所当然之事。在现代社会"动态弹性"的权力结构下，儿童作为独立个体的权利逐渐受到重视，但由于受根深蒂固的"父权至上"封建文化的影响渗透，暴力强权的教养方式仍不同程度地存在于现代家庭中（许晓玲，2008；宋坤，2012；孙艳艳，2014）。

突破两代关系视角在三代代际链中考察家庭权力的格局具有重要意义。祖辈和父辈对儿童都拥有管教权力，这种权力具有共性，但又存在明显的区别。就儿童的监护权而言，法律上父母是儿童的第一责任人，扮演着不可替代的角色，而祖辈则起到补充和辅助的作用。在合作育儿中，祖辈开始介入父辈与孙辈的权力关系，三代关系以叠加三角结构的面目出现（杜娟，2015）。这一结构具有各成员之间相互牵引、相互制约的张力，祖辈与父辈之间的权力互动会影响到结构的稳定性和平衡性，并最终影响到儿童权利的实现。当父辈对儿童实施身体暴力时，祖辈以积极（如提供儿童非暴力管教的建议）或消极（如支持父辈对儿童的暴力行为）的方式介入其中，从而缓和或加剧两者之间的紧张状态。

三、研究方法

本研究采用的是方便抽样法，被访者的选择标准主要基于以下考虑：

一是选择参与合作育儿的奶奶，因为多是女性承担照护幼儿的责任，且婆媳间产生的权力冲突更为常见。二是将幼儿的年龄限制在 0～6 岁，因为学龄前幼儿遭受暴力所产生的危害更严重。三是不限定祖辈和父辈的职业，这样访谈对象更具异质性，调查内容更多元。自 2022 年 11 月至 2023 年 3 月间，共有 20 名符合条件的被访者接受在线访谈（见表 8-1），单次访谈时长为 40～60 分钟。被访者年龄为 47～59 岁，与子代合作育儿 1～6 年的时间。儿童受到的身体暴力包括用衣架、小竹条抽打身体，用手打脸部、头部或屁股，拧耳朵，强迫罚站，用脚踢，等等。

表 8-1　被访者基本信息

序号	编号	年龄	户籍	祖辈在合作育儿前的职业	合作育儿时长	父辈施暴方式
1	A	47	农村	服务员	1 年	大声吼骂，用手打孩子身体
2	B	53	农村	农民	1 年	拧耳朵，用手打屁股
3	C	48	城市	出租车司机（未退休）	2 年	大声吼骂，用手打屁股
4	D	49	农村	个体户（开药房）	2 年	大声吼骂，用手推搡 / 摇晃
5	E	52	城市	后勤	2 年	用小竹条打手，将孩子独自锁在房间里面壁罚站
6	F	53	城市	经理	2 年	用手打屁股，用小竹条打手
7	G	56	城市	会计	2 年	用力地拧、捏孩子
8	H	50	城市	/	3 年	用手打屁股
9	I	51	农村	短时工	3 年	用手戳头，用拖鞋打屁股
10	J	53	城市	环卫工人	3 年	拧耳朵，用手打孩子身体
11	K	56	农村	农民	3 年	用戒尺打手
12	L	56	城市	银行职员	3 年	大声吼骂，用小竹条打手
13	M	48	农村	农民	4 年	大声吼骂，拧耳朵
14	O	49	农村	后勤	4 年	扇耳光，用脚踹或踢
15	P	52	农村	个体户（开家具店）	4 年	用筷子打手，用手打屁股
16	Q	55	农村	农民	4 年	用力地拧、捏孩子，用小竹条抽打

续表

序号	编号	年龄	户籍	祖辈在合作育儿前的职业	合作育儿时长	父辈施暴方式
17	R	52	农村	个体户（收废旧钢铁）	4年	用衣架打屁股
18	S	59	农村	农民	4年	大声吼骂，用手打孩子身体
19	T	53	城市	家庭主妇	5年	大声吼骂，拧耳朵
20	U	54	农村	农民	6年	罚站，大人吃饭时不让孩子吃饭

四、研究结果

（一）祖辈目睹儿童身体暴力后的行动策略：积极对抗与消极忽视

面对家庭中父母对儿童实施的身体暴力，祖辈作为旁观者会采取不同的行动策略。通过对访谈资料的分析，本研究将权力对等或失衡、权利保护或破坏的维度作为分析主轴。纵轴为代际权力关系，纵轴越往上发展，则祖辈与父辈之间权力关系越对等。横轴代表行动对儿童权利的保护状况，横轴越往右发展，代表儿童权利得到越好的保护。据此，本研究划分了祖辈助力支持、视而不见、隐匿施为和挺身而出四种行动类型（见图8-1）。

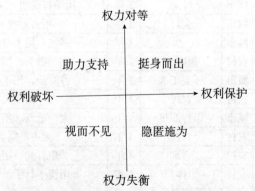

图8-1　祖辈目睹儿童身体暴力后的行动策略类型划分

1. 助力支持："打得好，使劲打"

通过访谈发现，一些祖辈对家庭中的儿童身体暴力持赞成态度，她们受到传统观念的影响，认为身体暴力是维护家庭纪律和进行家庭教育的正当手段，缺乏有关身体暴力负面影响和儿童保护的知识。同时，她们存在育儿策略和技巧上的欠缺，苦于找不到暴力管教的替代方式来约束儿童的言行，于是将父辈的暴力管教视为一种出路。因此，在目睹父辈对儿童实施暴力管教时，她们不仅不会出面制止，甚至跟父辈结成"同盟关系"，从旁在言语和行为上进行"拱火"。祖辈的支持和认可使父辈感到自己的行为得到了合理化，施暴动机和行为得到进一步的巩固。

B 奶奶离开老伴儿搬到了儿子所居住的城市来抚育孙辈，两个孙子均不足三岁，正处于探索期，问题行为较多。B 奶奶非常看重孩子的品行和德行，一旦涉及"被别人说闲话"的事情，就希望能采取方法管理孩子的行为，其中打骂被认为是最有效的。因此，当父辈在实施暴力管教时，她会"加油助威"以支持和强化暴力行为的有效性，以此达到纠正儿童行为或塑造儿童品行的目的。

> 带出去玩他会去推别人、抢东西吃，我怕别人说孩子没教养……小孩子你跟他讲道理他也听不懂，反正我是支持打的。她（儿媳）要打小孩的时候，我还要站在旁边加油，说"打得好，现在不打以后更加管不住了"。（访谈对象 B）

祖辈除了当场直接给施暴者言语上的支持外，在风波停歇后，即使孩子前来向她们寻求安慰，他们也会跟父辈保持一致，站在施暴者一边。

> 只要他爸妈教训得对，我不会去插手。他（孙子）本来不哭，一

看到我又开始哭起来，觉得很委屈。他觉得在奶奶这儿可以找到安慰，但是我不会去哄。（访谈对象B）

此外，祖辈认为她们的育儿经验是宝贵的，因此试图沿袭自己的暴力管教方式并将其传递给父辈一代。她们相信自己体罚的方式方法能把握好惩罚与伤害之间的界限，保证惩罚既能起到震慑的作用，又不至于威胁孩子的身心健康。

Q奶奶来自农村，据回忆她教育孩子时总是用小竹条打人，因为小竹条打人比较疼，但又只是皮外伤，留下几道红痕过几天就会消退。相比父母没有轻重地拳打脚踢，这种方式不会对孩子造成实质性损伤。因此，她会在家里准备这种"家法"，并在父辈准备实施暴力管教时提醒他们使用，或者在日常生活中用来恐吓儿童。

大的太不听话了，他妈妈会上手揪他，下手重了身上就青一块紫一块的。拿"条梢子"（方言，小竹条）打人就没事，不会伤筋动骨的。小孩子记性也长了，家长该管的也管了，蛮好。所以每次她要教育小孩时，我就让她拿条梢子打……打了几回就长记性了，他妈妈上班不在的时候，他要不听话，我就指着条梢子说"不听话就要挨打"，他也怕。（访谈对象Q）

2. 视而不见："眼不见心不烦"

"不掺和"是祖辈面对家庭内的暴力管教时常见的处理态度，具体是以静默、不发表意见的方式来被动回应，对于父辈的暴力行为不为所动、被迫妥协。她们认为自身的声音和行动不会产生实质性的影响，同时也担心插手会使情况更加恶化，引起紧张局势、破坏家庭关系或导致个人困扰。秉持着不干预的原则，祖辈们通常有两种行动策略。

一种行动策略是继续以局外人的身份停留在暴力现场，但同时又密切关注正在发生的暴力事件，保证在真正的危机时刻能给儿童提供干预和保护。

M奶奶在唯一的儿子结婚后，便过来同住照顾孙子。儿媳经常因为孩子吃饭的问题在餐桌上大声吼骂孩子，用手拧孩子耳朵，有时暴力行为会升级到更严重的程度。M奶奶一般不会直接出言制止，以免"破坏规矩"，但出于对受虐待儿童的责任感，她会留在暴力现场向受虐待儿童传递一种暗示，表明她并不赞同暴力行为。

> 孩子不听话，他妈妈又喊又叫，我心里也不舒服……我等下多说了几句，好像坏了规矩一样，但走开又不放心。起码留在这里看着小孩，也好些。（访谈对象M）

另一种行动策略是直接远离现场，从暴力环境中抽身。她们通过转身离开的方式表达对父辈暴力行为的反对态度，同时她们也意识到自己无法改变父辈正在实施的暴力，因此选择离开以摆脱"爱莫能助"的无力感和愧疚感。

K奶奶的老伴儿过世很早，大儿媳因身体原因无法生育，所以在小儿媳生孩子后，她就搬过来一起照顾孙女。小儿媳教子格外严格，K奶奶每当看到儿媳打骂孩子，都"心里很不是滋味"，有时候会自己躲在房间里偷偷地哭，有时候会借口出去买东西，出门散心。

> 我儿媳属于比较强势的类型，对小伢子（方言，小孩）什么都管得严格，一点没做好就急。她不听我的，我也不好说什么，总不能为了小孩子跟她起冲突啊。每次看到她打得孩子哇哇哭的时候，我没办

法，只能到房间里抹眼泪，有的时候就干脆出去，眼不见心不烦。(访
谈对象 K)

3. 隐匿施为："事后的调停"

祖辈虽不想与父辈发生直接的冲突和对抗，但是爱惜孩子心切，因此
试图在保持家庭关系和谐稳定的基础上帮助孩子。她们会采取一些隐匿的
行动来暗中消解父辈的权力，降低暴力管教带来的负面影响并避免此类事
件的再次发生。这种"后台"平衡术实质上体现了祖辈在家庭关系中弱势
和被动的地位。

祖辈会在施暴者看不到的地方中止惩罚性的行为，并私下抚慰受伤的
孩子，为他们提供情感上的支持。E 奶奶家有两个孙辈，儿媳对于不恰当行
为的管教多采用把孩子独自锁在房间里面壁罚站的方式，由于孩子年龄尚
小，E 奶奶担忧孩子独处时会受到惊吓以及发生一些意外，所以总是偷偷地
进房间检查孩子的状况，并抱着哄以帮助孩子恢复情绪上的平衡。

> 她（儿媳）正在气头上，我也不好再说什么。我心疼啊，等她走
> 开了，我就偷偷进房间看看小的在干什么。给她拿个玩具、拿块糖哄
> 哄她，她也晓得事（懂事），知道拉着我的手要出去。(访谈对象 E)

此外，祖辈也会在暴力平息后，秘密传授一些技巧教导孩子自保以防
止惹怒施暴者。P 奶奶原本家在湖南农村，自从儿媳生了二胎后就跟着来
到了儿媳的家乡武汉定居。面对儿童暴力，P 奶奶将改变的目标放在了幼
儿身上，她认为在亲子冲突中，孩子始终是弱小的一方，与其让父母做出
改变，不如让孩子"学乖点""听话点"，学会"看眼色行事"。

> 他妈妈边喊"不要把积木到处扔"，他偏要对着扔，你说气不气。

这种情况你不能说他妈妈的不是，不然她会觉得我这个婆婆不理解她。我只能背后对小的说，妈妈上班很辛苦，不要去惹妈妈生气。妈妈说他的时候，不要跟她对着来，听到妈妈喊1、2、3的时候就马上听话。只有他懂事听话，妈妈才不会打他。（访谈对象P）

在亲子矛盾集中爆发期间，作为中间调解者的祖辈也会主动承担更多的家务劳动，通过自我牺牲的方式降低父辈的亲职压力，让其能在情绪稳定的情况下去陪伴孩子，避免暴力教养。同时祖辈也会挑选一个恰当的时机就暴力事件与父辈讨论，这种讨论以语气温和、言谈恳切的方式展开，试图"以情动人"，让父辈意识到自己育儿过程中的不当之处。

D奶奶的大儿子在一家大型私企供职，个人的职业晋升压力颇大，儿媳又患有轻度的抑郁症，因此D奶奶承担了大部分的家务劳动和育儿事宜。新冠疫情期间，D奶奶的儿子面临裁员危机，当无处释放的焦虑碰上孙子的错误、过失时，儿子便将暴力管教孩子作为情绪的宣泄口。

> 他爸爸有段时间压力很大，肉眼可见脾气变暴躁了，小孩子再去吵他，他也烦噻。脾气一上来，就是吼叫，一把推开小孩子，有一次还抓着小孩子摇（晃）。我也不敢说啊，他生起气来，连我都冲（顶撞）……工作上的事我帮不了，只能是在家里我多做点，尽量不让小孩子去惹他，也让他多休息，心情好了自然会对小孩子亲啊。
>
> 尽量不要把工作情绪带到家里来，打人对小孩子影响很大，让小孩子不敢跟别人亲近。所以，我就找个大家都心情好的时候，好声好气地跟他爸爸说，让他控制情绪少打人咯。（访谈对象D）

4.挺身而出："抱着他走开"

从调研的案例来看，祖辈多数情况下不会与父辈正面对抗以保护儿童，但也不乏祖辈会挺身而出，直接出面阻止父辈进一步的暴力行为。有些祖辈的抗争方式是柔性的，不在言语上对父辈激烈地训斥和说教，而只是用无声的行动将儿童迅速带离危险的现场，中断父辈正在进行的暴力。或为了避免冲突的升级，立即转移话题，使得父辈暂时从失控的情绪中抽身出来。这样的方式既保证了孩子的安全，也顾全了父辈的颜面，缓解了家庭的紧张关系。

O奶奶的儿子和儿媳结婚生育比较早，"自己心智都不成熟"，在育儿过程中没有足够的耐心，管教孩子的方式"比较粗暴"。每当遇到打孩子的场景时，O奶奶就挡在亲子之间充当缓冲的隔板。

> 他爸妈20岁出头就结婚生小孩了，没责任心也没经验，发起火来打人没轻重……火来了就直接拿脚踹，看小孩不听话就打耳巴（耳光）。我看了也怕，毕竟还是小孩子，有时候我就冲上去拦在前面，他就不敢打了。（访谈对象O）

L奶奶性情柔和，不喜争执，当提到自己对儿童暴力管教的干预行动时说，她经常通过"和稀泥""打岔"来调节气氛，试图把处于愤怒状态的父母的注意力从孩子身上引开，这种做法的意图昭然若揭，父母能迅速领会其中用意，从而使得情绪得以降温冷静。

> 有时候他们打小孩，我就在旁边打岔，讲点什么别的事。有的时候也笑他们"骂了这么久了，要喝水不""打累了，休息一下吧"，他们也知道我的意思，情绪慢慢就下来了。你要真是骂他们，他们未必听你的。（访谈对象L）

除了柔性的抗争外，祖辈也会用更为激烈的方式来表达自己对暴力管教的不满，其中以言语冲突居多，对抗性的行动冲突次之。

F 奶奶为了回家带孙子，提前从一家国企的中层管理岗上退休。F 奶奶的独子"不思上进"，儿子儿媳两个人都比较喜欢打游戏。在看到儿子儿媳打孩子的时候，她深感不满，认为他们在孩子教育上投入的心血太少，只希冀于用简单的打骂来快速解决问题。面对这种"不负责任"的行为，F 奶奶通常都会大声斥责儿子儿媳。

> 他们整天都想着自己怎么玩得开心，在孩子身上花的时间不及玩游戏的万分之一。遇到什么事就是打，我就骂他们"平时不管，现在来打有什么用"，他们倒是也不好意思，自知理亏不好再打了。（访谈对象 F）

G 奶奶回忆，在合作育儿过程中对于父辈的暴力行为自己通常是言语上的抵触和争论，只在很少的时候会上升到行为的失控。最近一次较为激烈的冲突发生在餐桌上，儿媳看到孩子吃饭心不在焉就对孩子进行了责骂和体罚。G 奶奶揣测，这是媳妇因不满自己不愿借钱给他们换新车而在指桑骂槐，拿打骂孩子来示威。G 奶奶当时情绪激愤，就摔了手里的碗筷。

> 曼圫（孙女）在吃晚饭的时候非要看动画片，她妈妈吃完饭正好想去打麻将，所以就一直催孩子吃饭，又是打脑壳又是用力塞饭，搞得她一直哭。又不是什么正经理由，非要这么性急。我看她就是对我有意见，怪我不肯把钱拿出来让他们去买车。我当时发了大脾气，把筷子、碗一摔，她就不作声了。（访谈对象 G）

上述四种祖辈目睹儿童身体暴力后的行动策略只是为了分析需要而采取的一种理想类型的划分，现实生活中祖辈的行动策略要复杂得多。比如说在一个家庭中，祖辈的反应可能是以某一种类型为主，也可能是两种类型并存，甚至还存在两种类型的转换，如从视而不见向挺身而出的转变，随着暴力发生时家庭内的实际情景而变化。

（二）祖辈行为策略背后的矛盾心境与决策逻辑：资源存量与伦理规范

从对调查资料的分析来看，祖辈的反应是迂回且矛盾的，在决定干预与否、采用何种干预方式上犹豫徘徊。在这些行动策略背后，家庭内部的权力关系施加了不可忽视的影响。在权力的连续性上，既有祖辈对暴力事件表现出袖手旁观或煽风点火，漠视和破坏儿童权利；也有祖辈体现出主体性，通过自己的方式展开不同程度的策略性抗争，修正错误教养实践，减少暴力伤害，保护儿童权利。资源存量和伦理规范是权力实施的依托，构成了祖辈行动策略背后的理性逻辑和情感逻辑，最终祖辈的行为策略取决于资源、伦理之间的角力。

1. 资源存量：理性逻辑下行为决策的约束条件

资源是行动者权力实践的重要基础，资源存量的多少为祖辈在家庭权力结构中的处境奠定了基础，成为影响其行动策略的约束条件。为了合作育儿之便，祖辈大多离开自己的家进入子女的核心家庭共同生活，而在访谈对象当中，有很多祖辈是农村户籍，在从农村向城市流动的过程当中，我国城乡二元结构对其社会融入形成了阻碍。又由于时代的限制，这些女性祖辈文化水平、收入水平普遍不高，晚年生活中的弱势积累效应明显。这些因素都直接影响了她们的资源拥有情况，并进一步限制了她们在家庭内目睹儿童身体暴力后的行动选择。

（1）社会资本：网络支持水平影响干预的积极性。

对社会资本而言，当祖辈的社会支持水平高时，她们会感到更加安全和自信，并认为保护儿童的行为会受到社会支持源的支持，自然她们更倾向于采取积极行动来保护遭受暴力的儿童（Evans et al., 2015）。那些由于空间移动而与原有场域的人际网络脱离的祖辈，她们的社会强连接关系被迫转化为在线弱连接关系（安利利，李美仪，2023）。同时，由于往往还承担着繁重的母职照料责任，她们很少能有时间拓展新的育儿社交圈。紧密社会支持的丧失使得其在家庭权力结构中处于相对弱势的地位，因此在儿童身体暴力发生时，她们没有足够的信心采取积极的干预。而那些原本的生活空间与子代的生活空间高度重叠的祖辈，坚韧的社交关系成为她们"抗衡"父辈暴力育儿理念的助力方式。

例如，I奶奶从农村来到城市合作育儿已有三年的时间了，但她不太会说普通话，又恰逢新冠疫情封闭管理，因此她的社会交往活动很少，没有重新构建起自己的社会支持网络。在面对家庭内亲子之间的暴力管教时，她深感孤立无援，"心有余而力不足"。

> 他们两口子一条心，我只要一护着小的，（他们）就喊我不要这样，都找不到一个人来帮腔……要是因为这些事闹得不愉快，他们还能出去找找朋友，我只能躲在房间里打电话，现实中连个说心里话的人都没有。那就干脆别管了。（访谈对象I）

而F奶奶恰好相反，儿子家就在自己家的隔壁小区，步行也只有十几分钟的路程。即使来帮忙照顾孩子，F奶奶跟老友们依然经常有交往，一些育儿上的烦心事，她也会与之倾诉。与原有的社交圈子保持情感上的联结是舒缓焦虑孤独、寻求支持的重要途径，也成为她们制止父辈实施暴力管教的动力源泉。

（2）文化资本：权威认同倾向影响干预的正当性。

文化资本与权力紧密相连，知识给人以权力，知识为权力的合理性辩护（李婷，2016）。在调查中，大多数年轻父母通过教育实现了向上流动，被认为拥有更多的知识，能够对孩子进行更恰当的教养。他们也凭借从数字媒体上获取信息的便利性，选择性地呈现一些内容来对身体暴力进行正当化的解释，利用网络意见来为自己的暴力管教"代言"。与此同时，当前流行的育儿理念普遍强调祖辈传统经验的落后性，造成其养育观念在符号意义上的贬值（肖索未，2014）。父辈利用这种文化资本上的差距，将祖辈积极干预暴力事件的行为解读成"溺爱的护犊情结"，认为其无益于孩子的成长。祖辈在社会期待的凝视以及自我权力的让渡下不断消解自身的主体性，并对自身的育儿观念和干预行为产生怀疑，最终选择相信父辈的暴力行为是"事出有因，情有可原"的。这种情况在农村祖辈的身上尤为凸显。而对那些本身就接受过良好教育的祖辈来说，她们更加了解儿童权益的重要性，掌握着有效的干预策略，并有能力通过合适的方式干预儿童身体暴力问题，这将帮助她们争取到更多话语权。

对于是否干预子女的暴力管教，P奶奶内心经历了较长时间的斗争和挣扎。一开始她看到孩子被打骂时，总是忍不住出来打圆场。儿媳对此表现出极大的不认同，并会当面或者通过P奶奶的儿子来跟她协商，意在让她不要插手对孩子的管教。同时，儿媳也会在抖音上给她转发一些相关的育儿视频。最终，P奶奶做出了让步，明面上慢慢接受了暴力管教的形式。

> 他们总说我太溺爱孩子，会害了他。儿媳给我推的那些视频里也说"惩罚也是种保护"，还跟我讲家长不管那些叛逆的孩子，最终搞尽了名堂（做尽坏事）……他们读书多，我只是个土夫子。既然他们

都说小孩应该打，那就打吧。（访谈对象P）

R奶奶年轻时做生意的经历使她养成了乐于学习、善于思考的性格，在育儿上同样如此。起初她对于暴力管教是睁一只眼闭一只眼，后来她通过在生活中摸索经验、在小视频平台观看育儿知识讲堂等方式找到了教育孙子更好的技巧，所以在父辈打孩子的时候，她就会拿这些经验和知识来说服他们停止暴力。

> 他妈妈因为他说脏话打了他好几回，后面我观察发现他在模仿大人。可能他爸爸打游戏的时候喜欢说脏话，我们大人讲话有时候也没注意，或者有些动画片里有这种话，他就学会了。所以，打解决不了问题，主要是大人要做好榜样。我让他爸爸妈妈带好头，我自己讲话也特别留心，现在情况就好多了，他挨打也少了。

> 我原来也不懂这些，后面看抖音上的专家说，对小孩子要多表扬，打只会让他越来越调皮。我就奉承他，"我乖孙最听话了，知道把玩具捡起来"，他立马就收拾。所以，他妈妈打他的时候，我有时候就说，不要打要多表扬。（访谈对象R）

（3）经济资本：生存依赖程度决定干预的可行性。

在市场经济下，个人能力可以通过获得经济价值来显现，祖辈拥有较多的经济资源可以延缓在大家庭中地位下降的速度（郭秋菊，靳小怡，2021；翁堂梅，2019）。若祖辈对子代经济依附程度低、贡献大，那么其自我效能感会更高，对暴力进行干预的形式会更具斗争性。相反，如果祖辈没有固定的收入来源，在经济上对子代的依赖程度高，那么其会生发出自己的生存策略，即"做个不乱提要求、不乱出主意、不乱当家的乖老人"，相应地干预儿童暴力的意愿和动力也就被消解了。相对而言，没有退休金、缺乏经济资本的农村祖辈，她们通过无偿的育儿工作来体现自己的用处，以稳固自己在家庭中的地位、维持与子代的依附关系，从而确保自己的晚年生活，她们更可能会对针对儿童的暴力行为采取消极被动的态度。

S 奶奶和老伴儿都是老实本分的农民，当初儿子结婚时连在市里买房的首付都付不起，她一直觉得对儿媳有所亏欠，所以对于儿媳的家庭地位以及育儿策略都给予充分的肯定，即使对暴力管教的方式存疑，她也不会表露出来，而是选择忍让来维持家庭和谐。

> 我们是从农村来的，能给他们提供的帮助很少，很多时候还要靠他们。身体上生个病，也是我儿媳带着我在医院跑来跑去。一些大大小小的事都是他们在花钱，所以说你也很难因为这些事闹得很僵……很多时候就算有想法，也说不上话。（访谈对象 S）

而 F 奶奶和 G 奶奶退休前的职业声望都较高，退休后的退休金数额可观。她们不仅在子女结婚时为其购置了房、车，在合作育儿的过程中也经常会用自己的退休金给子代补贴家用，尽力资助子代。D 奶奶、P 奶奶、R 奶奶虽然来自农村，但由于她们在农村的小镇上经营着个体经济，收入也比普通的农民更为可观，因此对子女的支持也比较多。与经济上的支持相伴随的是，这些祖辈对子代的家庭生活包括育儿教养进行弥散性的干预。

> 你有钱，你底气就足，我的钱可以留给你们（指子代），那么长辈讲什么你们都要听，反正都是为了你们好。本来打小孩就是不对的，那我讲不打就不能打。（访谈对象 G）
>
> 那是肯定的，我们给子女的支持多，他们就要更顾及我们的感

受。基本上，只要我们提出来建议，他们还是会听的。起码我让他们不要打小孩，当着我的面，他们是不会再打了。（访谈对象 F）

调研还发现了一种比较特殊的情况，那就是祖辈依然在劳动力市场拼搏并为年轻的子代家庭提供主要经济来源，他们只在空闲时间才协助子女育儿，而子代在家待业，主要负责操持家务、养育孩子。在这种情况下，祖辈掌握家庭中的财政大权，她们在经济方面赢得了子代的认可，因此也敢于直接对子代的暴力管教进行制止。

C 奶奶和老伴儿都是出租车司机，每年都能给家庭带来不少收益，而孙子刚出生的时候又恰逢儿子失业，所以两个老人决定让小两口安心在家带孩子，等孩子上幼儿园了再出去工作。C 奶奶对于自己能够赚钱养活一大家子人感到很自豪，对家里的事务拥有话语权和决策权。在儿童暴力管教的事情上，她对子代提出了自己的要求。

我在我们家说话还是很有分量的，我给他们提要求：你要打人那不要当着我的面，我不在的时候你们想怎么管教都可以；还有就是要注意分寸，毕竟是个小孩，头啊脸啊这些地方就不要打。我既然都不要你们工作，只要你们专心带小孩，那就要有耐心，不要总想用暴力解决问题。他们还算听话，基本上能做到。（访谈对象 C）

2. 伦理规范：情感逻辑下行动决策的价值取向

家庭中的权力关系不同于公共政治中的权力关系，嵌入家庭成员间的亲密关系之中。情感关怀和伦理规范交织缠绕，成为家庭中权力运行的基础。因此，在对中国家庭内部权力进行深入分析时，应当考虑价值取向和文化阐释路径。"以和为贵"的家庭伦理观，以及与孙辈的"隔代相亲"深刻地影响着祖辈的处世方式。

（1）以和为贵：虚假和谐下家庭政治的失语。

"以和为贵"，在老人看来就是采取"一点小事""都是为了孩子好"等态度，在面对儿童暴力时选择息事宁人，放弃对抗的意愿，弱化自我的权力。对儿童的暴力管教本就涉及父辈与儿童之间的矛盾冲突，已经对家庭秩序造成了冲击。但是祖辈认为这种状态并不会持续很长时间，因为儿童"忘性大"，"母子没有隔夜仇"，家庭会较快恢复到稳定状态。相反，如果祖辈此时插手干预，那么会将亲子冲突转化成为婆媳矛盾，使事态发展复杂化，整个家庭都"不得安生"，因此祖辈为了维持家庭的和谐，往往会避免卷入父辈暴力管教的风波中，或选择以更加平和的方式来"包容性应对"，避免正面交锋。家庭内部发生的直接冲突很少，祖辈目睹暴力后的妥协、忍让和退场维持了与父辈之间的"温情脉脉"，家庭内部的权力之争日益让位于家庭和谐的大局目标。

多位奶奶提到，自己在参与合作育儿的过程中，几乎很少跟子代发生激烈的争执。不管祖辈是否真正认同暴力管教这种教育方式，出于"以和为贵"的考虑，至少大多数祖辈不会为了维护孙辈而公开训斥子代，代际矛盾多以内隐冲突形式呈现，以外和内不和的虚假和谐情景呈现。

> 家和万事兴，婆婆到底不是妈，有些事情能少管就少管。她还能害孩子不成？她打小孩很快就过去了，我一插手就变成了我们之间的矛盾，虽然不记仇归不记仇，我们过几天就好了，但是心里还是会不舒服吧。（访谈对象 M）

> 本来过来帮忙带小孩就是不想他们太辛苦，要是为了教育小孩这些事弄得鸡犬不宁，反而给他们添堵，那还不如不来。就睁一只眼闭一只眼，不是必要的就少管。（访谈对象 K）

若祖辈因干预子代教养导致"家庭不和睦"，社会舆论倾向于指责祖辈"不会做老人""太刁钻了"，不是一个"好婆婆"，祖辈在这种环境压力下也常常不愿介入其中。

O奶奶认为自己经常"做事不过大脑"，在平常的为人处世上会与人发生一些摩擦和矛盾，所以在过来参与合作育儿时，她很担心处理不好婆媳关系。为了不给人留下话柄，在面对儿童遭受暴力管教时，她也会提醒自己"要自觉"和"少管闲事，管好自己"。

> 我也只在他们打得很吓人的时候才拦住，一般不怎么管。婆婆不能太强势，若媳妇在我们家过不好，别人会说我不晓得做大人（指做大家长）……少操闲心，孩子是他们的，你管多了，别人还笑你。（访谈对象O）

（2）隔代相亲：护弱冲动下家庭政治的沟通重构。

"隔代亲，连着筋"的情感依恋渗入祖辈的潜意识中，她们在孙辈身上看到了血脉香火的延续，同时在与孙辈的朝夕相处中自己的情感有了寄托，因此很多时候祖辈与孙辈的情感联结要比与子代的更加深厚。当看到子代对孙子女进行暴力管教，尤其是当这种身体暴力存在主观上的恶意或超过了理性的范围时，本能的护弱冲动和对孩子的疼惜会激发她们保护孩子的愿望，强化她们干预暴力管教的决心和动力。祖辈会利用传统孝道文化赋予的"长辈权威"来充当儿童的"免死金牌"，采取刚柔并济的应对策略为儿童搭建起"城墙"。这种保护能够实现，有一部分原因在于中国人的尊老观念从未远去，权威性孝道虽日渐式微但仍有其惯性（樊欢欢，2014），有些祖辈会利用传统伦理所倡导的孝亲敬老来维护自己的地位，责令年轻的子代遵循祖辈的意愿，停止对儿童的暴力。而作为一个有能动性的个体，儿童也善于捕捉到祖辈的庇护善意，从而在面临暴力风险时为自己获得斡旋的可能。

K奶奶对于唯一的孙女疼爱有加，尽管她很少干预子代的教养实践，但当看到子代对孩子的惩罚过于严厉和频繁时，她还是会忍不住挡在孩子的前面，孩子也将奶奶看作"靠山"。

> 有时候心疼得不行，那我真的忍不住想要维护我孙女。她现在在学跳舞嘛，动作做得不好的话，她妈妈不仅骂还要上手，对于这么小的孩子有点太过分。看不下去的时候，我就会出来说两句……她妈妈不会甩脸色啊，或者不开心什么的，她还是尊重我的，毕竟我是长辈……这小鬼头精得很，她也知道找奶奶帮忙，哪天感觉会挨骂就跑过来躲在我后面。(访谈对象K)

3.三代的权力关系：以"爱"之名背后错位的儿童权利观念

资源存量和伦理规范为祖辈与子代之间的权力关系提供了诠释的路径，然而身体暴力针对的主体是儿童，祖辈和子代的儿童观念为理解三代之间的权力关系提供了些许助力。访谈发现，无论祖辈最终选择何种行动策略，他们对于发生在家庭内的儿童暴力都存在一些认知上的共同倾向。

一方面，祖辈将儿童遭受身体暴力的原因归结于"不听话懂事的孩子不是乖孩子"，本质就是认为"过错在儿童"。受中国传统文化的影响，祖辈认为儿童是"非理性"的、"不能自控"的，因此应该按照大人的意愿去行动，一旦违背了"听话"的标准，那么对其实施暴力管教是无可厚非的。这其实是用成人的思维对儿童生活进行压迫性的规制，背后映射出来的是家长难以接受儿童挑战权威与追求独立的意愿，是家长对于"儿童作为一个独立的个体，有他特有的看法和感情"的忽视（王璐琴，2018），这都进一步强化了成人的权力。

> 太不听话了，他是三天不打，上房揭瓦。（访谈对象 Q）

> 这么小的孩子，他根本听不进去家长的道理，也只有用打骂才能让他稍微安分点。（长大）之后他自然明白背后的道理，那就不应该用打骂这种方式了。（访谈对象 B）

另一方面，祖辈将子代实施暴力管教的目的指向"一切都是为了孩子好"。这种解读其实是祖辈与子代站在同一立场上，表达了一种对子代"主观善意"的认可。这背后潜在的逻辑是，既然子代是全心全意为了孩子好的，那孩子就应该"被管教""被支配"。以成人的主观善意否认儿童的权利诉求成为一种普遍的观念，这反映出在中国儿童权利观念的提升依然有相当大的空间。此外，从祖辈目睹儿童身体暴力后的反应和考量来看，相比于对儿童权利的保护，维系与成年子代的关系对祖辈而言显得更为紧迫和重要。

> 打在儿身，疼在娘心。天下没有不为了孩子好的父母，她爸妈打她是为了她好，这是肯定的。只是也需要注意方式方法。（访谈对象 K）

> 平时他们对孩子又不是不好，只要孩子提出来要求，那他们都想尽办法去满足。有时候打小孩，实在是被他急得没点办法了，该管还是要管。（访谈对象 P）

五、讨论与结论

在权力关系中，基于资源和伦理的双重影响，祖辈在目睹儿童身体暴力后表现出了不同反应类型，她们对儿童权利呈现出保护与破坏并存的局面。作为家庭中暴力管教事件的旁观者，更多地激发祖辈采取积极的、建设性的干预行动具有重要的意义，今后应在以下方面做出努力。

第一，通过赋能提升祖辈的家庭地位和话语权力。市场经济的发展愈发看重个体的经济生产能力，而老年女性在经济生产上相对弱势，致使其在家庭中也处于边缘化的地位。从经济赋能的角度来讲，对于合作育儿的祖辈群体，尤其是从农村随迁进城的老年女性，政府应该加大对她们的福利保障，给予适当的经济补贴，这既体现了对她们照料劳动价值的重视与肯定，也可在一定程度上帮助其减少对子代的经济依赖，保障其经济安全。伴随着相对资源的提升，合作育儿中祖辈对子代不当教养行为的有限抗争才有可能越来越普遍。同时，科学技术的发展颠覆了经验主义社会，现代化带来了传统尊老文化的变迁，老年人的社会地位下降导致其对于儿童暴力的干预意愿和干预效果不佳。从文化赋能的角度来讲，政府应当通过积极的社会宣传来弘扬中华民族优秀的"敬老爱幼"文化，社会各界应当对老人的育儿经验和实践给予公平的评价，不要一味地否定。对暴力的制止并非一种溺爱和过度保护，而恰恰是对儿童权利的基本尊重。此外，保护儿童合法权利是立法机关和司法机关义不容辞的责任，我国的法律应该在规制儿童家庭暴力上做出更多的努力，其中对祖辈的法律赋能是立足中国本土国情的一种可行尝试。可以通过法律明确规定祖辈在家庭中保护儿童权益的责任和义务，包括禁止参与或容忍针对儿童的暴力行为，并鼓励积极地干预和报告针对儿童的暴力事件。还可以建立专门的法律援助机构，为祖辈提供法律援助和支持，帮助她们了解和行使自己的权利。在有法可依的前提下，应有心理辅导、陪护服务、儿童律师和专业社工干预的跟进服务，以便与祖辈一起协同解决家庭内儿童暴力的难题。

　　第二，通过参与式培训提升祖辈的干预意识和干预能力。扭转暴力教养的传统观念以及唤醒儿童权利意识是儿童虐待与忽视防治的难点，要让祖辈意识到孩子也是具有独立人格权利的个体，即便是基于某种善良愿望棒打、训斥孩子也是一种不道德的行为，只有在这样的信念认知下才有可能采取行动制止暴力。需要重新审视家庭伦理关系，充分认识到儿童不是成年人的附属物和私有财产，他们不仅仅是"听话"的服从者、被保护者，他们更是拥有独立人格和自由意识的权利主体。因此，有必要定期在社区内进行专题式的反暴力教育、讲座或是通过角色扮演、观影等方式，广泛吸引祖辈参与，提升她们作为旁观者对儿童虐待与忽视行为危害的认识，让其意识到煽动、漠视等破坏性或不作为的行为都会导致暴力行为恶化。除了观念和意识的改变之外，养育技能的提升也是减少儿童暴力的关键因素。美国疾病预防控制中心 2016 年发布的《预防儿童虐待与忽视：政策、准则和项目活动技术指南》特别强调应采取措施提高父母育儿技能、改善家庭成员间的关系（徐韬，2019）。考虑到祖辈对育儿工作的高度参与，她们同样需要提高育儿技巧。通过开展家访和培训课堂等方式，帮助祖辈了解发生虐待的原因和虐待的后果、问题解决技能和非暴力的管教技巧等，以预防和阻止儿童暴力和虐待的发生。当然，在数字化时代，也可以借助在线平台来传递正确的育儿观念和技巧。

　　本研究存在一定的局限性。本研究以方便抽样的方式选取研究对象，样本均来自湖南省，考虑到区域发展不平衡，这有可能造成结果的选择性偏差。研究并未区分祖辈的性别和关系类型来进行分析。未来的研究应在完善样本的前提下，同时考虑不同性别和亲属关系所带来的代际共育组合类型对于儿童暴力的干预差异。最后，对于儿童暴力本身以及是否采取行动干预，横向上看，年轻夫妻内部可能持有不同的观点和看法，纵向上看，儿童自身对于暴力事件也会有其主观能动性，由此呈现出了更加复杂的权力关系网络，而本研究缺乏子代和孙辈的视角。本研究尽管存在局限性，但是仍具有重要的实践意义。随着生育政策的放开，可以预见会有更多的中国家庭选择三代共居组成合作育儿团队。这种普遍的、具有本土化特色的家庭现象需要更多的研究，来探讨祖辈作为旁观者目睹儿童暴力的反应类型和行动机制，这将有利于预防家庭内部的暴力教养，降低暴力发生的频率和严重程度，保护儿童健康发展。

参考文献

第九章 | 中国"赋能父母 慧育未来"家庭教育服务项目及其可行性研究

一、国际循证家庭教育服务项目在中国的本土化

开发儿童虐待与忽视的早期预防项目是一项备受全球关注的重要公共卫生议题（Mikton et al., 2014）。大量的系统综述表明，家庭教育服务项目是降低儿童虐待与忽视风险、减少儿童问题行为、提升父母积极教养水平及精神健康水平，以及促进子女健康发展的重要途径（Barlow et al.,2006; Chen & Chan, 2016; Furlong et al., 2013）。整体而言，当家庭教育服务项目注重增强积极的亲子互动、向父母传授积极的育儿技能和非暴力管教策略，以及提高父母解决问题的能力时，大多数项目都有效降低了儿童虐待与忽视的发生率及与之相关的风险（Gubbels et al., 2019; McCoy et al., 2020）。尽管已有研究表明，循证家庭教育服务项目移植到其他国家同样有效，但是大部分项目是在高收入国家实施的（Gardner et al., 2016）。目前，在低收入和中等收入国家，效果良好并且能够负担得起的家庭教育服务项目极其有限，但是这些国

家的需求却是非常高的。而中低收入国家已有的家庭教育服务项目，大部分缺乏清晰的理论框架和有效的整体性实施策略（Wessels & Wald, 2015）。

高收入国家的循证家庭教育服务项目直接移植到中低收入国家面临一些挑战：首先，高收入国家的项目实施情境中的语言、风俗习惯、家庭互动模式、可及性和递送方式等方面，会影响项目在其他国家的可行性。这些因素可能会让项目的文化可接受性、参与者的积极性以及实施保真度在中低收入国家受到影响。其次，大多数家庭教育服务项目是为高收入国家的中产阶级开发的，实验对象通常是白人家庭（Lau et al., 2006）。而中低收入国家的非白人家庭所处的社会和文化环境非常不同，因而高收入国家的家庭教育服务项目可能不适用于中低收入国家，尤其是贫困家庭和少数族裔家庭。同时，不同社会文化之间的育儿观念和家庭结构差异也较大，直接使用西方国家开发的家庭教育服务项目有很多潜在问题（Kumpfer et al., 2002）。最后，高收入国家的家庭教育服务项目的认证和培训费用高昂，要求服务递送人员具备熟练的专业技能，这也大大限制了高收入国家的项目在中低收入国家的推广和应用（Mikton, 2012）。

（一）面向中低收入国家的"家庭教育与终身健康项目"的由来

鉴于以上问题，世界卫生组织、牛津大学和联合国儿童基金会等专门共同开发了适用于中低收入国家的亲职项目——家庭教育与终身健康项目（Parenting for lifelong health for young children，PLH-YC）。这是一个被证明切实有效、高度可行、具有广泛文化适应性，并且服务成本较低的家庭教育方案，它的目标在于降低父母或其他主要照顾者对儿童的虐待与忽视风险，提升低收入国家儿童的福祉（Lachman et al., 2016; World Health Organization, 2020）。家庭教育与终身健康项目是一个以小组形式递送的父母教养项目,面向有2～9岁孩子的家庭递送服务。项目的实施基于结构化的干预手册,强调父母在学习行为管理和非暴力管教策略之前,应与孩子建立积极的亲子关系,这是建立温暖而亲密的亲子关系的坚实基础(Lachman et al., 2016; Mamauag et al., 2021)。这个项目最初在南非通过小规模的实验($n = 68$)进行了测试,结果发现,它对增加父母的积极育儿行为和亲子之间的互动频率具有中等程度的干预效果(Lachman et al., 2017)。在同一地点开展的更大规模的随机对照实验($n = 296$)表明,研究者所观察到的父母的育儿行为和儿童的问题行为的改善较为迅速,并且效果可以持续一年(Ward et al., 2020)。家庭教育与终身健康项目及其改良版本已经被应用到其他中低收入国家,如刚果(金)、肯尼亚、乌干达、泰国和菲律宾等(Alampay et al., 2018; Mamauag et al., 2021; McCoy et al., 2021; World Health Organization, 2020)。这个项目是一个开放获取的、非商业性的家庭教育服务项目,它适合资源较少的国家和地区在预防儿童虐待与忽视时使用。

(二)"家庭教育与终身健康项目"的开发过程

牛津大学社会政策与社会干预系的项目研发团队基于英国医学研究委员会的框架来设计和评估复杂社会干预的过程(Craig et al., 2008)。家庭教育与终身健康项目的开发过程包括三个重要阶段:(1)识别项目的核心干预模块。项目通过回顾元分析、提取研究和具体干预模块识别出循证家庭教育服务项目的内容和递送方式,这些内容必须符合变革理论指导下的行为发生改变的逻辑。(2)在当地人群中开展形成性评价。在南非邀请当地的实务工作者和家长参与形成性评价,从而进一步指导项目开发。基于社区项目中的合作模式来评估利益相关方对于项目内容的看法和意见、建议。（3）将当地的社会文化背景整合进服务项目。综合前两个阶段的研究结果，在忠于原方案已有的证据与契合当地的社会文化背景之间找到平衡点。第三阶段主要涉及确定项目的形式和内容，小规模试验服务方案并形成工作手册。

1. 阶段一：识别核心干预模块

第一阶段主要聚焦于识别循证项目中的核心干预模块。大量已有的文献（比如系统综述、提取研究、元分析和项目实施综述）回顾了家庭教育服务项目的有效模块。具体来说，具有较强证据基础的可参考的项目包括：惊奇岁月（Webster-Stratton, 2001）、亲子互动疗法（Eyberg et al.,1995）、父母管理培训-俄勒冈（Forgatch et al., 2013）和积极教养项目（Sanders, 2008）。这些项目都是基于社会学习理论而开发的，将严厉和无效的管教看作孩子问题行为出现的重要影响因素。同时，这些项目也使用相同的方法致力于先建立积极的亲子关系，再学习非暴力管教策略。当亲子关系通过运用积极的育儿技能得到改善后，孩子不太可能出现不良行为。这也进一步降低了家长设置限制和使用暴力管教的可能性。当家长用非暴力、一致的管教方式替代暴力、不一致的管教方式时，他们也就学会了管理自己的情绪（Hutchings et al., 2004）。

关于确定某些行为改变技术或策略使用的频率，主要是使用提取研究和匹配模型来借鉴循证家庭教育服务项目中的方法。换句话说，就是将干预效果良好的项目中的共同因素提取出来。比如，对322项儿童心理健康治疗的随机对照实验结果显示，最常用的5个处理孩子外化行为的策略是：表扬、暂停、有形的奖励、积极的指令和问题解决（Chorpita & Daleiden, 2009）。这些因素就被考虑进了家庭教育与终身健康项目中。

基于77项检验家庭教育服务项目中的不同模块对父母和孩子问题行

为的干预效果的元分析发现，情感沟通、一致性回应和与孩子实践这些技能能够对父母的积极育儿行为产生较大的作用。而积极的亲子互动、父母积极回应、解决问题、暂停和在家练习所学技能均能够对孩子的行为产生较大的正向影响（Kaminski et al., 2008）。

在项目实施方面，他们还借鉴了已有的循证家庭教育服务项目常用的递送方式，包括以小组形式解决问题、合作推进学习、视频示范和布置家庭作业（Snell-Johns et al., 2004）。为项目递送人员提供培训和督导也是保证项目实施的保真度和递送质量的重要组成部分。吸引家长参与时提供奖励、与社区建立较强的合作伙伴关系、保障项目对于家长的可及性也是重要的影响因素（Axford et al., 2012）。

项目实施主要应用变革理论来构建项目不同模块之间的关系。循证家庭教育服务项目包含了相似的干预模块、行为改变技术和递送方式。这些内容引起的家长方面的变化包括：提升积极育儿技能、提升监管水平、制定一致的规则、减少严厉和粗暴管教、提升非暴力管教策略。家长行为的改变会使他们提高自身的心理健康水平、增进育儿能力、提升自我效能感以及社会支持水平。家长非暴力管教的自我效能感提升之后，他们对使用体罚的态度就会发生改变。这些改变直接影响孩子的问题行为和社会情感管理能力。亲子之间是互相影响的，孩子行为的改变也会带动家长改变。孩子的遵从性和亲社会行为得到提升后会减少家长使用暴力管教策略的频率，最后家长和孩子的双向改变就会降低儿童虐待与忽视发生的可能性。

2.阶段二：形成性评价

本阶段通过参与式方法邀请社区利益相关方共同进行项目开发，这里要强调，开发具有文化敏感性的家庭教育服务项目，应考虑当地的社会文化情境。具体来说，本阶段通过邀请南非家长和实务工作者参与深度访谈和半结构式焦点小组，从而识别出增加项目接受度和减少参与障碍的因素。

参与项目的家长从项目中获得了管理孩子的问题行为、替代体罚和暴力管教的策略以及与孩子建立积极关系的方法，这与变革理论的逻辑基本一致。另外，还有一些与南非当地社会环境有关的主题，比如让孩子在危险的社区保持安全、应对生活压力、普及艾滋病知识、处理哀伤和让父亲参与育儿。当地比较重视的育儿价值观包括增强孩子的社会责任感、尊敬父母和年长者。对于项目的可行性，家长认为提供食物可以提升参与的积极性，但是对低收入家庭来说，保证参与的时间和参加集体讨论是一个挑战。

3.阶段三：将社会文化背景整合进已有的证据

这一阶段的目标是既要开发出符合循证理念的干预项目，又要符合当地的社会文化背景，最终形成可操作的项目手册，还包括成立项目开发小组、确定项目内容和形成项目手册。

项目开发小组通过一系列的工作坊和项目专家咨询会来指导项目的开发过程。工作坊主要是选择从第一阶段识别出的核心模块和第二阶段的形成性评价结果，评估每个模块的可行性、重要性以及与当地文化的相关性。项目专家包括在中低收入国家研究和实施过家庭教育服务项目的专家、国际上和当地家庭教育服务项目开发专家、儿童保护和权益倡导领域的专家，以及当地社区合作组织的总干事等。专家咨询会评价从当地识别出的新模块加进来之后是否影响循证家庭教育服务项目的保真度，最终形成12节以小组形式递送的家庭教育服务项目，并用当地人熟悉的茅草屋来比喻课程的框架。考虑到视频和展示工具的花费，项目使用插图故事和绘本形式来进行育儿行为举例，并把父亲的角色融入插图故事中。项目还用短信提醒家长参加课程，以及在家练习课程中所学技能。除了以小组形式递送服务之外，项目还增加了一对一的家访，以解决家长的个性化问题，或者由于各种原因无法上课导致的缺席问题。

（三）在中国改良"家庭教育与终身健康项目"的必要性

根据加德纳（Gardner）等人（2016）对美国的研究，在资源有限的条件下，改良一项循证家庭教育服务方案比自下而上地研发新方案更有效率。此外，也有证据表明，当家庭教育服务项目遵循循证方案潜在的核心原则（比如，通过玩耍和积极关注建立亲子关系，通过社会学习改变儿童行为，等等）时，家庭教育服务项目的跨文化适应也能够获得成功（Leijten et al.，2016）。基于上述考虑，我们于2022年5月建立研究团队对"家庭教育与终身健康项目–幼儿版"进行了改良，并在中国城市和农村家庭中进行了实验。家庭教育与终身健康项目的深层结构符合现代中国父母的关切点，因此，研究团队翻译了项目手册并对其中的部分内容进行了本土化改良。中国父母支持体罚的文化态度也是我们改良家庭教育与终身健康项目时的重要背景。在现实社会中，依然有很多中国父母认为"打是亲，骂是爱"，他们往往把自己的孩子视为可以任意处置的私有财产，理所当然地认为当他们管教自己的孩子时，是有权打孩子的（Qiao & Chan, 2005）。

本研究的目的是检验这种根据中国社会文化背景改良的家庭教育服务项目的可接受度、可行性和初步干预效果。关于可接受度和可行性的研究问题是：（a）参与者的招募、注册、保留、出勤和流失率的水平，以及观察者提供的项目保真度。（b）中国父母如何看待这一方案的可接受度？（c）父母和小组工作者认为项目参与的促进因素和障碍因素分别是什么？

关于初步干预效果的研究问题是：（d）在参与该项目的中国父母中，儿童虐待与忽视以及相关风险因素（如育儿压力、抑郁和儿童问题行为）

在干预后是否有所减少，保护因素（如父母的积极育儿行为和社会支持）在干预后是否有所改善？（e）父母和小组工作者认为参加项目的人及其家庭成员发生了哪些变化？

二、研究方法

这是一项在中国进行的无控制组的单臂试点实验。本研究得到了所有参与者的书面知情同意，并获得了作者所在学院的伦理审查委员会的伦理批准。

（一）参与者

1. 父母

实验是分两个阶段进行的。第一阶段从 2022 年 6 月至 8 月，第二阶段从 2022 年 9 月至 11 月。这两个阶段在招募参与者和小组课程形式上有所不同，原因是 2022 年 10 月新冠疫情严重，受疫情防控政策影响，项目不得不进行了调整：第一阶段是面对面的家长小组干预，而第二阶段是在线家长小组干预。在第一阶段，研究团队通过与湖南省岳阳市的一所农村小学建立联系，请校方帮忙招募家长。这所小学的校长和老师向家长发布了电子招募海报，帮助邀请有兴趣的家长报名参加。最初，第一阶段有 52 名家长报名参加了项目。在第二阶段，通过网站广告和研究团队的微信平台完成在线招募，受邀参加项目的家长有 20 人，这一阶段招募的参与者都是具备上网条件的城市家长。

纳入标准要求参与者：（1）至少有 1 个 2~9 岁的孩子，并且只能是孩子的父母；（2）每周至少要有 4 晚与孩子同住，以保证有充足的时间在家与孩子一起练习育儿技能；（3）保证有时间参加周末的家长课程。如果参与者有不止一个2～9岁的孩子，就要求他们选择一个有突出问题行为的孩子，因为这些孩子更有可能受到虐待与忽视。

2. 小组工作者

从作者所在的社会工作专业招募了5名家长小组工作者，他们的平均年龄是25岁（ $SD = 2$ ）。项目实施团队包括2名社会工作专业博士生和3名社会工作专业硕士生，他们以前都没有与父母一起工作的实务经验。在参加这个项目之前，他们须接受儿童发展和家庭教育方面专家的系统培训。此外，聘请1名在儿童保护方面经验丰富的实务专家每周进行一次项目督导。

（二）项目改良过程

我们对一开始在非洲实施的家庭教育与终身健康项目从表层和深层结构层面都进行了文化改良。表层结构调整是指将干预材料和信息与目标人群的可观察的社会和行为特征相匹配，如姓名、语言和材料中人物的外貌（Resnicow et al., 2000）。为了增加表层结构的适应性，我们对手册进行了如下改良：第一，将改良后的项目重新命名为"赋能父母 慧育未来"家庭教育服务项目。这让中国家长对项目有了更加直观的了解，可以从项目名字上吸引家长的注意力。第二，大部分图文并茂的插图故事、小组讨论、家庭作业以及热身活动（如情绪检查、身体活动、暂停等）被保留，而删除了非洲版本中的传统故事，因为那些故事不符合中国的社会文化情境。第三，对插图故事及其中的语言、特征和场景进行了调整，以更好地将其中的内容与中国的社会发展状况相结合。比如，我们把原版本中的"为什么我们没有电视"改成了"为什么我们没有 iPad"。而且，图文并茂的故事中孩子玩玩具的场景，大部分被改成了孩子玩手机的场景，因为这是更普遍地困扰当前中国父母的问题。

除了表层结构之外，深层结构的相关因素（如受社会环境影响的文化规范、社会心理和育儿态度等）也会影响行为，因此为了使项目更符合中国父母的价值观，并增加项目的文化可接受度，我们做了更深层次的改良。首先，有的中国父母还持有传统的专制型育儿态度。他们倾向于认为父母应该为孩子负责甚至控制孩子，所以第一节课中孩子主导游戏的观念对中国父母来说是一个挑战。因此，我们仔细地向父母解释，孩子主导游戏并不意味着父母允许他们的孩子做任何想做的事情，或者父母放弃对孩子的控制或权威。父母仍然管理游戏开始和结束的时间，并对游戏的内容负责。

其次，中国父母经常隐藏自己的负面情绪或认为表达负面情绪是不可取的。尽管现代父母承认孩子表达情绪很重要，但父母仍然希望孩子在谈论感受时服从父母，并认为父母是正确的。比如，父母经常告诉孩子：我知道你很难过，但是如果你之前听了我的话，现在就不会难过了。因此，我们鼓励父母认识到这种说教式的情感表达是无效的，因为这样并不能真正共情自己的孩子。

再次，很多中国父母认为不批评孩子就是在表扬孩子，及时给予孩子表扬和奖励时父母使用的方法往往也不得当，比如进行宽泛的表扬和过于强调用钱来奖励孩子。对此，项目手册使用图文并茂的故事，讲述如何给予孩子真实且具体的表扬，比如表扬孩子的努力、态度、优良品质等。此外，很多中国父母发现金钱或玩具等物质奖励不能吸引孩子或激发孩子的改变动机，这是因为物质生活的极大丰富使得过多的有形奖励失去了价值。对此，我们增加了关于给予奖励的意义的讨论（比如，我们可以给孩子什么样的奖励，奖励应该有什么特点，等等）。对这些问题的讨论主要是为了启发父母认识到，一起探索一个新游戏，或者给孩子做某些事情的特权（比如多玩 10 分钟），也是一种奖励。

最后，在中国父母去工作时，（外）祖父母通常承担起照顾孩子的角色。父母倾向于建立家庭规则，而有些（外）祖父母并不督促孩子遵守这些家庭规则，有时甚至允许孩子违反家庭规则。因此，我们在家庭规则相关课程中增加了关于如何保持家庭规则一致性的讨论。此外，在中国现代家庭中，提升父亲在育儿方面的参与，减少代际育儿冲突也很重要，因为这可以减少父母尤其是母亲的压力和孩子目睹家庭冲突的风险。为了回应这些问题，我们在解决家庭冲突相关课程中，采用讨论的方式来激励父母管理他们的育儿团队。最初的 12 节课被缩减为 8 节课（见表 9-1），参与者每周参加一次课程，时间约为 120 分钟。

表 9-1　改良前后的课程内容概览

节	原版	节	改良版
1	与孩子的精心时刻	1	与孩子的精心时刻
2	说出你所看到的		
3	谈论感受	2	情绪管理
4	表扬和奖励孩子	3	表扬和奖励孩子
5	给予积极的指令	4	给予积极的指令和制定家庭规则
6	制定家庭规则和养成日常习惯		
7	重新引导消极行为	5	重新引导消极行为，忽略寻求关注的和要求性行为
8	忽略寻求关注的和要求性行为		
9	使用后果策略支持遵从性	6	使用后果策略和冷静策略
10	冷静下来		
11	解决家庭矛盾	7	解决家庭矛盾，管理育儿团队
12	反思并继续向前	8	反思并继续向前

（三）数据收集

参与者在家独立完成项目问卷（在第一阶段以纸质问卷形式完成，在第二阶段以电子问卷形式完成），签署知情同意书后在规定时间内上交。完成问卷和签署知情同意书后，家长将被邀请加入一个微信群，小组工作者每周都会在微信群中发送消息提醒并鼓励家长在家练习所学到的技能。此外，在线群聊也为家长提供了分享育儿经验和交流育儿问题的机会。在第一次课程之前，小组工作者对每位参与者进行了约一个小时的家访，介绍本项目的内容，与参与者建立信任关系，并根据参与者的需求建立清晰具体的育儿目标。项目前的家访让参与者有机会询问有关项目参与的任何问题。此外，对于那些错过课程或需要额外支持的参与者，小组工作者还会在课程期间做进一步的家访。

2022年6月初至11月下旬，改良后的家庭教育服务项目分两个阶段在两个家长平行小组中进行，每个小组包括大约10名参与者。第一阶段的家长小组通过与学校合作以面对面形式递送课程，第二阶段的家长小组则通过腾讯会议线上递送课程。每个小组由两名工作者负责推进课程，另一名助教作为观察员。参与者共参加了8次课程，每周1次，每次课程持续120分钟左右。后测问卷在最后一次课程结束一周内完成。

（四）测量工具

1. 可行性测量

可行性通过参与过程的统计（招募率、保留率、注册率、出勤率和退出率）和项目的保真度、可接受度来体现。

（1）参与过程的统计。招募率根据联系到的参与者的数量来确定，他们需要符合纳入标准，并按照知情同意程序完成实验前的评估（McCoy

et al., 2021）。成功的标准是招募到的参与者至少有 40% 符合纳入条件
（March et al., 2020）。保留率是指完成干预的参与者的百分比。如果有超过
70% 的参与者完成本项研究，则说明研究的可行性是没有问题的（Korman
et al., 2020）。注册率是至少参加了一次小组课程的参与者的百分比。如果
参与者完成了不少于65% 的课程内容，则被认为是可行的（Korman et al.,
2020）。出勤率是由小组工作者记录登记的参与者在每次课程中的出勤百分
比。退出率是指连续错过三次课程并且无法完成家访的参与者的百分比。

（2）项目的保真度。内容保真度和过程保真度由独立的观察者评估。
内容保真度通过一个清单来衡量，这个清单由反映每次课程的关键干预策
略的条目组成。记录"存在"或"不存在"来表示在课程递送期间这项
内容是否被覆盖，80% 的标准被认为是"高干预保真度"（Borrelli et al.,
2005）。我们使用包括 16 个条目的《小组推进能力检查表》来测量过程保
真度（Wong et al., 2019）。该检查表包括 4 个分量表，内容为：（1）推进
小组讨论重点，（2）沟通技巧，（3）人际风格，以及（4）课程结构。每
个问题包括四个选项：0（表示未观察到），1（表示观察到-做得不好），
2（表示观察到-做得较好），3（表示观察到-做得非常好）。

（3）项目的可接受度。可接受度使用从惊奇岁月项目改良而来的满意
度问卷来测量，共有 38 道题目（Webster-Stratton, 1989）。在本研究中，参
与者还报告了他们如何评价课程形式的有用性（9 个条目，如"插图和小
组讨论"）、育儿技巧（11 个条目，如"与孩子的精心时刻"）、组长和小组
成员的可接受度（9 个条目，如"小组对家长的支持""组长很有帮助"），
以及该项目是否实现了他们的总体目标和期望（11 个条目，如"我对该项
目效果的期望很乐观"）。项目采用 5 分制的李克特量表进行评估，分数越
高表示可接受度越高。

2. 有效性测量

（1）主要结果。儿童虐待与忽视情况是使用《亲子冲突策略量表》中的身体虐待和情感虐待分量表来测量的（Straus et al., 1998）。参与者报告了他们在过去两个月中对孩子实施身体暴力和情感暴力的次数。身体虐待分量表有4个条目，是9分制的李克特量表——从0（最近两个月从未发生）到8（最近两个月发生超过8次）；情绪虐待分量表有5个条目，同样为9分制李克特量表——从0（最近两个月从未发生）到8（最近两个月发生超过8次）。

（2）次要结果。父母报告的次要结果包括积极教养方式（McEachern et al., 2012），通过《育儿压力量表》测量父母压力状况（Berry & Jones, 1995），用15条目的《亲子关系量表》测量亲子关系（Lieberman et al., 1999），用《康氏儿童行为量表-品行问题分量表》测量儿童的问题行为（Conners et al., 1998），用10条目的《流行病学研究中心抑郁量表》测量父母的抑郁症状（Mohebbi et al., 2018），以及用8条目的《医疗机构社会支持量表》测量社会支持（Moser et al., 2012）。

（五）定性数据收集

定性数据从四个来源收集：（1）对36名完成前测的参与者进行一对一访谈；（2）与16名完成项目的参与者进行焦点小组访谈；（3）与小组工作者进行焦点小组访谈；（4）家长小组讨论的记录。第一阶段在参与者的家里进行面对面访谈，第二阶段在网上进行访谈。对于至少参加了一次课程的人，访谈时间约40分钟；对于只完成了前测的人，访谈时间约10分钟。第一阶段与参与者和小组工作者的焦点小组访谈在合作小学的教室进行；第二阶段在网上进行，时间约90分钟。在与参与者的焦点小组访谈中，我们最初邀请所有参与者参加，而4名参与者忙于工作，1名参与者忙于父亲的生日无法参加。最后，有 16 名参与者参加了焦点小组访谈。

针对参与者设计的访谈提纲涉及他们对该项目的体验和态度。对于一对一访谈，我们主要调查决定参与、继续参与或拒绝参与的原因，项目的整体可接受度（如时间安排、后勤保障、课程内容、授课形式和工作者专业性等），以及参与项目的动力和障碍因素。对于与参与者的焦点小组访谈，我们制定了一个半结构化的访谈提纲，用来评估项目的有用性和益处，以及参与者对项目的总体看法。对于与小组工作者的焦点小组访谈，邀请他们分享关于参与者参与的有利因素和障碍因素的观察，以及对项目的整体看法。

三名研究人员对家长进行了访谈，一名研究人员与家长和小组工作者进行了焦点小组访谈。为了增强定性研究的可信度，我们从家长和小组工作者那里收集数据，以确保所收集数据的全面性和可靠性。此外，为了减少选择偏差，我们邀请了尽可能多的家长参加一对一访谈和焦点小组访谈。

（六）数据分析

1. 定量数据

我们使用描述性统计分析样本特征、项目的保真度和可接受度。为了检查主要结果和次要结果的前后变化，使用配对样本 t 检验分析比较基线和后测分数。鉴于样本量较小，选择 Hedge's g 而不是 Cohen's d 来计算所有结果的效应量大小——分为较小效应量（$g = 0.20 \sim 0.49$）、中等效应量（$g = 0.50 \sim 0.79$）和较大效应量（$g \geqslant 0.80$）（Cohen, 1969）。

2. 定性数据

一对一访谈和焦点小组访谈都进行了录音。我们采用主题分析法分析定性数据，这部分数据的分析由两名研究人员独立进行。首先，阅读文本并生成初始开放代码。在初始编码中，与研究问题相关的重要材料的文本片段被标记出来。然后，研究人员反复阅读文本资料，核查附在每个代码上的文本片段，并对最初的编码方案进行分类，从而生成一组体现焦点小组访谈本质的主题。

三、研究结果

（一）参与者的特征

表 9-2 报告了参与者的基本特征。在这项研究中注册的 21 名家长，大多数是女性（$n = 20$，95.2%）和已婚者（$n = 20$，95.2%）。家长的平均年龄为 36.52 岁（$SD = 4.45$）。近一半家长是农民或无业者（$n = 9$，42.9%），并且没有接受过高等教育（$n = 8$，38.1%）。近一半孩子是女孩（$n = 10$，47.6%），所有孩子的平均年龄为 6.67 岁（$SD = 1.91$）。超过 60% 家庭的月收入高于 6 000 元，近 20% 家庭的月收入为 3 000～6 000 元。

表 9-2　参与者的人口统计学特征（$n = 21$）

	n (%)	范围
参与者年龄 $M(SD)$	36.52 (4.45)	31～48
女性	20 (95.2%)	
已婚	20 (95.2%)	
大专或以下学历	8 (38.1%)	
农民或无业	9 (42.9%)	
孩子年龄 $M(SD)$	6.67 (1.91)	3～9
女童	10 (47.6)	
家庭中的儿童数量 $M(SD)$	1.67 (0.58)	1～3
家庭月收入		
≤1 500 元	2 (9.5%)	
1 501～3 000 元	2 (9.5%)	
3 001～6 000 元	4 (19.0%)	
>6 000 元	13 (61.9%)	

（二）可行性的分析结果

1.招募率、注册率和保留率水平

参与者的招募流程如图 9-1 所示。两个阶段共招募了 74 名参与者，有 52 人能够成功联系上，招募率为 70.3%。在取得联系的 52 名参与者中，41 人（78.8%）符合纳入标准，在 41 名合格的参与者中有 32 名（78.0%）签署了知情同意书。在不符合纳入标准的 11 名参与者中，有 4 名参与者孩子的年龄超过了项目要求，4 名参与者是祖父母申请参与，3 名参与者没有与孩子生活在一起。共有 32 名（43.2%）参与者同意参与本项目并完成了基线评估。

5 名家长在完成前测后退出，6 名家长至少连续错过三次课程后退出，后测的保留率为 65.6%。退出项目的原因是：忙于工作或农活（$n=5$）、儿童或其他家庭成员患病（$n=2$）、内容不符合预期（$n=2$）、丧亲（$n=1$）、未说明原因且无法联系（$n=1$）。代表性回答如下：

> 在我们这里，新冠疫情变得严重。作为一名医务工作者，我没有时间继续参加这个项目了。（家长 #25）
> 我丈夫腿受伤了，需要我的照顾，我也需要帮我丈夫打理店铺。（家长 #30）

整个项目的参与率很高：80.8% 的参与者至少参加了一次课程，每个参与者平均参加了 6.09 次课程。在总共 21 名参与者中，17 人（81.0%）参加了 5 次或更多次课程，9 人（42.9%）只错过了 1 次课程或全程参加了课程。缺席课程的原因包括忙于工作或农活、忙于家务和恶劣的天气条件。如有家长解释说：

太热了，在这样的大热天，我很难步行或骑自行车去学校参加这个项目。（家长＃3）

有一次，我的亲戚来看望我，我必须招待他们，所以我不能参加那个星期六的课程。（家长＃4）

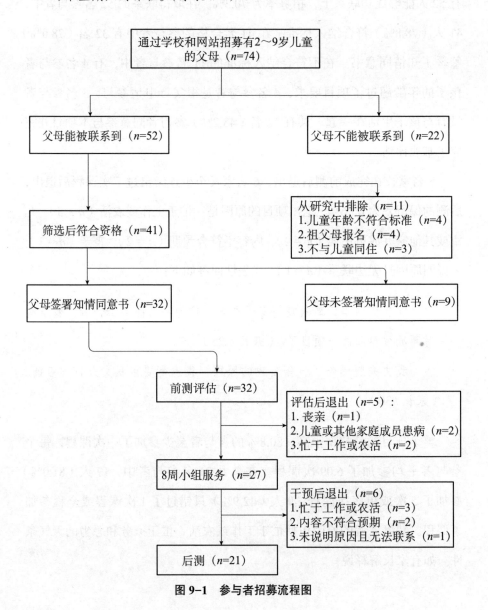

图 9-1　参与者招募流程图

2. 可接受度

本研究使用不同的定量和定性方法来测量参与者的接受度。根据从惊奇岁月项目改良而来的满意度问卷的评估，参与者对项目的接受度很高（$M = 4.41$，$SD = 0.28$）。具体来说，参与者对整个项目的评价是高度接受，并认为有助于他们增进亲子关系和更有效地管理孩子的行为（$M = 4.34$，$SD = 0.27$）。参与者还对授课形式（$M = 4.40$，$SD = 0.42$）、育儿技巧（$M = 4.39$，$SD = 0.28$）、小组工作者（$M = 4.54$，$SD = 0.49$）和来自家长团队的支持（$M = 4.38$，$SD = 0.51$）给予了很高的评价。

来自定性访谈的证据进一步支持了上述结果。总的来说，参与者对项目给予了积极的评价，并指出项目设计较好，易于理解，并且很有帮助。

更具体地说，参与者对授课形式感到满意：

> 项目形式很新颖。一开始我以为是传统的讲座，我更喜欢这个项目的形式。这些图文并茂的故事非常生动，与其他家长讨论这些故事启发了我去反思与孩子的互动。（家长 #13）

参与者对小组和工作者的支持也很满意：

> 我非常感谢这个项目让我有机会与其他家长交流，从中我获得了育儿知识和情感支持……我的孩子的问题，比如大喊大叫，一直困扰着我。然而，通过与其他家长交流，我发现很多孩子都有这些问题，我感到压力变小了……每次我分享观点时，工作者都会鼓励我，让我感到被理解和支持。（家长 # 12）

此外，大多数参与者发现这个课程很容易被掌握，材料很直观并且有意义：

插图故事中的场景经常发生在我的家庭中，很容易引起我的共鸣。（家长 #3）

3. 保真度

根据内容保真度清单，小组工作者对项目递送的保真程度普遍较高。平均而言，小组工作者能够按照 88.2% 的既定内容完成各节课程（SD = 1.8%，变化范围为 85.75%～89.45%）。插图故事的保真度尤其高（M = 100%，SD = 0%），但角色扮演（M = 41.7%，SD = 25.8%）和结尾部分（如离开时的情绪、轮流赞美和身体放松）的保真度较低（M = 72.0%，SD = 6.2%）。

总体而言，整个项目的过程保真度的平均得分为 2.22（SD = 0.18）。结果显示，推进小组讨论重点的分量表、沟通技巧分量表、人际风格分量表和课程结构分量表的平均得分分别为 2.38（SD = 0.25）、2.39（SD = 1.89）、2.38（SD = 0.22）和 1.73（SD = 0.28）。每次课程的预计时长为 120 分钟，而课程的平均实际时长为 130 分钟（SD = 9.37）。第二次课程的持续时间最短，为 112 分钟，第六次课程的持续时间最长，为 142 分钟。

（三）干预前后变化的定量分析

干预前后主要结果和次要结果的比较见表 9-3。结果显示，干预对情感虐待的效果最显著（g = -0.84，95%CI [-1.46, -0.22]，p = 0.002），在干预后平均得分从 6.81（SD = 1.20）降低到 3.14（SD = 0.53）。身体虐待程度也明显降低，其效应量达到中等程度（g = -0.63，95%CI [-1.24, -0.18]，p = 0.046）。对于总体虐待与忽视，干预的效应量较大（g = -0.86，95%CI [-2.36, -1.48]，p = 0.005），干预后平均得分显著降低，从 8.81（SD = 1.79）降到 3.43（SD = 0.59）。

表 9-3 干预前后主要结果和次要结果比较

	n	干预前 M (SD)	干预后 M (SD)	平均差值 [95% CI]	t	p	Hedge's g [95% CI]
儿童虐待与忽视							
总体虐待与忽视	21	8.81 (1.79)	3.43 (0.59)	−5.38 [1.70, 7.77]	−3.17	0.005	−0.86 [−2.36, −1.48]
身体虐待	21	2.01 (0.80)	0.28 (0.17)	−1.71 [−3.40, −0.03]	−2.12	0.046	−0.63 [−1.24, −0.18]
情感虐待	21	6.81 (1.20)	3.14 (0.53)	−3.67 [−5.87, −1.46]	−3.47	0.002	−0.84 [−1.46, −0.22]
积极育儿	21	116.33 (3.01)	128.14 (2.73)	11.81 [3.05, 20.57]	2.81	0.011	0.88 [0.22, 1.53]
支持性积极行为	21	39.62 (1.45)	42.05 (0.65)	2.43 [1.35, 6.19]	1.80	0.087	0.46 [−0.14, 1.06]
主动育儿	21	38.76 (1.04)	45.14 (2.55)	6.38 [0.43, 12.33]	2.23	0.036	0.70 [0.08, 1.31]
设置限制	21	37.95 (1.01)	35.57 (0.75)	−2.38 [1.18, 5.41]	−2.01	0.057	−0.57 [−1.17, 0.04]
育儿压力	21	65.86 (2.68)	64.81 (2.07)	−1.05 [−5.07, 2.98]	−0.54	0.593	0.09 [−0.50, 0.69]
亲子关系	21	48.62 (1.74)	46.66 (0.93)	1.95 [−1.35, 5.26]	1.23	0.223	0.30 [−0.30, 0.89]
父母的抑郁症状	21	16.00 (0.83)	15.19 (1.18)	−0.81 [−2.94, 1.32]	−0.79	0.437	−0.17 [−0.76, 0.43]
社会支持	21	17.33 (1.58)	18.48 (1.24)	1.15 [−2.06, 4.35]	0.75	0.465	0.17 [−0.43, 0.77]
儿童问题行为	21	9.10 (0.79)	6.52 (0.71)	−2.57 [−4.40, −0.75]	−2.94	0.008	−0.73 [−1.34, −0.11]

在次要结果方面，父母报告的总体积极育儿能力增强，并且效应量较大（$g = 0.88$，95%CI [0.22, 1.53]，$p = 0.011$），积极育儿的分量表具有中等程度的效应量（$g = 0.70$，95%CI [0.08, 1.31]，$p = 0.036$）。对儿童问题行为有显著的中等程度的影响（$g = -0.73$，95%CI [-1.34, -0.11]，$p = 0.008$），平均得分从 9.10（$SD = 0.79$）下降到 6.52（$SD = 0.71$）。但是，在亲子关系（$g = 0.30$，95%CI [-0.30, 0.89]，$p = 0.223$）、社会支持（$g = 0.17$，95%CI [-0.43, 0.77]，$p = 0.465$）、育儿压力（$g = 0.09$，95%CI [-0.50, 0.69]，$p = 0.593$）、父母的抑郁症状（$g = -0.17$，95%CI [-0.76, 0.43]，$p = 0.437$）等方面并没有显著变化。

（四）干预前后变化的定性分析

1. 使用暴力管教和心理攻击减少

大多数家长报告，自从参加项目以来，他们很少使用暴力方法或心理攻击来管教他们的孩子。这是因为他们可以用表扬和非暴力管教策略来管理孩子的行为。一个 7 岁女孩的妈妈说：

> 我家现在有很多表扬。我的孩子以前每天都被骂，从早上起床开始，现在被骂的次数少了很多。如果她不起床，我有更多的策略来对付她，而不是大喊大叫或威胁要打她。（家长 # 6，焦点小组访谈）

此外，大多数家长提到，参加项目使他们能够以更平和的心态为孩子提供高质量的照顾，并使他们能够有意识地调节自己的情绪和压力，从而使暴力管教减少。一个 8 岁男孩的母亲过去经常打他，而参加项目后暴力管教行为明显减少：

> 我想我在过去的两个月里平静了很多，我更清楚自己的情绪了。

当（孩子）遇到困难时，他会哭，会变得烦躁不安。之前，我会心烦意乱，然后想打他。然而，这种失控的情况在过去两个月里并不多见。（孩子）遇到困难时，现在我可以和他一起解决困难，比以前更有耐心了。（家长＃10，焦点小组访谈）

基于正念的减压技巧，如暂停和冷静策略，在减少体罚方面也发挥了重要作用。一个9岁男孩的母亲说：

在我家，体罚是对付不讲道理的（孩子）的主要方式。我有五根竹棍，对他不讲道理感到生气的时候，我会把它们绑在一起，让他把裤子拉下来，一遍又一遍地打他。自从我参加了这个课程，当我生气时，我首先深呼吸，让自己冷静下来，或者离开现场休息一下，从而避免与孩子发生直接冲突或打他。（家长＃8，焦点小组访谈）

2. 育儿技巧更积极，亲子关系更亲密

很多家长指出，参加项目的一个重要收获是使他们学到了积极的育儿知识和技能，如高质量陪伴、谈论感受和表扬，这些知识和技能有助于增进亲子关系和彼此间的联结。一个5岁男孩的母亲描述了谈论感受和表达情绪如何培养出更亲密的关系：

有时当我生气时，我倾向于专注表达我的不满和抱怨，而忽略孩子的想法和感受。现在，我意识到应该以平和的心态和孩子沟通，承认孩子的感受，哪怕是很难过的感受。自从我开始关注孩子的感受和情绪后，孩子就很乐意和我一起玩，主动告诉我他的情绪和想法。（家长＃16，焦点小组访谈）

此外，家长还强调，积极的育儿方式为他们提供了了解儿童的兴趣和能力的机会，他们惊喜地发现，儿童的注意力和创造力也有所提高。正如一个 8 岁男孩的母亲所分享的：

> 当我每天花时间和孩子一起玩并让他主导游戏时，我会观察他，在此期间我发现了他的许多爱好和我以前不知道的好想法，所以我给了他很多表扬和肯定……我认为我们比以前有了更强的情感联结。（家长 # 10，焦点小组访谈）

一个 5 岁女孩的母亲表达了高质量的陪伴如何改善了亲子关系并提高了孩子的注意力：

> 我以前的陪伴很容易分散孩子对游戏的注意力。她一直问我的感受和评论，我的回答也只是"还好"，所以常常玩一会儿就没了兴趣。现在我把我看到的都说出来，并进行详细的描述和表扬……我感觉她的创造力和专注力逐渐提高了，因为她得到了积极的回应，知道我在积极关注她。（家长 # 20，焦点小组访谈）

3. 儿童的问题行为减少，提高了对家长的遵从性

大多数家长表示，参加项目后，他们的孩子表现出了较少的问题行为，更愿意遵从家长的指令。这主要表现为孩子脾气变得温和、更遵从指令、养成了良好的学习习惯、适度玩电子设备。一个 9 岁男孩的母亲，以前曾被孩子的坏脾气困扰过，而现在"我觉得孩子变了很多。他现在可以收敛脾气了，也更关心我了"（家长 # 7，焦点小组访谈）。另一名家长是一个 6 岁男孩的母亲，她解释说：

> 以前孩子总是毫无节制地看电视。每次我让他关掉，他都好像没听见。但现在我坐在他旁边，握着他的手，看着他的眼睛，给出一个

关闭电视的明确指令,他就能遵从我的指令。(家长＃11,焦点小组访谈)

儿童的变化与积极的父母教养、家庭规则的建立和后果策略的使用密切相关。家长解释说,联合使用家庭规则、过渡期警告、后果和表扬策略,培养了孩子良好的习惯,如自律和按时完成作业。一个6岁男孩的母亲解释了她如何使用表扬和过渡期警告来让孩子遵守按时完成学习任务的家庭规则:

> 过去孩子不能遵守关于学习的规则,这是因为我制定这条规则时,并没有让孩子参与进来。在我参加这个项目后,孩子和我一起制定了规则,他制定了每天学习的任务量。我们把规则贴在墙上,使规则形象化。然后,我设置了闹钟,并使用过渡期警告策略来提醒他提前做好准备。如果他能遵守家庭规则,他将每周获得奖励。现在孩子可以每天遵守家庭规则,主动完成任务。(家长＃13,焦点小组访谈)

4. 家长的自信心增强,并感到被支持

大多数家长对小组形式评价很高,在小组里,他们从其他成员那里获得了很多育儿技巧,并获得了其他成员的赞扬和认可。这让家长在照顾孩子时感到更放松、更受鼓舞和更有信心。一名母亲分享了项目中的轮流赞美环节是如何帮助她建立自信,以及让她感觉更好的:

> 我记得有一位妈妈称赞我是一个非常温柔和坚定的人,我的回答听起来很有逻辑。这让我当时感触很深,因为我以前不是这样的人……但是这位妈妈的表扬给了我信心和提升自己的勇气。所以我很感激她,也很感激有这个平台,让家长们互相鼓励,共同进步。(家

长＃20，焦点小组访谈）

随着知识和技能在小组中的共享，家长反馈说，他们的压力已经减轻，对做父母更有信心了。一名母亲这样分享：

> 我现在对育儿更有信心了，我觉得整个人的状态越来越好了。由于项目中其他家长和工作者的分享，我可以更好地理解我的孩子，我也知道了孩子有一些问题是很普遍和正常的，所以我不再担心了。（家长＃15，焦点小组访谈）

小组工作者还指出，家长通过项目相互鼓励和表扬，在小组中感受到支持和温暖。一名小组工作者回忆：

> 在一次课程中，其中一个妈妈说"我不认为我有任何优点"，然后另一个妈妈回应"这不是真的，我认为你是一个热情有耐心的妈妈，而且善于和孩子沟通"。其他妈妈也夸了这个妈妈，并列举了这个妈妈做得很好的很多事情。在课程结束时，这个不自信的妈妈表示她在家里很少被认可，她的丈夫也很少表扬和赞美她。听到别人的称赞后，她感到备受支持，非常感动。（小组工作者＃4）

5. 家庭联结增强，家庭冲突减少

很多家长还表示，项目通过管理育儿团队和调节他们的情绪，帮助他们减少了家庭冲突，增强了家庭联结。一个经常对家人发脾气的母亲分享：

> 自从参加了这个项目，我对孩子和家人发脾气的次数少了很多。我试着冷静下来，即使不满意也不抱怨。我发现我的家庭内部冲突减少了。（家长＃8，焦点小组访谈）

此外，参加项目后，家长还鼓励配偶参与育儿，并加强家庭联结。一个 7 岁女孩的母亲分享了这一点：

> 我丈夫正在逐渐参与育儿。他以前下班后总玩游戏，现在我邀请他看图文并茂的插图故事，告诉他我学到的东西。除此之外，我还对我丈夫给予赞扬和积极关注，鼓励他和孩子一起玩。现在，他可以花时间和孩子一起玩了，他们经常一起玩拼图或积木，孩子也经常告诉我她喜欢和爸爸一起玩。我感觉我的家庭现在关系很紧密。（家长＃6，焦点小组访谈）

四、讨论与结论

在中国社会文化环境下开展的预防儿童虐待与忽视的循证家庭教育服务项目非常少见，本研究是一个积极的尝试。本研究的目的在于评估改良后的循证家庭教育服务项目在中国的可行性。项目第一次在中国实施，因而，可行性实验采用了无对照组的前后测设计，可以为中国未来开展随机对照实验提供实证依据。

我们的研究发现支持了为中国父母提供同国情相适应的预防儿童虐待与忽视的家庭教育服务项目的可行性。虽然保留率（65.6%）低于 70% 的门槛，但项目招募率、注册率和出勤率较高，退出率也在可接受的范围内，表明大多数家长愿意参与这一服务项目，并且能将课程内容应用到他们日常的育儿实践中。因而，我们的项目是可行的。此外，家长对项目的可接受度和满意度较高。低保留率背后的主要原因是有些家长缺乏改变的动力，一旦发生意外，他们就不太可能参加。根据健康信念模型，家长

认为其家庭问题越严重，他们越有可能参与干预项目（Shenderovich et al.,
2018）。因此，未来应该制定更严格的纳入标准，比如招募孩子有问题行
为的父母，从而提高保留率。

关于项目保真度的数据也支持了这一家庭教育服务项目的可行性。项
目总体保真度基本在 80% 以上，保真度清单上的低分条目通常与角色扮
演活动有关。由于时间限制和我国的社会文化特点，每次课程的角色扮演
活动都没有按照项目的原本设计进行。考虑到家长需要从事做饭、照顾家
人等家务劳动，项目将每次课程的时间控制在 120 分钟左右，因此，小组
工作者优先考虑使用图文并茂的插图故事。此外，虽然角色扮演给了家长
在安全的小组环境中练习新的育儿技巧的机会，但家长通常比较害羞内
向，在扮演角色时会感到尴尬和非常难为情。因此，在第一次课程后，当
小组工作者发现很难开展角色扮演活动时，督导建议他们调整角色扮演内
容。在第二和第三次课程中，考虑到家长之间还不太熟悉，进行角色扮演
可能会很尴尬，小组工作者只是邀请家长在家里和孩子一起练习，而不是
强迫家长分组练习，同时鼓励家长在随后的课程中通过半开放式的角色扮
演练习育儿技巧。此外，研究结果还表明，以前在这一领域经验有限的小
组工作者能够在督导指导下提供内容和过程保真度较高的家庭教育服务项
目。这主要归功于项目所提供的详细的结构化手册，这些手册有利于保障
服务内容和过程的保真度（Dusenbury et al., 2003）。因为在中低收入国家
中，能够实施家庭教育服务项目的专业人力资源是有限的，所以这一发现
对未来的政策和项目有很大的启发，即经验有限的小组工作者也可以在培
训和督导支持下使用结构化的手册实施家庭教育服务项目。

尽管本研究的样本规模较小，而且从最初的 12 节课减少到 8 节课，
但家长普遍认为他们能够从课程中受益。家长的报告显示主要结果有显著

变化：对总体儿童虐待与忽视和情感虐待有较大影响，对身体虐待有中等程度的影响。对次要结果的分析显示，儿童问题行为进一步减少，家长的积极育儿技能得到提升。这些发现也得到了定性数据的支持，定性分析发现家长的变化体现在减少暴力管教和心理攻击、增加积极的育儿技能、加强亲子关系、减少儿童的问题行为、提高儿童的遵从性等方面。尽管在没有控制组的情况下对前后测比较结果保持谨慎是很重要的，但是这些发现支持了改良项目的可行性，并表明它可能会带来一系列积极的影响，因此，值得通过随机对照实验进一步检验。

这项研究有以下局限性：第一，2022 年 9 月下旬，新冠疫情在部分地区变得严重，迫使我们在第二阶段将项目改为线上服务，这排除了潜在的合格父母，如那些上网受限的父母。此外，目前还不清楚本项目的服务方式是否对其有效性产生了潜在影响。第二，这项研究未包括对照组，限制了我们对因果关系的推断。因此，这一前后测的比较只能被认为是初步的实验结果。第三，由于大多数参与者是母亲，研究结果可能无法推广到父亲身上。在中国，父亲参与育儿的程度正在逐渐提高，养育子女不再仅仅是母亲的职责（Li, 2013），因此，如何在中国情境下吸引父亲参与家庭教育服务项目，值得进一步探讨。以前关于吸引父亲参与育儿项目的研究可以为未来的实验提供方向，即设计与父亲身份相关的内容，由男性辅导员提供课程，以及开展只有父亲参与的小组（Panter-Brick et al., 2014）。第四，研究数据的收集来源有限。我们没有收集儿童和其他家庭成员的数据，对儿童虐待与忽视的测量主要依靠父母的自我报告。在未来的实验中，可以从儿童和其他家庭成员那里收集数据，增加测量工具，以便对项目的效果有一个相对全面的了解。第五，鉴于父母需要更多的时间来实践非暴力管教策略（Whittingham et al., 2009），研究结果可能会受到项目结束后立即进行后测的影响。未来，需要更长期的追踪研究来检验实验中潜在的项目效果。第六，这项研究没有评估儿童忽视。家长小组讨论的记录表明，在参加项目之前，父母没有意识到他们应该向孩子表达或告诉孩子自己爱他／她，以及不这样做的影响。以往的研究表明，忽视，尤其是情感上的忽视，是中国最普遍的儿童虐待与忽视类型之一（Wang et al., 2020）。在以后的实验中，应该扩大测量范围，将儿童忽视（特别是情感忽视）纳入其中。

尽管有上述限制，这项研究对在中国背景下实施家庭教育服务项目以预防儿童虐待与忽视做出了重要贡献。鉴于研究结果的可接受度、可行性和应用前景，未来在中国社会背景下开展随机对照实验来评估这种家庭教育服务方案的效果是有保证的。这项研究的结果（如招募率和退出率）可以为后续随机对照实验的样本量计算提供参考。当在中国进行随机对照实验时，需要考虑以下几个问题，例如设置严格的纳入标准，从家庭内部的不同成员那里收集数据，将儿童忽视纳入分析并探索其长期影响，等等。

参考文献

第十章 | 中国"赋能父母 慧育未来"家庭教育服务项目的准随机对照实验

一、中国家庭教育服务项目的实施效果探索

针对儿童的暴力行为是全球公认的影响儿童福祉的公共卫生问题，尤其是在中低收入国家（Beatriz & Salhi, 2019 ; Cerna-Turoff et al., 2021 ; Hillis et al., 2016）。根据联合国儿童基金会 2010 年的报告，在 33 个中低收入国家中，3/4 的 2～14 岁儿童在过去的一个月里在家中经历了身体虐待和情感虐待。一项元分析的研究结果显示，在中国中小学生群体中，儿童遭受身体虐待、情感虐待和性虐待的概率分别为 20 %、30%、12%，遭受身体忽视和情感忽视的概率分别为 47 % 和 44 %（Wang et al., 2020）。已有研究证据表明，儿童虐待与忽视对儿童的健康、大脑结构、教育、自尊、心理健康、物质滥用等都有严重而持久的负面影响（Danese & Tan, 2014; Gardner et al., 2019; Halpern et al., 2018; Romano et al., 2015; Theicher et al., 2016; Zhang et al., 2023），并且儿童遭受身体虐待、情感虐待和性虐待产生的后果将给中国带来严重的经济社会负担（Fang et al., 2015）。因此，急需

有效的循证方案来预防我国的儿童虐待与忽视问题。

　　家庭教育服务项目注重为父母提供儿童发展知识和有效的管教策略，提高父母的育儿技能和育儿信心，是预防儿童虐待与忽视的有效方法（Begle & Dumas, 2011; Ward et al., 2020），也是世界卫生组织推荐的终止儿童暴力的七大核心战略之一（WHO, 2016）。大量的研究证据表明，家庭教育服务项目在减少儿童虐待与忽视（Chen & Chan, 2016）、改变危险行为（Piquero et al., 2009）、提升积极的育儿技能和减轻父母压力（Sanders et al., 2014）方面非常有效。然而，大多数已被证明有效的家庭教育服务项目来自高收入国家。这些项目在西方文化背景下产生，并且由训练有素的专业人员以面对面的形式来提供，需要付出高昂的成本（Barlow et al., 2006; Chen & Chan, 2016; Leijten et al., 2016），这降低了家庭教育服务项目在预算和人力资源有限的中低收入国家推广与应用的可能性（Mikton, 2012; Ward et al., 2020）。

　　为了满足中低收入国家预防儿童虐待与忽视的需求，牛津大学研究团队及其合作者为2~9岁儿童的照顾者开发了一个低成本、以小组形式递送的家庭教育与终身健康项目-幼儿版（Parenting for Lifelong Health for Young Children, PLH-YC，见Lachman et al., 2016）。这个项目整合了社会学习理论及小组工作者和父母的需求，设计了一个结构化的工作手册，强调育儿应以建立积极的亲子关系作为坚实基础，然后帮助父母掌握非暴力行为管理策略（Lachman et al., 2016; Mamauag et al., 2021）。这个面对面递送的家庭教育服务项目的有效性已在南非（Lachman et al., 2017; Ward et al., 2020）、泰国和菲律宾（Mamauag et al., 2021; McCoy et al., 2021）得到了证实。我们的研究团队在中国祖辈和父辈合作育儿的文化背景下，将家庭教育与终身健康项目修订为包含8节课程的家长小组服务方案，增加了代际冲突管理等内容，并对中国 21 名农村和城市父母开展了混合形式的试点研究。研究结果显示经过改良的家庭教育服务方案具有良好的可接受性和可行性（Wang et al., 2023）。然而，家庭教育与终身健康项目在中国大型随机对照实验中的效果仍然有待检验。

同时，尽管家庭教育与终身健康项目在增加中低收入国家父母的积极育儿策略和减少暴力管教方面显示出积极效果（Ward et al., 2020），但并非所有父母都能参加线下课程。此外，由于交通和时间因素，线下干预的参与率低（68%～75%）、流失率高（12%～30%）（Lachman et al., 2017; Ward et al., 2020）。随着科技的快速发展，线上服务项目在中国等发展中国家越来越普遍。以往的研究表明，线上家庭教育服务项目可以增加父母积极的育儿策略，减少消极的亲子互动、消极的管教策略和儿童的问题行为（Florean et al., 2020; Spencer et al., 2020），这可以使无法获得线下服务资源的父母受益。然而，关于家庭教育与终身健康线上项目有效性的证据还处于空白状态。在 2022 年中国新冠疫情防控期间，本研究通过实时视频会议平台（腾讯会议）以线上形式向父母递送家庭教育服务。

为进一步检验本土化的家庭教育服务项目在其他中等收入国家推广的可能性，本研究打算通过准随机对照实验设计，在中国有 2～9 岁儿童的家庭中检验以线上形式递送的家庭教育服务项目的有效性。

二、研究方法

（一）研究设计

本研究是一项两组平行的准随机对照实验，研究结果的评估人员并不清楚参与者的信息和组别。作者所在学院的伦理审查委员会审查并批准了该项研究。一名经验丰富的研究助理向所有参与者解释了参与本项目的权利和义务，并征得了参与者的书面知情同意。研究方案已在中国临床试验注册中心提前注册。

（二）研究对象

我们通过社交媒体平台（微信）发布招募广告，还联系了郑州市一所公立幼儿园帮助我们招募参与者。招募时间为 2022 年 11 月 10 日至 11 月 25 日。纳入标准为：（1）至少有一个 2～9 岁的孩子，并且只能是孩子的父母；（2）每周至少要有 4 晚与孩子同住，以保证有足够的时间在家与孩子一起练习育儿技能；（3）能够连续 8 周参加我们的课程；（4）能够使用腾讯会议平台。如果父母有不止一个 2～9 岁的孩子，会要求他们选择具有更多问题行为的孩子，因为这些孩子更容易受到虐待与忽视。排除标准为：（1）有经诊断患有发育迟缓或精神残障的儿童；（2）父母有精神健康问题；（3）父母曾参加过任何其他的家长培训或类似的支持小组。

符合本研究条件的参与者共有 274 名。表 10-1 列出了参与者的特征。完成了基线评估的参与者以女性（89.78%）、已婚者（96.72%）、受过高等教育者（75.91%）为主，平均年龄为 35.20 岁（$SD = 0.20$）。其中，17.52% 的参与者为个体户或无业人员，5.11% 居住在农村地区，50.36% 拥有城镇户口。每个家庭平均有 1.29 名儿童（$SD = 0.03$），他们的平均年龄为 5.32 岁（$SD = 0.10$）。

表 10-1　样本人口统计学特征

变量	总量（$n = 274$）	实验组（$n = 135$）	对照组（$n = 139$）	p
	n or M (% or SD)	n or M (% or SD)	n or M (% or SD)	
母亲参与的比例	246 (89.78%)	125 (92.59%)	121 (87.05%)	0.130
父母的年龄 M (SD)	35.20 (3.37)	35.59 (3.66)	34.83 (3.01)	0.060

续表

	总量	实验组	对照组	p
已婚比例	265 (96.72%)	129 (95.56%)	136 (97.84%)	0.288
参与者接受过高等教育的比例	208 (75.91%)	129 (95.56%)	79 (56.83%)	0.000
个体户 / 失业比例	48 (17.52%)	9 (6.67%)	39 (28.06%)	0.401
非农村户口的比例	138 (50.36%)	106 (78.52%)	32 (23.02%)	0.000
生活在农村地区的比例	14 (5.11%)	4 (2.96%)	10 (7.19%)	0.112
孩子的数量 $M(SD)$	1.29 (0.49)	1.24 (0.44)	1.35 (0.53)	0.070
孩子的年龄 $M(SD)$	5.32 (1.71)	5.52 (1.78)	5.13 (1.61)	0.058

（三）效果分析

效果分析基于预防儿童虐待与忽视的家庭教育服务项目的元分析结果进行估计。元分析发现实验组和对照组在儿童虐待与忽视总体得分上的平均差值为 0.416（Gubbels et al., 2019）。为了达到在 0.05 显著性水平上双尾检验的统计功效为 80%，每组至少需要 92 名参与者。考虑到有 20% 的参与者退组的可能（Wang et al., 2023），我们使用 G* Power 3.1（Faul et al., 2009）进行估算，得出需要 220 名参与者才能产生预期统计功效的结果。

（四）研究过程

研究时间为 2022 年 11 月至 2023 年 3 月。研究团队在微信公众号上发布招募广告，所有感兴趣的父母可以通过问卷链接进行报名。同时，联系郑州市某公立幼儿园帮忙招募感兴趣的父母。研究助理与每一个报名者取得联系，成功取得联系、同意参加并符合纳入标准的参与者均签署了书面知情同意书。然后，通过微信平台注册的父母被分配到实验组，而通过幼儿园注册的父母被分配到对照组。被分配到实验组的参与者接受了"赋能父母 慧育未来"家庭教育服务项目的线上干预。在此期间，对照组没有接受研究团队提供的任何服务，但研究团队提醒幼儿园园长有义务报告儿童虐待与忽视案件，并建议她向父母宣传有关预防儿童虐待与忽视的知识。两组父母分别在实验组接受干预前一周内（基线评估）和接受干预后一周内（后测）完成问卷调查。所有问卷调查均通过问卷星自动收集数据。自动收集数据的过程减少了由研究人员带来的测量偏差。参与者在家独立完成问卷，并在规定时间内提交问卷。他们如果对问卷有任何疑问，可以随时联系研究人员。图 10-1 是整个研究的参与流程图。

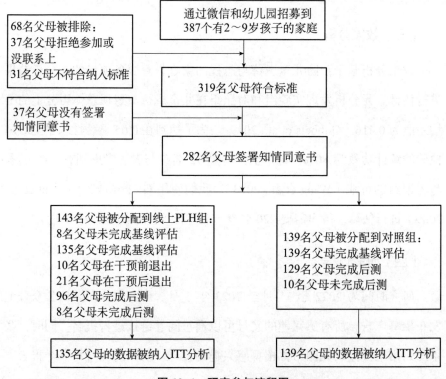

图 10-1　研究参与流程图

（五）干预过程

家庭教育服务项目线上干预方案是按照改良版的"赋能父母 慧育未

来"家庭教育服务项目手册递送服务的，并通过腾讯会议平台向所有参与者提供线上干预。线上干预共包括连续 8 周的小组课程和 2 次线上家访。第 1～3 节课的重点是通过精心陪伴、情绪管理、表扬和奖励等策略，在父母与孩子之间建立牢固而积极的关系。第 4～7 节课通过以下方式教授设置限制和非暴力管教技能：（1）给予积极的指令和制定家庭规则，（2）重新引导消极行为和忽略要求性行为，（3）使用后果策略和冷静策略，（4）解决家庭矛盾，管理育儿团队。最后一节课的内容是项目反思和展望未来。每次小组活动大约持续 120 分钟。一般来说，2 次线上家访分别在第 1 节和第 4 节课结束之后进行，用以解决家长所面临的个性化的育儿挑战和困扰。每次家访都通过腾讯会议平台进行，持续约 60 分钟。小组工作者每隔一天会发送短信提醒父母应该掌握的核心育儿技能，并鼓励父母在家练习。

鉴于线上服务对小组成员之间互动的限制，我们根据实施情况修改了课程活动与形式，例如减少了热身活动和角色扮演，修改了插图故事小组讨论的形式。为了调动参与者的积极性和注意力，我们邀请参与者来主持对插图故事的讨论，而小组工作者辅助参与者讨论，并确保他们的讨论不偏离原定主题。

"赋能父母 慧育未来"家庭教育服务项目线上服务的递送由 12 名经过培训的社会工作专业硕士生负责实施，每节课程的小组讨论由两名小组工作者（负责主持和总结小组讨论）和两名助理（负责发送参与提醒信息、分享 PPT 和插图、记录小组讨论要点和填写保真度量表等）协同进行。每个线上小组由 10 ～ 15 名父母组成。每名小组工作者平均每周接受 3 小时的线上小组督导，由理论和实务专家分别回应小组工作者遇到的疑难问题，并拓展同儿童发展与家庭教育相关的知识和实务技能。

（六）结果测量

1. 儿童虐待与忽视

儿童虐待与忽视通过《亲子冲突策略量表》（PCCTS; Straus et al., 1998）测量，其中包括测量情感虐待（5 个条目）、体罚（6 个条目）、身体虐待（4 个条目）和忽视（5 个条目）的分量表。采用李克特 9 分量表（0 = "没有发生过"，8 = "超过 8 次"）了解参与者在过去两个月中对孩子实施的身体虐待、情感虐待和忽视的次数。这个量表在中国已被广泛用于评估父母的养育行为，其中文版在以往研究中显现出良好的内部一致性（Fu, Niu, & Wang, 2019; Xing & Wang, 2017）。在基线评估中，该量表的内部一致性信度较高（Cronbach's α = 0.82）。

2. 儿童的外化行为

《康氏儿童行为量表》（CCBS; Conners et al., 1999）被用于评估儿童的外化行为。父母对孩子的行为进行 4 级评分，从 0 分（"从不"）到 3 分（"经常"）不等。这个量表的中文版由国内研究者 1990 年翻译并测试，在以往的研究中曾被广泛使用，具有良好的信度和效度（Gau et al., 2006）。在本研究中，这个量表也具有较高的内部一致性（Cronbach's α = 0.92）。

3. 积极育儿行为

《养育幼儿量表》（PYCS）被用于评估积极育儿行为（McEachern et al., 2012）。该量表由支持性的积极行为、设置限制和积极主动养育三个维度共 21 个条目组成。参与者对自己在过去两个月中出现上述养育行为的频率进行评价，采用 7 分制。这个量表的信效度已在中国文化背景下得到了验证（Fang et al., 2022）。在本研究中，这个量表各分量表的内部一致性信度都较高（Cronbach's α = 0.85～0.87）。

4. 育儿压力

本研究采用《育儿压力量表》（PSS）来测量父母感知到的压力，该量表由 18 个条目组成，用于测量与养育孩子相关的压力水平（Berry & Jones, 1995），每个条目均采用 5 级李克特量表评分（1 = "不同意"，5 = "非常同意"）。这个量表的中文版在以往的研究中也显示出良好的内部一致性（Cheung, 2000），在本研究中内部一致性信度也比较高（Cronbach's α = 0.85）。

5. 亲子关系

本研究对亲子关系的测量采用《亲子关系量表-简表》（CPRS-SF; Lieberman et al., 1999）。该量表共有 15 个项目，包括两个分量表（亲密分量表和冲突分量表），采用 5 级评分法，从 1 分（"绝对不适用"）到 5 分（"绝对适用"）不等。这个量表的中文版在以往的研究中表现出良好的心理测量学特性（Ip et al., 2018），在本研究中也表现出较高的内部一致性（Cronbach's α = 0.86）。

6. 父母的抑郁症状

本研究对抑郁症状的测量采用了 10 条目的《流调中心用抑郁量表》（CESD; Mohebbi et al., 2018）。该量表采用李克特量表 4 级评分测量过去一周出现抑郁症状的频率，从 0 分（"很少"）到 3 分（"一直"）不等。分数越高，表明抑郁症状越严重。这个量表在对中国成年人的研究中表现出良好的信效度（Chen & Mui, 2014）。在本研究中，其内部一致性信度为 0.79。

7. 社会支持

社会支持是通过修订后的《医疗机构社会支持量表》来测量的（Moser et al., 2012）。它共有 8 个条目，每个条目均采用 5 级李克特量表评分，从 0 分（"从不"）到 4 分（"一直"）不等。分数越高，表明参与者接受的社会支持越强。该量表的中文版具有良好的信效度（Chen et al., 2015）。在本研究中，其内部一致性较高（Cronbach's α = 0.94）。

8.人口统计学信息

人口统计学信息包括两部分。父母因素：年龄、性别、婚姻状况、受教育程度、就业状况和户籍类型。家庭因素：每个家庭中 18 岁以下儿童的数量和年龄。

（七）干预评估

对干预措施的评估包括参与者的参与度、保真度和项目实施质量。参与者的参与度通过出勤率（研究助理在每节课后收集签到表用以记录出勤比例）和退出率（连续缺席 3 节课并无法参加家访的参与者比例）来衡量。

使用为家庭教育与终身健康项目设计的保真度评估量表对服务递送内容进行评估，该评估表记录了每个环节的关键干预策略。通过记录"存在"或"不存在"，用来说明在这一环节是否涵盖了所有课程要求的内容，80% 及以上被视为"高保真度"（Borrelli et al., 2005）。《小组推进能力检查表》（Wong et al., 2019）由 16 个条目组成，包括 4 个分量表：（1）推进小组讨论重点（5 个条目），（2）沟通技巧（4 个条目），（3）人际风格（3 个条目），以及（4）课程结构（4 个条目）。选项由 4 级李克特评分组成：0 = "未观察到"，1 = "观察到-做得不好"，2 = "观察到-做得较好"，3 = "观察到-做得非常好"，总分的范围是 0~48 分。每组的保真度和服务递送质量由两名助理记录。如果有任何分歧，那么将由观看录像的督导决定评分标准。

（八）数据分析

本研究采用意向性分析来检验干预前后的变化。使用独立样本 t 检验和卡方检验分析干预前的组间差异。采用配对样本 t 检验比较前测和后测得分，并计算 Cohen's d 效应值大小，用于比较实验组和对照组的前后变化。

通过双重差分（DiD）设计和倾向得分加权（PSW）评估"赋能父母 慧育未来"家庭教育服务线上项目的有效性。利用倾向得分加权可以减少选择偏差，改变组间比较的基线平衡。通过核匹配算法实现倾向得分加权，并利用逻辑回归分析计算倾向得分。匹配后进行平衡测试，用来保证双重差分设计和倾向得分加权方法的有效性。

研究采用多元回归模型分析与参与者的退出和出勤相关的因素，包括父母的年龄、性别、受教育程度、儿童的外化行为和父母的抑郁症状（Axford et al., 2012; Utting et al., 2007）。

所有统计分析均在 STATA 15 中进行，显著性水平设定为 0.05（双尾）。

三、研究结果

（一）主要研究结果

表 10-1 显示，实验组和对照组在父母的户籍类型（$t = -11.00$，$p < 0.001$）、受教育程度（$\chi^2 = 56.15$，$p < 0.001$）和就业状况（$\chi^2 = 84.38$，$p < 0.001$）方面存在显著差异。经过倾向得分匹配后，所有协变量均保持平衡，且无显著差异。表 10-2 报告了基线和干预后测量结果的比较。通过独立样本 t 检验和卡方检验发现，除忽视外，"赋能父母 慧育未来"家庭教育服务线上项目的实验组与对照组在儿童虐待与忽视结果测量的基线评估中没有差异。对于线上项目的实验组，分析结果显示，在参与 8 周的课程之后，父母所报告的体罚（$M\,(SD) = 2.84\,(3.98)$ vs. $1.16\,(1.79)$；$d = 0.54$；

表 10-2　基线和干预后测量结果的比较

结果指标	实验组（n = 135）			对照组（n = 139）			p^{a}
	基线 M (SD)	后测 M (SD)	Cohen's d [95% CI]	基线 M (SD)	后测 M (SD)	Cohen's d [95% CI]	
主要结果							
体罚	2.84 (3.98)	1.16 (1.79)	0.54 [0.30, 0.79]	3.44 (4.50)	3.21 (5.31)	0.05 [−0.19, 0.28]	0.243
身体虐待	0.66 (1.88)	0.50 (2.43)	0.08 [−0.17, 0.32]	0.83 (2.96)	0.85 (3.09)	−0.01 [−0.24, 0.23]	0.576
情感虐待	9.40 (7.17)	6.67 (6.34)	0.40 [0.16, 0.64]	8.04 (7.38)	7.28 (7.46)	0.10 [−0.13, 0.34]	0.122
忽视	3.46 (4.63)	3.13 (4.62)	0.07 [−0.17, 0.31]	2.07 (4.33)	1.96 (4.39)	0.03 [−0.21, 0.26]	0.011
总体虐待与忽视	16.36 (12.51)	11.45 (10.98)	0.42 [0.18, 0.66]	14.38 (14.90)	13.30 (16.47)	0.07 [−0.17, 0.30]	0.235
次要结果							
儿童的外化行为	8.64 (5.91)	7.15 (5.40)	0.26 [0.02, 0.50]	5.60 (5.86)	5.71 (5.71)	0.05 [−0.19, 0.28]	0.000
育儿压力	44.44 (7.63)	42.71 (8.00)	0.02 [−0.22, 0.25]	44.92 (8.06)	44.79 (8.62)	0.22 [−0.02, 0.46]	0.616
父母的抑郁症状	5.75 (4.80)	5.28 (4.86)	0.10 [−0.14, 0.34]	4.96 (4.38)	5.47 (4.93)	−0.11 [−0.35, 0.13]	0.159
积极育儿行为							
支持性的积极行为	39.75 (5.08)	41.19 (3.77)	−0.32 [−0.56, −0.08]	40.78 (5.62)	41.04 (5.55)	−0.05 [−0.28, 0.19]	0.113
设置限制	37.01 (4.64)	39.72 (3.88)	−0.63 [−0.88, −0.39]	39.94 (5.90)	40.27 (5.28)	−0.06 [−0.29, 0.18]	0.000
积极主动养育	38.07 (5.17)	40.54 (4.08)	−0.53 [−0.77, −0.29]	40.01 (6.20)	40.22 (5.62)	−0.04 [−0.27, 0.20]	0.005
总体积极育儿行为	114.84 (12.92)	121.45 (10.5)	−0.56 [−0.80, −0.32]	120.73 (16.26)	121.53 (14.93)	−0.05 [−0.29, 0.18]	0.001
亲子关系							
亲密维度	23.95 (3.29)	24.71 (3.09)	−0.24 [−0.48, 0.00]	22.47 (4.36)	23.11 (4.81)	−0.14 [−0.37, 0.10]	0.002
冲突维度	20.98 (5.36)	21.73 (5.48)	−0.14 [−0.38, 0.10]	18.48 (7.44)	19.84 (7.46)	−0.18 [−0.42, 0.05]	0.002
亲子关系总分	44.93 (7.39)	46.44 (7.28)	−0.21 [−0.45, 0.03]	40.95 (8.78)	42.95 (9.38)	−0.22 [−0.46, 0.02]	0.001
社会支持	24.18 (6.58)	25.13 (6.20)	−0.15 [−0.39, 0.09]	22.38 (7.58)	22.83 (7.29)	−0.07 [−0.30, 0.17]	0.037

注：^{a} 实验组和对照组的基线差异。

95% CI [0.30, 0.79])、情感虐待（M (SD) = 9.40 (7.17) vs. 6.67 (6.34)；d = 0.40；95% CI [0.16, 0.64]）和总体虐待与忽视（M (SD) = 16.36 (12.51) vs. 11.45 (10.98)；d = 0.42；95% CI [0.18, 0.66]）显著减少。而对照组，干预前后的所有主要结果均无显著差异。

表 10-3 报告了倾向得分加权的双重差分分析的估计值。结果表明，"赋能父母 慧育未来"线上项目能显著减少父母的体罚（b = -1.21；95% CI [-2.37, -0.03]；p = 0.044）、情感虐待（b = -3.09；95% CI [-5.36, -0.82]；p = 0.008）和总体虐待与忽视（b = -4.94；95% CI [-8.86, -1.02]；p = 0.014）。

表 10-3 采用倾向得分加权的双重差分模型

	b [95% CI]	t	p
主要结果			
体罚	-1.21 [-2.37, -0.03]	2.02	0.044
身体虐待	-0.12 [-0.77, 0.53]	0.35	0.725
情感虐待	-3.09 [-5.36, -0.82]	2.68	0.008
忽视	-0.52 [-1.95, 0.91]	0.72	0.474
总体虐待与忽视	-4.94 [-8.86, -1.02]	2.47	0.014
次要结果			
儿童的外化行为	-1.82 [-3.76, 0.12]	1.84	0.067
育儿压力	-0.14 [-2.69, 2.41]	0.11	0.914
父母的抑郁症状	-1.09 [-2.60, 0.42]	1.42	0.157
积极育儿行为			
支持性的积极行为	1.54 [-0.166, 3.25]	1.78	0.076
积极主动养育	2.43 [0.88, 3.98]	3.07	0.002
设置限制	2.48 [0.91, 4.05]	3.11	0.002
总体积极育儿行为	6.46 [2.21, 10.72]	2.97	0.003
亲子关系			
亲密维度	-0.22 [-1.40, 0.96]	0.36	0.720
冲突维度	0.44 [-1.60, 2.48]	0.43	0.670
亲子关系总分	0.23 [-2.44, 2.90]	0.17	0.869
社会支持	0.90 [-1.43, 3.23]	0.76	0.448

（二）次要研究结果

根据实验组父母的报告，儿童的外化行为显著减少（$M (SD)$ = 8.64 (5.91) vs. 7.15 (5.40)；d = 0.26；95% CI [0.02, 0.50]），父母的总体积极育儿行为显著增加（$M (SD)$ = 114.84 (12.92) vs. 121.45 (10.5)；d = -0.56；95% CI [-0.80, -0.32]），其中支持性的积极行为（$M (SD)$ = 39.75 (5.08) vs. 41.19 (3.77)；d = -0.32；95% CI [-0.56, -0.08]）、积极主动养育（$M (SD)$ = 38.07 (5.17) vs. 40.54 (4.08)；d = -0.53；95% CI [-0.77, -0.29]）以及设置限制（$M (SD)$ = 37.01 (4.64) vs. 39.72 (3.88)；d = -0.63；95% CI [-0.88, -0.39]）都显著增加。

结果表明，与对照组相比，"赋能父母 慧育未来"家庭教育服务线上项目能够显著增加参与者的总体积极育儿行为（b = 6.46；95% CI [2.21, 10.72]；p = 0.003）、积极主动养育（b = 2.43；95% CI [0.88, 3.98]；p = 0.002）和设置限制（b = 2.48；95% CI [0.91, 4.05]；p = 0.002）。

（三）实施评估

"赋能父母 慧育未来"线上项目具有较高的参与率，95.6%的小组参与者至少参加了一次课程，15.56%的参与者在接受一次课程服务后退出。超过三分之一（36%）的参与者参加了全部课程或仅缺席一次课程，74.1%的参与者参加了四次或四次以上的课程。参与者缺席的部分原因是自己或家人生病，因此没有时间或精力参与项目。总体而言，每节课的保真度平均得分比例为93%，递送服务质量平均得分为40.29（SD = 14.87）。

表 10-4 报告了通过多元回归模型分析的与参与者退出和出勤相关的影响因素。结果显示，基线评估时有严重的抑郁症状的父母更有可能离开小组（b = 0.02；95% CI [0.00, 0.04]；p = 0.042），受教育程度较高的父母

出勤率较高（$b = 0.51$；95% CI [0.02, 0.99]；$p = 0.041$）。

表 10-4　多元回归模型：影响父母退出率与出勤率的因素

	模型 1：退出率			模型 2：出勤率		
	b [95% CI]	t	p	b [95% CI]	t	p
女性	0.13[-0.18, 0.43]	0.86	0.408	-0.09 [-0.38, 0.23]	-0.56	0.607
父母的年龄	-0.01 [-0.33, 0.01]	-0.91	0.359	-0.01 [-0.03, 0.01]	-0.82	0.455
受过高等教育	0.03 [-0.11, 0.18]	0.47	0.680	0.51 [0.02, 0.99]	2.09	0.041
个体户	-0.15 [-0.14, 0.48]	0.95	0.297	-0.14 [-0.44, 0.18]	-1.02	0.408
孩子的数量	0.08 [-0.10, 0.26]	0.86	0.398	0.13 [-0.06, 1 0.32]	1.40	0.183
孩子的年龄	-0.01[-0.05, 0.05]	-0.19	0.875	0.03 [-0.02, 0.08]	1.22	0.214
基线儿童的外化行为	-0.05 [-0.02, 0.01]	-0.82	0.474	0.01 [-0.01, 0.02]	0.89	0.290
基线父母的抑郁症状	0.02 [0.00, 0.04]	2.08	0.042	-0.00 [-0.02, 0.02]	-0.10	0.789

四、讨论与结论

本研究是在中国社会文化背景下实施的反映我国家庭教育实践特点的服务项目，第一次采用准随机对照实验设计来检验"赋能父母 慧育未来"家庭教育服务项目在预防儿童虐待与忽视时的效果。研究结果显示，改良过的"家庭教育与终身健康项目"对促进积极养育、减少体罚和情感虐待产生了积极影响。家庭教育与终身健康项目最初是根据对高收入国家有效的家庭教育服务模块而设计的，并不知道它在中低收入国家是否有效（Lachman et al., 2016）。现在这个项目已在超过 25 个中低收入国家得到快速实施（Shenderovich et al., 2022）。本研究表明，经过文化改良后的"赋能父母 慧育未来"家庭教育服务项目体现出鲜明的本土化特征，在预防儿童虐待与忽视方面效果显著，建议在中国推广。

研究结果表明，线上干预可以快速、显著减少体罚和情感虐待，这与在南非和菲律宾实施的家庭教育服务项目的研究结果一致（Lachman et al., 2017, 2021; Ward et al., 2020）。这些证据证明了改良版的家庭教育服务项目在发展中国家的有效性，这项研究还将以往的面对面线下干预扩展到了线上干预，这提供了更多在中等收入国家推广该项目的机会。然而，研究并没有发现干预对身体虐待和忽视产生积极影响。一种可能的解释是，参加本项目的父母大多来自中国城市地区，他们在日常生活中很少采用严重的身体虐待和忽视的方式；然而，情感虐待和忽视却更为普遍（Wang & Liu, 2014; Wang et al., 2020）。

与对照组相比，实验组父母表示掌握了更多积极育儿技能。在"赋能父母 慧育未来"家庭教育服务线上项目的前半部分，父母掌握了以儿童为主导的精心时刻、谈论感受、情绪管理、表扬儿童的积极行为以及设置限制等技巧。此外，他们还在线上交流时与其他父母讨论了这些技能，并按要求在家中实践这些技能。这为他们调整功能失调的育儿实践提供了积极的替代方案（Van Der et al., 2018）。这些结果进一步证实了以往研究所揭示的积极育儿行为在预防儿童虐待与忽视中的作用（Lachman et al., 2017; Meinck et al., 2013; Pickering & Sanders, 2016）。

在减少孩子的外化行为方面，干预也显示出积极的效果，尽管在统计上只达到了刚刚显著的水平。以往的研究表明，随着积极育儿行为的增加，孩子的问题行为会自然减少，因为父母学会了使用积极回应来打破与孩子之间功能失调的恶性互动循环（Nowak & Heinrichs, 2008; Ward et al., 2020; Wiggins et al., 2009）。鉴于本研究的观察时间较短，并且结果来自父母的自我报告，因此应设计追踪研究，并从多个报告主体的视角来检验长期干预的效果和儿童行为的变化。同样，我们的研究结果表明，"赋能父母 慧育未来"家庭教育服务线上项目对改善亲子关系没有显著效果，其中的一个原因可能是，尽管在亲子互动中存在严重冲突，但如果孩子最终服从了父母，那么父母往往会认为他们与孩子的关系是良好的。然而，亲子关系在本质上是双向的（Oosterom et al., 2020），因此，未来的研究应该纳入儿童的观点和专业人士的观察。

虽然实验组父母的育儿压力和抑郁症状呈明显下降趋势，但与对照组相比却没有统计学意义上的显著差异。由于本研究测量的是父母更普遍的与育儿相关的压力，而既不是与孩子行为相关的压力，也不是与孩子互动相关的压力（Mersky et al., 2015），这可能会影响结果的显著性。同时，中国城市父母的育儿压力有着复杂的来源，特别是他们对孩子学业高度卷入，并对孩子未来的高等教育充满期望（Zou et al., 2013）。关于抑郁症状，在小组讨论中，如果实验组的父母发现同组其他父母比预期表现得更好时，他们就可能会感到更多的压力和抑郁情绪。实验组的父母与控制组的父母相比，他们在社会支持上没有显著变化，这一发现和以往的家庭教育与终身健康线下项目在其他国家的结果是一致的（Ward et al., 2020; Lachman et al., 2017）。尽管传统的服务递送方式改变了，但是就服务的可及性而言，随着网络在中国的逐步普及，它给线上家庭教育服务递送带来的机会多于挑战。

此外，研究还发现，抑郁症状严重的父母往往会退出该服务项目，而受教育程度较低的父母参与的课程较少。与其他中低收入国家的家庭教育服务项目一样，父母的参与度是本研究的一个很大的问题，这可能会影响研究的干预效果（Ward et al., 2020）。虽然该项目在实施过程中尽可能降低成本，但所有工作者的培训、督导和人工费用估计为 10 000 美元。我们的服务项目安排在周六晚上实施，因为父母在工作日通常没有时间。对于需要在周末陪伴孩子或照顾年幼孩子的母亲来说，参与项目仍然是一个挑战。今后的研究可以考虑使用移动应用程序来递送服务，以灵活地配合参与者的时间安排，增加线上家访的频率，从而留住参与者。

本研究存在一些局限性，应在今后的研究中加以改进。第一，本研究采用的是准随机对照实验，只收集了基线和干预后的数据，因此有必要在未来的研究中采用随机对照实验设计，并进行多次追踪评估。第二，本研究的大多数参与者是受过良好教育的城市父母，他们很容易理解和反思自己的育儿实践，因此本项目是否能推广到受教育程度较低的农村父母身上仍是未知的。第三，大多数参与者是母亲，因此，在以后有必要让更多的父亲参与到项目中来，以最大限度地提高他们对于儿童的影响。第四，对父母压力的测量需要进行调整，从而更准确地反映父母的育儿压力来源。此外，专业人士的观察对于获取干预效果的信息也很重要。第五，需要对参与者进行定性访谈，以进一步确定干预对育儿压力、亲子关系、父母的抑郁症状和社会支持效果不显著的原因。

尽管存在这些局限性，但本研究采用准随机对照实验设计为"赋能父母 慧育未来"家庭教育服务项目在中国预防儿童虐待与忽视方面的有效性提供了证据支持。这一循证家庭教育服务线上项目能够显著增加父母的积极育儿行为，减少体罚和情感虐待，这表明本项目在中等收入国家具有巨大的推广潜力，但还需要采取使用新的技术形式、缩短课程时间、培训专业小组工作者等措施来进一步探索和确保项目的实施质量。

参考文献

第十一章 ｜ 中国"赋能父母 慧育未来"家庭教育服务项目的效果追踪研究

一、中国家庭教育服务项目的持续效果追踪

党的十八大以来，中国政府对儿童保护及家庭教育服务做出了一系列重要部署。2021 年公布的《中华人民共和国家庭教育促进法》和 2024 年修正的《中华人民共和国未成年人保护法》从前所未有的战略高度强调了家庭教育对建立完善的儿童保护服务体系的重要作用。由此可见，我国关于儿童保护的国家责任、法律和政策在逐步完善。学术界也越来越多地通过调查揭示儿童虐待与忽视对其青少年和成年时期生活的潜在严重后果，但我国还没有关于儿童虐待与忽视的全国性流行病学调查和监测数据（Fu et al., 2018）。已有的元分析估计，我国在校学生的身体虐待发生率为 17%～20%，精神虐待发生率为 30%～37%，性虐待发生率为 12%～16%，身体忽视发生率为 47%～54%，情感忽视发生率为 44%～60%（Fu et al., 2018; Wang et al., 2020）。大量研究表明，儿童虐待与忽视同儿童的内化和外化行为显著相关（Cui & Liu, 2020;Yao et al., 2022），并损害他们的社会

255

功能（Zhang et al., 2023），甚至会给国家造成重大的经济损失（Fang et al., 2015）。因此，我国更需要通过实施循证干预项目来预防儿童虐待与忽视。

家庭教育服务项目被学术界和实务界认为是预防儿童虐待与忽视的有效方法之一（Pickering & Sanders, 2016; World Health Organization, 2016），它能为父母提供积极教养的知识和技能、有效的管教策略、儿童发展的知识和心理社会支持（Pontes et al., 2019; Ward et al., 2020）。多项系统综述和元分析研究发现，家庭教育服务项目成功地增加了父母的积极教养行为，减少了证实的和疑似的儿童虐待与忽视案件及相关风险（Chen & Chan, 2016; Desai, Reece, & Shakespeare-Pellington, 2017），比如体罚（Pontes et al., 2019）、育儿压力（Sandler et al., 2011）、儿童的内化和外化行为（Jugovac et al., 2022）。近年来，越来越多的家庭教育服务项目被开发或改良，并且开始在低收入和中等收入国家和地区实施（Francis & Baker-Henningham, 2021; Lachman et al., 2016; Oveisi et al., 2010）。中低收入国家和地区发生儿童虐待与忽视的风险较大（Stoltenborgh et al., 2015），其父母也展现出较高的参与项目的兴趣（Sumargi et al., 2015）。

在中低收入国家和地区开展的家庭教育服务项目中，家庭教育与终身健康项目作为一个免费的循证家长干预项目（World Health Organization, 2016），已经得到越来越多的认可。它已从南非扩展到东亚、东南亚和非洲其他国家和地区，这些国家和地区的实验表明，这个项目在提高父母的积极教养行为、减少儿童虐待与忽视及相关风险方面表现出良好的效果（Lachman et al., 2021; Lachman et al., 2023; McCoy et al., 2020）。家庭教育与终身健康项目于 2022 年被我们的研究团队引入中国并进行了文化上的改良，改良后形成的"赋能父母 慧育未来"家庭教育服务项目在初步的实验中显示出较好的可接受度和较高的可行性（Wang et al., 2023）。

尽管家庭教育服务项目很有效，但是父母参与该项目的机会往往不足，而且即使有些父母报名了，他们的参与度也很低（Holtrop et al., 2023）。父母及其他家庭成员在获得家庭教育服务时可能面临多重障碍，比如参与成本较高、儿童需要看护、交通不便和服务地点离得较远等（Weisenmuller & Hilton, 2021）。对于那些生活在农村或偏远地区的父母，周边的公共卫生服务薄弱并且难以获得，专业人员通常也很短缺或政府负担不起专业人员的服务费用（Knerr et al., 2013）。线上课程被认为具有扩展服务获取机会的巨大潜力（Baker & Sanders, 2017），电子设备的可用性也使得在中低收入国家实施家庭教育服务线上项目成为可能。家庭教育服务线上项目已被证明在提高父母的积极教养行为和自我效能感，减少儿童的问题行为和父母的消极管教策略方面具有良好的效果（Holtrop et al., 2023; Spencer et al., 2021）。目前，只有少数研究检验了家庭教育服务线上项目在减少儿童虐待与忽视以及粗暴管教方面的有效性（Breitenstein et al., 2016; Högström et al., 2015）。其中，对"赋能父母 慧育未来"家庭教育服务线上项目的有效性的检验仍处于起步阶段。因此，需要更多有关家庭教育服务线上项目的研究来检验其效果。

为了填补以上研究空白，本研究采用单组前测—后测—追访的研究设计来评估"赋能父母 慧育未来"家庭教育服务线上项目的效果。希望这一研究的结果将为中低收入国家开展家庭教育服务项目提供最新证据，并推动我国的社会政策制定者和实务工作者认识到开展循证家庭教育服务项目的重要性。我们提出了以下研究假设：

假设（1）："赋能父母 慧育未来"家庭教育服务线上项目同减少儿童虐待与忽视和相关风险（即儿童的外化行为、父母的育儿压力和抑郁症状）有关。

假设（2）："赋能父母 慧育未来"家庭教育服务线上项目与改善父母的积极养育行为和亲子关系有关。

二、研究方法

（一）研究设计

采用单组前测—后测—追访设计来比较一段时间内的结果，特别是干预前1周、干预后1周和干预3个月后这3个时间段。基于资金限制和研究可行性方面的考虑，我们选择了现有的设计。本研究得到作者所在学院的伦理审查委员会批准。在干预之前，一名经验丰富的研究助理已征得所有参与者的书面知情同意，而且该研究方案已在中国临床试验注册中心提前注册。

（二）参与者与招募

参与者通过为这项研究所开发的微信平台进行线上招募，以先到先得的方式滚动注册。招募工作在2023年1月14日至31日进行。

所有注册的参与者都要经过筛选。要参与项目，参与者需要符合以下标准：（1）至少有一个2～9岁的孩子，并且只能是孩子的父母；（2）每周至少要有4晚与孩子同住，以保证有充足的时间在家与孩子一起练习育儿技能；（3）有时间参加周末的课程。如果父母有不止一个2～9岁的孩子，会要求他们选择具有更多问题行为的孩子，因为这些孩子更容易受到虐待与忽视。排除标准为：（1）有经诊断患有发育迟缓或精神残障的儿童；（2）父母有精神健康问题；（3）父母曾参加过任何其他的家长培训或类似的支持小组。

筛选结束后，经过培训的研究助理会通过电话或微信联系参与者，确认他们能否参与本项目。最终，共有54名参与者符合本研究的条件，并签署了知情同意书。

（三）研究过程

本研究于2023年1月至6月进行。图11-1显示了整个研究的参与流程。我们通过发布线上广告招募对家庭教育课程感兴趣的家长。研究助理筛选并联系了每个报名的家长，还获得了符合条件的参与者的书面知情同意。所有参与者被要求在接受干预前一周内完成基线评估。在完成前测后，参与者通过腾讯会议参加"赋能父母 慧育未来"家庭教育服务线上项目。在完成所有 8 节课程后，参与者在接受干预后一周内完成后测，并在接受干预 3 个月后完成追访评估。所有结果评估均通过问卷星自动收集，从而减少研究人员造成的测量偏差。问卷应在 30 分钟内完成。

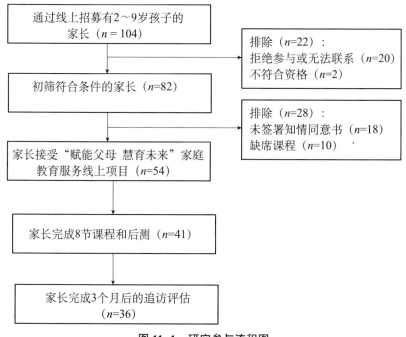

图 11-1 研究参与流程图

（四）干预过程

"赋能父母 慧育未来"家庭教育服务线上项目是一种以家长小组为基础的干预课程，改良后的家庭教育服务项目有一套标准化的干预手册，共包含三个部分：（1）通过精心陪伴（第 1 节）、情绪管理（第 2 节）、表扬和奖励（第3节）等策略来建立积极的亲子关系。（2）通过以下方式教授设置限制和非暴力管教技能（第4～7节），从而促进儿童增加积极行为和减少消极行为，比如（a）给予积极的指令和制定家庭规则，（b）重新引导消极行为和忽略要求性行为，（c）使用后果策略和冷静策略，（d）解决家庭矛盾，管理育儿团队。（3）反思并继续前进（第8节）。

"赋能父母 慧育未来"家庭教育服务线上项目包括8次小组课程和2次线上家访。参与者每周参加1次课程，持续8周，每次课程持续约120分钟。为了促进参与者之间的互动，在第1节课结束后，我们邀请家长来主导插图故事讨论，同时小组工作者确保讨论不偏离原定的主题，并总结讨论要点。一般来说，两次线上家访分别在第1次和第4次课程结束之后进行，着重解决参与者的个性化育儿难题和所面临的挑战，每次持续约60分钟。此外，我们还建立了一个家长微信社区，由小组工作者每周发送信息来提醒家长已学习的核心育儿技能，鼓励家长在家练习，并为家长提供分享经验和交流观点的机会。

"赋能父母 慧育未来"家庭教育服务线上项目从作者所在学院招募了8名经过培训的社会工作专业硕士担任小组工作者。每个线上小组由7～9名家长组成。在每个小组中，1名小组工作者负责主持小组讨论，1名助教负责发送参与提醒、分享插图故事、记录小组讨论要点、完成保真度评估等。每节课结束后，小组工作者和助教都会进行朋辈督导以确保干预效果。除此之外，为了确保项目的保真度，每名小组工作者每周平均接受3小时的团体督导。

（五）结果测量

在前测、后测和追访评估中对参与者的以下方面进行评估。

1. 儿童虐待与忽视

儿童虐待与忽视通过《亲子冲突策略量表》(PCCTS; Straus et al., 1998)测量，其中包括测量情感虐待（5个条目）、体罚（6个条目）、身体虐待（4个条目）和忽视（5个条目）的分量表。采用李克特9分量表（0 = "没有发生过"，8 = "超过8次"）了解参与者在过去两个月中对孩子实施的身体虐待、情感虐待和忽视的次数。这个量表在中国已被广泛用于评估父母的养育行为，其中文版在以往研究中显现出良好的内部一致性（Fu, Niu, & Wang, 2019; Xing & Wang, 2017)。在我们的样本中，这个量表的心理测量学指标达到较为满意水平，内部一致性信度在各个时间点上的值为0.74~0.90。

2. 积极育儿行为

《养育幼儿量表》(PYCS)被用于评估积极育儿行为（McEachern et al., 2012)。该量表由支持性的积极行为、设置限制和积极主动养育三个维度共21个条目组成。参与者对自己在过去两个月中出现上述养育行为的频率进行评价，采用7分制。这个量表的信效度已在中国文化背景下得到了验证（Fang et al., 2022)。在本研究中，这个量表也表现出了较高的内部一致性（前测 Crobach's α = 0.92；后测 Crobach's α = 0.91；追访 Crobach's α = 0.95)。

3. 育儿压力

本研究采用《育儿压力量表》(PSS)来测量父母感知到的压力，该量表由18个条目组成，用于测量与养育孩子相关的压力水平（Berry & Jones, 1995)，每个条目均采用5级李克特量表评分（1 = "不同意"，5 = "非常同意"）。这个量表的中文版在以往的研究中也显示出良好的内部一致性（Cheung, 2000)。在本研究中，每个分量表的内部一致性信度都很高（Crobach's α = 0.79~0.84)。

4. 亲子关系

本研究对亲子关系的测量采用《亲子关系量表-简表》（CPRS-SF; Lieberman et al., 1999）。该量表共有 15 个项目，包括两个分量表（亲密分量表和冲突分量表），采用 5 级评分法，从 1 分（"绝对不适用"）到 5 分（"绝对适用"）不等。这个量表的中文版在以往的研究中表现出良好的心理测量学特性（Ip et al.,2018），在本研究中的内部一致性信度也达到可接受水平（Crobach's α = 0.76～0.82）。

5. 父母的抑郁症状

本研究对抑郁症状的测量采用了 10 条目的《流调中心用抑郁量表》（CESD; Mohebbi et al., 2018）。该量表采用李克特量表 4 级评分测量过去一周出现抑郁症状的频率，从 0 分（"很少"）到 3 分（"一直"）不等。分数越高，表明抑郁症状越严重。这个量表在对中国成年人的研究中表现出良好的信效度（Chen & Mui, 2014）。在我们的样本中，该量表的心理测量学指标达到可接受水平，内部一致性信度在各个时间点上的值为 0.78～0.84。

6. 社会支持

社会支持是通过修订后的《医疗机构社会支持量表》来测量的（Moser et al., 2012）。它共有 8 个条目，每个条目均采用 5 级李克特量表评分，从 0 分（"从不"）到 4 分（"一直"）不等。分数越高，表明参与者接受的社会支持越强。该量表的中文版具有良好的信效度（Chen et al., 2015）。我们的研究显示了较满意的心理测量学特性，Cronbach's α 在评估时间点上的范围为 0.85～0.89。

7. 儿童的外化行为

《康氏儿童行为量表》（CCBS; Conners et al., 1999）被用于评估儿童的外化行为。父母对孩子的行为进行 4 级评分，从 0 分（"从不"）到 3 分（"经常")不等。这个量表的中文版由国内研究者 1990 年翻译并测试，在以往的研究中曾被广泛使用，具有良好的信度和效度（Gau et al., 2006）。在本研究中，每个分量表的内部一致性信度都较高（Cronbach's α = 0.82～0.91）。

8. 人口统计学信息

人口统计学信息包括两部分。父母因素：年龄、性别、婚姻状况、受教育程度、就业状况和户籍类型。家庭因素：每个家庭中 18 岁以下儿童的数量和年龄。

（六）干预评估

对干预措施的评估内容包括参与者的参与度、保真度和项目实施质量。参与者的参与度通过出勤率（研究助理在每节课后收集签到表用以记录出勤比例）和退出率（连续缺席 3 节课并无法参加家访的参与者比例）来衡量。

使用为家庭教育与终身健康项目设计的保真度评估量表对服务递送内容进行评估，该评估表记录了每个环节的关键干预策略。通过记录"存在"或"不存在"，用来说明在这一环节是否涵盖了所有课程要求的内容，80% 及以上被视为"高保真度"（Borrelli et al., 2005）。《小组推进能力检查表》（Wong et al., 2019）由 16 个条目组成，包括 4 个分量表：（1）推进小组讨论重点（5 个条目），（2）沟通技巧（4 个条目），（3）人际风格（3 个条目），以及（4）课程结构（4 个条目）。选项由 4 级李克特评分组成：0 = "未观察到"，1 = "观察到－做得不好"，2 = "观察到－做得较好"，3 = "观察到－做得非常好"，总分的范围是 0～48 分。每组的保真度和服务递送质量由两名助理记录。如果有任何分歧，那么将由观看录像的督导决定评分标准。

（七）数据分析

描述性统计报告了参与者的人口统计学特征和干预前的特征，以及实施情况评估，包括参与者的出勤率、保真度得分和递送服务得分。通过进行 t 检验（流失率分析）来确定：（1）参与干预并完成前测和后测的家长（$n = 41$）与参与干预但未完成后测的家长（$n = 13$）是否存在差异；（2）参与干预并完成前测、后测和追访的家长（$n = 36$）与未完成后测和追访的家长（$n = 18$）是否存在差异。由于经过流失率分析后发现不同组之间没有显著差异，因而我们从干预效果分析中删除了缺失的样本。

研究还计算了不同时间点的结果之间的均值差异和 95% 置信区间。采用单因素重复测量方差分析来评估三个时间点（干预前一周、干预后一周和干预3个月后）结果的差异模式。偏 eta 方被认为是重复测量方差分析的效应大小的指标，其中效应小、中、大的区分临界点分别是 0.01、0.06 和 0.14（Cohen, 1977）。所有统计分析均采用 SPSS 26.0 软件，显著性水平设为 0.05（双侧）。

三、研究结果

（一）参与者特征

人口统计学特征是根据完成基线评估以及最少参加一次课程的参与者样本来分析的（$n = 54$），表 11-1 报告了参与者的总体特征。完成基线评估的参与者主要是女性（94.4%），已婚者（96.3%），受过高等教育者（94.4%），平均年龄为 35.31 岁（$SD = 3.99$）。其中 98.1% 的人有工作，5.6% 的人居住在农村，77.8% 的人拥有非农业户口。每户平均子女数为 1.28 人（$SD = 0.49$），孩子的平均年龄为 5.24 岁（$SD = 1.41$）。

在基线调查中，儿童虐待与忽视的平均得分为 14.35 分（$SD = 11.36$）。在积极育儿行为方面，参与者在支持性的积极行为、积极主动养育和设置限制方面的平均得分分别为 40.13 分（$SD = 5.59$）、38.43 分（$SD = 5.47$）和 37.04 分（$SD = 4.65$）。干预前父母的社会支持（$M = 25.93/32$，$SD = 5.11$）、亲子关系（$M = 46.15/60$，$SD = 6.54$）得分相对较高，而儿童的外化行为（$M = 8.24/36$，$SD = 5.79$）、父母的抑郁症状（$M = 5.19/30$，$SD = 4.18$）得分相对较低。参与者报告了较高水平的育儿压力（$M = 43.96/90$，$SD = 7.52$）。

表 11-1 参与者的人口统计学特征（$n = 54$）

	n	%	M	SD
父母的性别（女）	51	94.4%	—	—
父母的年龄	—	—	35.31	3.99
婚姻状况（已婚）	52	96.3%	—	—
父母的受教育程度（高等教育）	51	94.4%	—	—
就业状况（工作）	53	98.1%	—	—
户口类型（非农业户口）	42	77.8%	—	—
居住地区（农村）	3	5.6%	—	—
儿童的数量	—	—	1.28	0.49
儿童的年龄	—	—	5.24	1.41

（二）实施过程评估

整个项目的参与率是可接受的，84.3% 的参与者至少参与了一次课程，15.6% 的参与者在参与一次课程后退出。每名参与者平均参与了 5.38 次课程，超过 40.74% 的参与者参加了全部课程或只缺席 1 次课程，74.07% 的参与者参与了 4 次及以上的课程。参与者缺席的部分原因是参与者及其家人生病或参与者忙于工作，因此，他们没有时间或精力参加这个项目。总体而言，每节课程的平均保真度得分比例为 96.84%，平均服务质量得分为 40.28（$SD = 14.87$），表明小组工作者对项目的遵从性和服务质量较高。

（三）流失率分析

54 名家长完成了前测并参与了干预，41 名家长完成了后测（保留率为 75.93%），36 名家长完成了后测及追访（保留率为 66.67%）。流失率分析的结果显示，在总体虐待与忽视 $[t(52) = 0.46$, $p = 0.65]$、积极育儿行为 $[t(52) = -1.58$, $p = 0.12]$、育儿压力 $[t(52) = -0.12$, $p = 0.91]$、父母的抑郁症状 $[t(52)= -1.92$, $p = 0.06]$、亲子关系 $[t(52) = 0.19$, $p = 0.85]$、社会支持 $[t(52) = 1.51$, $p = 0.14]$ 和儿童的外化行为 $[t(52) = 0.28$, $p = 0.78]$ 方面，参加干预并完成前测和后测的父母（$n = 41$）与参加干预但未完成后测的父母（$n = 13$）之间不存在显著差异。

在总体儿童虐待与忽视 $[t(52) = 0.69$, $p = 0.49]$、积极育儿行为 $[t(52) = -0.70$, $p = 0.49]$、育儿压力 $[t(52) = 0.28$, $p = 0.78]$、父母的抑郁症状 $[t(52)=-1.30$, $p = 0.20]$、亲子关系 $[t(52) = 0.51$, $p = 0.61]$、社会支持 $[t(52) = 2.02$, $p = 0.05]$ 和儿童的外化行为 $[t(52) = 0.81$, $p = 0.42]$ 方面，参加干预并完成前测、后测和追访的父母（$n = 36$）与未完成后测和追访的父母（$n = 18$）之间也不存在显著差异。

（四）前测（T_0）、后测（T_1）及追访（T_2）的差异

从前测 T_0 到后测 T_1，以及从前测 T_0 到追访 T_2，参与者在各个维度的差异见表 11-2。后测显示总体虐待与忽视的得分下降了 6.47 分，干预后追访显示总体得分保持下降了 5.78 分。值得注意的是，情感虐待在两个时间点分别下降了 4.03 分和 3.75 分。在积极育儿行为方面，后测显示家长在支持性的积极行为、积极主动养育、设置限制方面的提高程度分别为 1.31 分、3.50 分、3.69 分，追访时仍保持提高了 2.22 分、3.89 分、4.64 分。

后测显示育儿压力降低了 1.17 分，追访时仍保持了 2.86 分的改善。

同样，从 T_0 到 T_1，儿童的外化行为减少了 2.06 分，从 T_0 到 T_2，仍保持下降了 2.00 分。但在父母的抑郁症状（T_0-T_1 = -0.31，T_0-T_2 = -0.39）、亲子关系（T_0-T_1 = 0.22，T_0-T_2 = 0.61）、社会支持（T_0-T_1 = -1.00，T_0-T_2 = -0.97）方面，改善相对较小。

表 11-2　干预对前测（T_0）到后测（T_1）和前测（T_0）到追访（T_2）
变化的影响（n_{T0} = 54，n_{T1} = 41，n_{T2} = 36）

	T_0 - T_1	T_0 - T_2
总体虐待与忽视	-6.47	-5.78
情感虐待	-4.03	-3.75
体罚	-1.67	-1.47
身体虐待	-0.67	-0.44
忽视	-0.11	-0.11
积极育儿行为	6.06	6.05
支持性的积极行为	1.31	2.22
积极主动养育	3.50	3.89
设置限制	3.69	4.64
育儿压力	-1.17	-2.86
亲子关系	0.22	0.61
父母的抑郁症状	-0.31	-0.39
社会支持	-1.00	-0.97
儿童的外化行为	-2.06	-2.00

（五）干预效果

1. 主要结果

表 11-3 报告了"赋能父母 慧育未来"家庭教育服务线上项目在不同时间点上的影响。重复方差分析发现我们的家庭教育服务项目与父母积极育儿行为的改善有关，干预解释了服务前后 40% 的效果变异 [$F(2)$ = 23.73，$p < 0.001$，η^2 = 0.40]。"赋能父母 慧育未来"家庭教育服务线上项目同总体虐待与忽视 [$F(2)$ = 10.42，$p < 0.001$，η^2 = 0.23]、情感虐待 [$F(2)$ =

14.29，$p < 0.001$，$\eta^2 = 0.29$]、体罚 [$F(2) = 4.87$，$p = 0.02$，$\eta^2 = 0.12$] 减少相关，干预分别解释了服务前后 22.9%、29% 和 12.2% 的效果变异。然而，我们没有发现干预与身体虐待 [$F(2) = 3.42$，$p = 0.07$，$\eta^2 = 0.09$] 和忽视 [$F(2) = 0.02$，$p = 0.98$，$\eta^2 = 0.00$] 之间的关系。

2. 次要结果

在儿童的外化行为减少方面，研究观察到有统计学意义的差异，干预解释了服务前后 11% 的方差变化 [$F(2) = 4.43$，$p = 0.02$，$\eta^2 = 0.11$]。然而，干预与亲子关系 [$F(2) = 0.30$，$p = 0.74$，$\eta^2 = 0.01$]、育儿压力 [$F(2) = 2.94$，$p = 0.06$，$\eta^2 = 0.08$]、父母的抑郁症状 [$F(2) = 0.82$，$p = 0.42$，$\eta^2 = 0.02$]、社会支持 [$F(2) = 1.17$，$p = 0.31$，$\eta^2 = 0.03$] 无关。

表 11-3　不同时间点上"赋能父母 慧育未来"家庭教育服务线上项目的影响（$n = 36$）

	T_0		T_1		T_2		$F(2)$	η^2
	M	SD	M	SD	M	SD		
总体虐待与忽视	15.11	12.05	8.64	6.88	9.33	9.24	10.42***	0.23
情感虐待	8.81	6.42	4.78	4.02	5.06	5.03	14.29***	0.29
体罚	2.83	4.62	1.17	1.50	1.36	2.09	4.87*	0.12
身体虐待	0.78	2.24	0.11	0.32	0.33	0.99	3.42	0.09
忽视	2.69	3.65	2.58	3.65	2.58	3.80	0.02	0.00
积极育儿行为	114.67	12.65	123.17	8.86	125.42	11.37	23.73***	0.40
支持性的积极行为	40.42	5.30	41.72	3.31	42.64	3.56	4.77*	0.12
积极主动养育	37.69	5.47	41.19	3.53	41.58	4.15	19.78***	0.36
设置限制	35.56	4.05	40.25	3.16	41.19	4.35	28.72***	0.45
育儿压力	44.17	6.73	43.00	6.63	41.31	8.04	2.94	0.08
亲子关系	46.47	6.31	46.69	6.03	47.08	7.10	0.30	0.01
父母的抑郁症状	4.67	4.16	4.97	4.14	4.28	3.64	0.82	0.02
社会支持	26.89	4.78	25.89	4.53	25.92	4.75	1.17	0.03
儿童的外化行为	8.69	5.99	6.64	3.58	6.69	3.58	4.43*	0.11

注：***$p < 0.001$，*$p < 0.05$。

四、讨论与结论

本研究旨在评估"赋能父母 慧育未来"家庭教育服务线上项目干预前后的差异及干预 3 个月后的持续效果。这不是一项随机对照实验，因此，我们需要谨慎地解释这些研究结果。但总的来说，初步的结果表明，与干预前一周相比，"赋能父母 慧育未来"家庭教育服务线上项目在干预后一周和干预 3 个月后都减少了总体虐待与忽视和儿童的外化行为，并改善了父母的积极育儿行为。

本研究发现，无论是在干预结束后 1 周还是 3 个月后的评估中，"赋能父母 慧育未来"家庭教育服务线上项目同减少总体虐待与忽视、体罚和情感虐待之间都存在关联。"赋能父母 慧育未来"家庭教育服务线上项目的几个特点可能有助于干预效果的维持。首先，这个精心设计的项目包含了以往研究中有效的育儿模块（Kaminski et al., 2008），如建立积极的亲子关系、情感沟通技巧、暂停／冷静策略，以及持续使用规则。一旦父母具备了这些技能，随着时间的推移，他们能将这些技能应用到日常生活中（Lachman et al., 2023）。其次，"赋能父母 慧育未来"家庭教育服务线上项目包含了每项技能的家庭作业，回家实践后，父母收到关于自己与孩子一起使用技能的反馈和指导，这进一步帮助他们采用非暴力策略来管理孩子的行为（Jocson et al., 2023）。再次，项目递送过程中邀请参与者主导插图故事的讨论，这种赋权的过程促进了参与者的反思和独立解决问题的能力。最后，"赋能父母 慧育未来"家庭教育服务线上项目的文化改良可能更适合中国家长，从而带来了积极的结果。例如，增加了关于代际育儿冲突和育儿团队管理的讨论，激励参与者让他们的伴侣和父母共同参与育儿过程，从而有助于营造和谐的家庭氛围。

除了课程的内容和形式有助于项目在儿童虐待与忽视方面取得持续的积极效果外，积极育儿行为和儿童的外化行为也发生了显著变化。父母报告说，他们的积极育儿行为有了很大改善，儿童的外化行为减少了。特别值得注意的是，积极育儿行为在三个时间点上的差异效应值较大（eta = 40.4%）。根据家庭教育服务项目的变革理论模型（Lachman et al., 2016），积极育儿行为的增加可能是引发儿童虐待与忽视减少的潜在中介变量。以往的研究已经证实，家庭教育干预的长期效果是由提升积极育儿行为带来的（Sandler et al., 2011）。此外，父母从课程中学到的技能（例如，谈论感受，表扬孩子，在育儿实践中更加一致）通过孩子的行为改变和积极反馈得到强化，这鼓励了父母继续使用这些技能，并在以后的发展阶段继续应用它们（Hagan et al., 2012）。

与"赋能父母 慧育未来"家庭教育服务线上项目在中国的可行性研究（Wang et al., 2023）以及对东南亚和非洲的家庭教育服务项目的研究之结果（Lachman et al., 2017; Lachman et al., 2021; Lachman et al., 2023）相一致，我们没有发现干预与次要结果（如育儿压力、亲子关系、父母的抑郁症状和社会支持）之间存在显著相关。在 3 个月后的追访中，育儿压力的干预结果不显著，这与我们最初的假设不同。已有的研究表明，不显著的结果可能与服务递送后立即进行评估以及治疗效果可能延迟有关（Lachman et al., 2017）。然而，在我们的研究中，可以看到父母的育儿压力是逐渐减少的，并且达到了统计学上的边际显著水平。因此，3 个月后的追访可能是不够的，我们需要更长时间的追访，这样我们就可以探索确切的效果需要多长时间才能显现出来，以及这些效果能持续多长时间。

与此同时，家庭教育服务项目的效果因人而异。一些家长可能受益匪浅，而另一些家长则需要额外的支持和更长期的指导。因此，长期评估课程的有效性和可持续性至关重要。从中国父母的角度来看，他们很少认为自己与孩子的关系是不良的，这反映在我们进行基线调查时亲子关系的得分很高这一点。在中国传统文化中，父母通常具有很高的权威，而孩子则被期望服从和尊重父母的意见。在这种情况下，孩子可能不敢表达自己的真实感受，父母也可能认为孩子的服从是亲子关系良好的证明（Qiao, 2012）。因此，未来的研究可以分别从父母和孩子的角度收集亲子关系的数据。对于父母的抑郁症状，三个测量时间点的《流调中心抑郁量表-简版》评分较低可能是结果不显著的原因。总体而言，3 个月后的追访结果进一步补充了之前关于"赋能父母 慧育未来"家庭教育服务项目效果的研究证据（Wang et al., 2023），以及在非洲和东南亚进行的关于家庭教育与终身健康项目的研究发现（Lachman et al., 2021; Ward et al., 2020）。

干预有相对较高的追访流失率，近 1/4 的父母在评估后联系不上。后测评估中较高的流失率可能与其中一个干预组的疏忽有关，该组的助教没有给频繁请假的父母打电话提醒或及时进行在线家访。在某些特定的课程内容中，高缺勤率影响了整个小组的动力，有些父母决定放弃继续参加干预。在干预 3 个月后的追访评估中，有较小的流失率，仅有 5 名（12.2%）父母联系不上。尽管失联父母在性别、年龄、户籍类型、受教育程度、职业和儿童虐待与忽视的基线评估方面同其他父母没有差异，但这可能影响了主要结果的可靠性。

本研究的项目保留率达到可接受水平，大约有 70% 的家长参加了 4 次或更多的课程，并在干预 3 个月后仍然能够联系上。这一比例与很多家庭教育服务项目报告的保留率相似（Francis & Baker-Henningham, 2021; Lachman et al., 2023; Puffe et al., 2017; Ward et al., 2020）。在我们的研究中，通过对每个实验组的观察，我们发现基于通过家访帮助家长及时解决育儿难题，小组工作者与家长之间建立的联结越强，保留率就越高。因此，在未来的干预中，除了强化以小组形式递送课程外，还应考虑家访的重要作用，从而及时解决家长育儿实践中的挑战，提高家长的持续参与动机。

本研究存在以下局限。首先，虽然在 3 个月后的追访中项目效果得到维持，然而，由于缺乏对照组，因此"赋能父母 慧育未来"家庭教育服务线上项目能有效改善总体虐待与忽视、积极育儿行为和儿童的外化行为的结论还有待进一步检验。其次，研究中父母的样本量相对较小，大多数父母来自城市地区，这限制了研究结果的推广。最后，干预后一周评估时的参与者流失率较高，尽管我们发现流失的参与者与留在研究中的参与者的特征没有显著差异，但这可能会在一定程度上影响结果的可靠性。

这项追踪研究论证了家庭教育服务线上项目在中国减少儿童虐待与忽视的潜力。实务工作者可以考虑使用"赋能父母 慧育未来"家庭教育服务线上项目来支持儿童虐待与忽视的预防工作。在未来的研究中，研究者需要花更多的时间和精力与父母保持联系，及时关注缺勤的父母，通过增加家访来提高保留率；还需要增加样本量，并通过随机对照实验设计来探索长期追踪的效果。

参考文献

第十二章 | 农村父母参与家庭教育服务项目的促进因素与障碍因素

一、家庭教育服务项目在农村开展的现实考量

目前，我国家庭教育理论和实务研究还处于提升与发展阶段，家庭教育服务体系还不够完善，许多儿童和青少年的问题都源于父母不恰当的教养行为和不良的家庭环境，如父母对儿童缺乏了解、虐待与忽视儿童等。家庭教育在我国当前的社会发展中具有现实性和紧迫性（丛中笑，2016）。《中国儿童发展纲要（2011—2020年）》提出了消除对儿童的歧视和伤害、提升父母素质和提高家庭教育水平的目标。2022年，国家从法律角度对家庭教育的内涵和目标进行了详细界定，提出父母应当树立第一责任人的意识，承担对未成年人实施家庭教育的主体责任，用正确思想、方法和行为教育子女，使其养成良好思想、品行和习惯。在党和国家对家庭教育高度重视的背景下，如何减少或避免儿童虐待与忽视和青少年犯罪等不良事件的发生，成为备受关注的社会议题。

与城市地区相比，农村地区由于地理位置偏远、对外流通性差、规模聚集程度低等问题，直接作用于父母的服务项目在实施和推广方面受到限制。同时，农村也缺乏优质的社会服务资源，农村家长很少能够参与家庭教育服务项目，普遍缺乏系统性的学习机会（祝玉红，银少君，2022）。在现实生活中，很多家庭由于没有做好基础的教育工作，出现了诸多令人扼腕的伤害儿童身心健康的事件（王淼，万国威，2019）。父母不良的教养方式（比如过度干涉和保护、拒绝否认、严厉惩罚）与儿童的问题行为具有相关性（杨碧秀 等，2015；左阿珠 等，2016）。此外，儿童的外化行为（比如对立违抗、反社会行为）的高流行率与父母使用打屁股或其他形式的体罚显著相关（Gershoff, 2002）。已有研究表明，父母采用不良教育方式会严重影响子女的心理健康以及童年期行为问题。而大量研究证明，针对父母或其他照顾者的干预项目可以有效帮助父母树立正确的教养理念、改变不恰当的教养行为，从而减少儿童的问题行为并促进他们各方面的健康发展（Alex, David, Brandon, Richard, & Wesley, 2009；贾勇宏，范围，2018）。比如，美国的惊奇岁月项目和澳大利亚的积极教养项目都得到了大范围的推广和实施，并取得了良好的项目效果。

然而，越来越多的学者指出，这些项目和其他循证项目在实施时存在相当多的困难和挑战。比如，很多在研究阶段被证明有效的干预方法，未能在实践中被大规模采用或在社区中成功实施（Brian & Daniel, 2008；屈智勇 等，2017）。约有60%的机构在实施新的干预方案时遭遇失败（Burnes, 2004）。这使得一些人对此类家庭教育服务项目的可行性和有效性产生怀疑，尤其是将家庭教育服务递送到一个新的文化环境时。造成这种困境或者引发怀疑的一个主要原因是家庭教育服务项目难以吸引家长参与，特别是吸引他们在整个项目过程中持续参与。

有大量证据表明，大多数来自高收入国家的家庭教育服务项目是有效的，但目前很少有适合中低收入国家社会文化背景的循证干预项目。尽管不同国家在文化和服务提供方面存在差异，但只要基于项目的核心原则（例如，通过游戏建立亲子关系，以及通过社会学习改变儿童行为），家庭教育服务项目被递送到其他国家时，同样可以取得成功（Gardner, Montgomery, & Knerr, 2016）。基于上述考虑，我们对世界卫生组织、牛津大学和联合国儿童基金会等共同开发的国际循证家庭教育服务项目进行了调整和文化改良，联合湖南省岳阳市的一个乡村小学于 2022 年 7 月至 9 月实施了"赋能父母 慧育未来"家庭教育服务项目，主要面向有 6～9 岁儿童的家庭提供小组形式的家庭教育服务。项目目标是通过帮助父母与儿童建立积极的亲子关系，提高父母管理孩子不恰当行为的能力，促进儿童发展，为儿童营造健康积极的成长环境。

项目工作者面临的一个关键挑战是吸引家长参与，并吸引他们在整个项目过程中持续参与。无论是在以预防为主还是以干预为主的家庭教育服务项目中，招募和留住父母通常都是比较困难的（Smokowski et al., 2018）。此外，过去许多关于家庭招募和持续参与的研究仅限于城市地区的家庭，因此限制了我们对农村背景下父母参与家庭教育服务项目的理解。本章通过对"赋能父母 慧育未来"家庭教育服务项目的观察来讨论促进和阻碍农村父母参与的因素。具体而言，包括以下几个问题：

（1）农村父母参与项目的现状及感受如何？

（2）吸引或促进农村父母参与项目的因素有哪些？

（3）项目实施过程中阻碍农村父母参与的因素有哪些？为什么难以留住他们？

二、分析框架

　　已有研究在分析个体意愿与行为的影响因素以及意愿与行为之间的关系时，常用的理论包括计划行为理论与态度-行为-情境理论。计划行为理论认为，个体的行为主要受意愿控制，但同时受到主观认知和感知行为控制的约束（Ajzen, 1991）。感知行为控制主要指个体对自己能否顺利完成预期目标的主观判断与信念，反映的是个体对执行某一行为控制能力的知觉（曾起艳，何志鹏，曾寅初，2022）。学者在后续的研究中扩展了计划行为理论，认为个体的主观看法或偏好会影响其行为意向与实际行为，因而补充了个体感知（如有用性感知、易得性感知）或行为态度等因素的影响（冉连 等，2022）。行为态度是指个体对某特定行为所持的正面或负面的评价，包括"喜欢或不喜欢"的情感性态度和"有用或无用"的工具性态度（黄河啸 等，2022）。其中，行为的结果评估对行为态度产生的影响最大（段文婷，江光荣，2008）。然而，相较于计划行为理论对个体内因的强调，态度-行为-情境理论则进一步突出了行为发生时个体面临的外部情境因素对意愿和行为产生的影响。该理论认为，如果只考虑态度因素，那么很可能得出不一样的结论，因为行为的产生除了受到态度影响，也受周围环境的影响。比如，物质激励、社会规范或新技术的引入等情境因素能够解释态度或信念所不能解释的行为（Guagnano, Stern, & Dietz, 1995）。

　　为了充分发挥这两种理论的优势，减少各自的局限性，本章参考斯特恩（Stern, 2000）的研究，将计划行为理论强调的感知行为控制和态度这两个主观的内在因素与态度-行为-情境理论关注的情境因素进行归纳融合，并结合项目招募和实施阶段促进或阻碍父母参与的原因进行具体分析，构建出我国农村父母参与家庭教育服务项目的意愿及参与行为的理论分析框架（见图 12-1）。

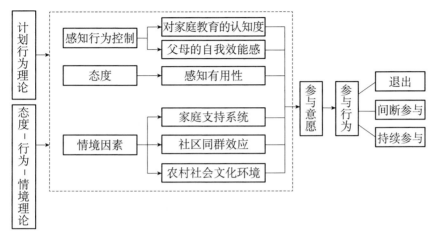

图 12-1　农村父母参与家庭教育服务项目的意愿及行为的理论分析框架

农村父母参与项目的行为包括退出、间断参与和持续参与三种情况，这些具体的行为受个体意愿控制，而影响个体意愿的可能因素有感知行为控制、态度和情境因素。本研究通过父母对家庭教育的认知度和父母的自我效能感来评估他们的感知行为控制程度。一方面，父母对家庭教育的理念和目的、对课程的内容越了解，对家庭教育服务项目的认可程度就会越高，进而其参与意愿也会越强。相反，如果父母对家庭教育服务项目的目标及内容存在认知偏差，认为项目的作用不大，或者不是他们期待的能帮助孩子提高学业成绩的项目，其参与意愿就会比较弱。另一方面，父母的自我效能感是指父母对自身利用所拥有的育儿知识和技能去实现育儿目标的自信程度。一般而言，自我效能感高的父母，无论参与家庭教育服务项目的难易程度如何、需要付出的成本如何，都有坚持学习的动力和克服参与障碍的能力。相反，自我效能感低的父母对学习和练习育儿策略存在畏难情绪，对改变自身的育儿方式和改善孩子的行为没有信心，从而影响他们参与项目的动力。

态度由父母的感知有用性和感知障碍共同决定。如果父母认为参与项目的预期收益（例如，免费的课程、改善儿童行为、扩大交际圈等）超过潜在的成本或感知障碍（例如，时间、精力和经济成本），那么其参与态度可能就是积极的，报名参加或选择持续参与课程的可能性就比较大。相反，如果父母的参与态度是消极的，认为项目没有带来预期的效果，学到的知识不适用于自己的孩子，或者觉得自己付出的成本比较多，他们就可能倾向于请假缺席课程或退出小组。

情境因素是指个体实施行为时所接触到的外部环境，在本研究中，情境因素包括家庭、社区和社会三个层面的环境因素。首先，家庭层面的情境因素主要是指家庭重要成员的支持与认同，尤其是孩子或伴侣的支持度越高，父母参与的意愿和动力越强，越可能持续参与课程。其次，社区层面的情境因素主要是指社区群体参与家庭教育服务项目的情况。同辈效应理论表明，在信息不全的情况下，成员所做出的行为决策会受到一个群体内其他成员的影响（王兵，杨宝，冯子珈，2017）。尤其是在农村熟人社会中，同一个村子的人彼此知根知底，社区内关键人物的决策行为往往会被其他成员作为参照。例如，学校老师、村干部等有影响力的人物或村中熟人的参与都是提高父母参与度的重要影响因素。最后，社会层面的情境因素主要反映农村的社会文化环境。依据文化适应过程模型，在实施项目时考虑文化背景及适应性问题，能够增加服务利用率，提高服务递送水平（屈智勇 等，2017）。基于此，本研究将进一步讨论传统文化对父母育儿方式的影响，以及农村生产生活方式、文化习俗对父母参与意愿和参与行为的影响。

三、研究方法

本研究使用的定性研究方法主要有非参与式观察和个案深度访谈。非参与式观察是通过研究者担任家长小组的观察员来完成的。观察员要记录家长的参与状况及在行为干预过程中家长和儿童的变化，收集与家长的参与意愿及参与行为有关的资料和信息。每次家庭教育服务递送结束后，负责带领小组的项目工作者会撰写小组工作手册和家长档案，记录小组服务的过程以及家长和儿童的课堂表现。个案深度访谈是通过对持续参与项目的家庭进行较长时间的追踪调查，分析和研究家长参与意愿、参与行为变化的全过程，并对两名项目工作者进行访谈，从第三方视角探讨促进或阻碍家长参与的因素。

（一）研究对象

1. 研究对象招募

"赋能父母 慧育未来"家庭教育服务项目采用线上招募方式，于2022年6月在湖南省岳阳市一所小学1~3年级的班级群中发布招募通知。学校老师将招募海报转发至家长群中，帮助回答家长的疑问，并推荐合适的家长报名参加项目。

2. 纳入标准

（1）年龄在18岁以上；

（2）至少有1个6~9岁的孩子，并且只能是孩子的父母；

（3）每周至少要有4晚与孩子同住，以保证有充足的时间在家与孩子一起练习育儿技能，完成家庭作业；

（4）每周至少有固定的半天时间参与小组活动；

（5）具有正常的语言沟通能力。

3. 排除标准

（1）家长或孩子正在参加其他的家庭教育或者相关培训项目；

（2）孩子存在发育迟缓、物质滥用或患有严重的精神疾病等问题；

（3）家长有严重的精神障碍；

（4）研究者认为不适合参与的其他情况。

（二）研究对象筛选

当老师帮助发布招募电子海报和报名链接之后，1～3年级共有52名家长报名，其中能取得联系的有35名。17名家长联系不上，主要是因为他们拒接电话、拒回短信或者没有通过项目工作者的微信好友申请。在能联系上的35名家长中，有25名家长符合招募条件，10名家长不符合纳入标准，比如不是孩子的父母、孩子的年龄不在6～9岁，或者家长无法保证有充足的时间参加项目等。最后，签署知情同意书并确认参加项目的有21名家长。为了确保父母能参与项目，项目团队通过电话访问和线下家访的形式再次确认家长能参加该项目。第1节课程前，因为家中突发事件、农忙或个人工作原因，9名家长退出小组，放弃参与项目。在了解家长的育儿方式及其面临的育儿压力，评估他们参与项目的动机之后，本研究最终选出12名家长作为研究对象。

（三）实施程序

参与者在家中独立完成问卷，并在签署知情同意书后的规定时间内将问卷返回。在完成问卷调查的几天后，按照参与者偏好的时间，邀请参与者加入周末项目群，项目工作者每周会在课程日的前一天晚上或当天给参与家长打电话或进行微信提醒，每周发送一条短信帮助家长回顾本周课程的核心要点，并鼓励家长与孩子一起完成家庭作业。此外，微信群聊也为家长提供了分享育儿经验和交流育儿问题的机会。在第一节课之前，项目工作者对参与者进行了一小时左右的家访，目的在于详细介绍项目目标、内容和形式，与参与者建立信任关系，并了解每个参与者的育儿困惑和想要实现的育儿目标。此外，项目工作者还为缺席课程或需要额外支持的参与者提供了个别化指导和帮助。

每节课都提供丰富的茶点，项目工作者向按时参加课程并积极参与小组互动的家长颁发奖品，比如五子棋、跳棋、魔方、呼啦圈等促进亲子互动的玩具。在最后一节课后，向每个组员赠送一套精美文具，以表扬所有家庭对课程的支持与配合。小组课程主要由两名项目工作者负责带领，另一名项目工作者作为观察员进行记录。项目共有 8 节课程，考虑小组人数以及平行小组之间的动态调整，项目工作者根据服务手册向两个平行小组递送相同的服务，每周开展一次课程，每次课程持续 120 分钟。

（四）数据资料来源

1. 课程反馈表

每节课结束后，项目工作者会单独询问父母参加完课程的感受和收获，以及对课程的意见和建议。具体包含课程内容的有用程度、教授的育儿方法是否能满足家长的需求、回家练习育儿策略的难度、课程需要改进的地方等部分。通过课程反馈表，不仅可以了解父母对项目的感知有用性的程度，也能评估父母的感知行为控制，即对练习和使用育儿策略感受到的容易或困难程度。

2. 家长档案

家长档案包括项目实施前的家访记录和家长的课堂表现。前者主要是了解家长与孩子的相处状况、家长的育儿困惑和挑战，以及家长参加项目的原因。后者由两名项目工作者在每节课结束后及时填写，记录家长的出勤状况和上课时的表现，并对家长的参与度进行打分。项目工作者与家长面对面互动，能够及时观察到家长的状态，比如在小组讨论、角色扮演、作业分享等环节中的投入程度和互动情况。因此，家长档案能够反映出父母的参与意愿/动机、具体的参与行为，以及育儿自信。

3.半结构式访谈

家庭教育服务项目结束后，研究者分别与 12 名家长、4 名儿童和 2 名项目工作者进行一对一的面对面访谈（见表 12-1）。访谈详细询问了退组者、高出勤者和低出勤者对该家庭教育服务项目的看法、报名参与项目的原因，以及促进他们持续参与或阻碍他们参与项目的因素。同时，研究者也鼓励受访者提出自己的问题，便于根据实际情况对访谈内容进行调整，以期更全面地了解研究对象和项目工作者对如何吸引、留住家长的看法。经过受访者同意后，所有访谈内容均采用现场录音和笔录相结合的形式进行保存，每场访谈持续 40～60 分钟。

12 名家长的参与意愿分为三类：参加一两节课程（退组）、参加 4～6 节课程（低出勤者）以及参加 7 节及以上课程（高出勤者）。所有的家长、儿童和项目工作者都被单独访谈，以深入了解他们对本项目的体验和看法。

表 12-1　受访者基本情况

群体类别	性别	年龄	受教育程度	内容编码
家长	女	32	初中	高出勤者 a
	女	32	初中	高出勤者 b
	女	32	高中	高出勤者 c

续表

群体类别	性别	年龄	受教育程度	内容编码
家长	女	45	初中	高出勤者 d
	女	38	高中	高出勤者 e
	女	36	高中	低出勤者 1
	女	36	高中	低出勤者 2
	女	31	本科	低出勤者 3
	女	34	大专	低出勤者 4
	女	31	高中	退组者甲
	女	无	无	退组者乙
	女	无	无	退组者丙
儿童	男	9	小学三年级	儿童 #1
	男	9	小学三年级	儿童 #2
	女	7	小学二年级	儿童 #3
	女	7	小学一年级	儿童 #4
项目工作者	女	27	研究生	项目工作者 A
	女	25	研究生	项目工作者 B

注：两名退组者不愿意说明自己的年龄和受教育程度。

（五）数据分析方法

所有访谈均以普通话进行提问并录音，碰到湖南方言的录音则邀请一名来自当地的工作者逐字翻译成普通话。然后，使用主题分析方法对转录文本进行分析。完成初步的编码之后，将标签附加到相应的文本段落上，表明与研究问题相关的重要材料，然后继续分析，反复阅读转录文本，及时修正与调整编码的内容，最后形成一组主题。三名研究人员对每个转录文本进行编码，并分别识别类别和主题。为了提高分析的效度和信度，研究小组邀请督导进行指导，同时定期开会讨论文本出现的主题和问题。

对所有资料和访谈记录采用定性内容分析的方法进行编码和分析。编码矩阵和初始代码的主要类别是从概念框架和研究问题中演绎出来的。采用演绎方法发展这些主要类别和主题，并通过归纳方法对访谈数据进行整体分析。编码的一般类别是指每个主要类别内的促进或障碍因素。比如父母对家庭教育的认知度、父母的自我效能感、家庭系统的支持、同辈效应等。当参与的家长讨论服务项目时，家庭教育的知识或支持性育儿实践的知识被编码为家长参与的促进因素。如果有访谈内容表明家长缺乏家庭教育知识，那么它就被编码为家长参与的障碍因素。感到压力、困难或信心不足的评价则被标记为自我效能感方面的参与障碍。类似地，家庭重要成员的支持度、社区关键人物的参与、文化环境与现实压力等被逐一编码为家长参与的促进或阻碍因素。总之，编码主要围绕小组活动、农村环境中积极或消极因素的评价、家庭影响、社区同伴的支持、父母参加育儿项目的目的或意愿展开。

四、研究结果

（一）课程中的收获和育儿技能变化

根据每节课程的家长反馈，结合项目工作者的记录，描述和分析农村家长对参与本项目的看法。家长的感受和所发生的育儿变化具体表现在以下三个方面：

1. 教养观念转变

家长在一开始接触课程中的育儿策略时，觉得课程教授的内容很简单，不需要学习也知道，比如陪伴孩子或表扬孩子，父母认为自己平常在家都做到了，因此对学习育儿知识没有什么期待，收获感也很低。但在真正与其他家长交流和仔细阅读插图故事之后，家长对陪伴、表扬等他们习以为常的育儿方式产生了新的认识，逐步明白每一个策略背后的核心要点，打破了已有的错误观念。

> 我们日常觉得在孩子的身边就不错了，觉得这样子就叫陪伴。但事实上我们并没有做到精心陪伴。在陪伴的过程中没有关注到课程中提到的核心要点，比如让孩子主导游戏，给予孩子积极的关注。我觉得精心陪伴和一般意义上的陪孩子还是有很多不一样的地方，这让我受益匪浅。（低出勤者4）

除了对家庭教育观念与育儿行为的自我反思，家长教养观念的转变还体现在减少吼叫、体罚的方式，有意识地使用非暴力语言与孩子沟通，更加关注孩子的心理健康状况和情绪问题，学会理解和尊重孩子的感受。

> 参加课程的这两个月以来，孩子在变化，我们家长确实也在变化。孩子会主动与我分享她的很多事情。然后，有时候我做得不好，孩子也会提醒，让我回忆起我们课程上学到的东西。以前孩子可能天天挨骂，从早上开始就挨骂，从起床开始就挨骂，现在我很少吼叫，会好好沟通，听听孩子的想法。（高出勤者c）

在项目工作者的鼓励之下，组员开始突破内敛、害羞的心理，在小组里积极发言，分享自己的育儿经验和感受。在进行小组练习时，家长主动邀请孩子一起完成角色扮演。在互动的过程中，家长逐渐说出她们观察到的孩子的行为表现，与孩子谈论感受和情绪，并向孩子直接表达关心和爱。

> 我其实很少和孩子谈论学习以外的事情，很多话说不出口，也不太会表达。现在，我慢慢尝试跟孩子说一下我自己的心情和感受，我

也会主动询问他的心情和感受。如果发现他不开心，我会开导和安慰他。（高出勤者 a）

2. 教养技能提高

项目参与质量（通过出勤、完成家庭作业和参与讨论来体现）与项目的效果密切相关。那些投入较多（即参加更多的课程，主动发言、练习育儿策略）的家长比那些投入较少的家长教养技能提高得更快。出勤率高的家长对克服育儿挑战充满了信心。他们积极完成家庭作业，尝试和使用学习到的新的育儿知识和策略，在这个过程中，家长提高了教养能力，感受到科学的育儿方法所带来的效果。

以前从来没有想过给孩子制定什么规则，上了这个课之后我就认真和孩子商量，制定了几条家庭规则，比如吃饭时间和家人坐在一起，熄灯之后准时睡觉，等等。孩子的执行力变强了，知道了什么时间该干什么，这对我和孩子的爸爸也有约束力。（高出勤者 d）

表扬看似简单，像孩子喜欢什么就买什么，但这会助长孩子的虚荣心，比如要的奖励越来越贵。在和其他家长交流之后，我发现一些奖励不需要花什么钱也能让孩子开心，比如做一道孩子喜欢吃的菜、带孩子散步。（高出勤者 c）

每一位家长都是育儿专家，课程可以将家长已有的育儿知识整合起来，形成一个比较系统的框架。有的家长表示之前养育孩子的时候，感觉脑子里空空的，面对孩子的一些不恰当行为，不知道采取什么样的方式是合适的，所以干脆什么也不做，顺其自然。现在上完课之后，他们有了一些育儿知识储备，知道如何去应对和处理孩子的行为。

　　　　之前还不知道学了这些知识究竟有什么用，但在这节课就明白了做事情的时候要先和孩子沟通，站在孩子的角度去想问题，渐渐没有之前那么迷茫了。现在当孩子闹脾气的时候，我会先让他发泄情绪，然后通过重新引导来转移孩子的注意力，而不是像之前那样，一旦孩子哭闹就制止他或者对他吼叫。（高出勤者b）

3. 学会自我关怀

当个体处在无奈、失望、痛苦、焦虑等负面情绪中时，如果对自己消极的状态保持开放和接纳的态度，学会安抚和关心自己，就能够提高应对困难或其他压力事件的适应能力。因此，学会自我关怀对每一位家长来说都是非常重要的。养育孩子是一个艰辛的过程，家长难免遇到压力和挑战，从而产生一些消极情绪。在参加课程之后，不少家长表示其学会了"放过自己"并善待自己。

一方面，减少发脾气的次数，更加关注自己的感受，能够对自己产生的糟糕情绪或做错的事情给予理解和宽容，而不是自我否定，苛责自己。

　　　　我觉得自己的脾气没有之前那么暴躁了，发脾气之前会想一下。我发现，人一暴躁起来，这种心情会影响人的皮肤状态。现在一些很久没见我的朋友，他们都说我的皮肤最近很不错，主要是我心态改变了。之前我很喜欢发脾气，然后我脸上的痘痘是从来没有断过的，现在还稍稍有一点痘痘。（高出勤者c）

另一方面，通过挖掘自己的喜好或寻求外界支持，转移对负面情绪的注意力。父母意识到养育孩子不是只围着孩子转，自己扮演的角色也不仅仅是孩子的父母，他们也有自己的个人生活和兴趣爱好。当遇到烦心的事情时，父母也需要及时排解情绪，需要帮助和鼓励。这种力量既可以是来自家庭其他成员的支持，也可以是父母对自我的安抚和关心。

> 当要对孩子发脾气的时候，让他去冷静，其实也是让自己冷静。我学会了暂时离开让自己感到不舒服的环境，有时候去自我消化，有时候向孩子的爸爸进行倾诉，感觉会好很多。（高出勤者 e）

> 现在，我觉得很烦的时候，我就会去买自己喜欢喝的饮料。以前的话，带他们去买吃的时，我就只买他们要吃的东西，而很少关注自己要吃什么，或者忘记了自己也有喜欢吃的东西。（低出勤者 1）

（二）促进父母参与项目的因素

受访的项目工作者及家长识别出了三个能够吸引和留住家长的促进因素：积极的个人特质、家长的获得感、项目的形式和内容。

1. 积极的个人特质

（1）强烈的兴趣。

参与课程的家长认为他们一开始报名是源于兴趣：之前没有接触过家庭教育服务项目，也没有听说过小组活动，感觉很新奇。加上孩子的班主任在群里转发招募海报，鼓励家长踊跃报名，更加激发了家长的好奇心。

> 在农村，这种机会还是很少的，有大学生下乡来为家长办活动比较难得，我也没有接触过家庭教育方面的知识，所以就想报名参加试试。（低出勤者 3）

> 报名参加课程是因为自己比较感兴趣。和许多孩子的父母在一起交流和讨论挺有意思的，我平时在家都没什么交际，周围同辈的人几乎都在外面打工。（高出勤者 a）

（2）强大的学习能力。

报名参加课程的家长都希望能够从课程中学习育儿知识。她们的受教育程度以初高中为主，学习能力比较强，具备一定的知识储备。有的家长曾经接触过家庭教育领域的服务，包括参加线上知识讲座、教育机构组织的家长培训等。例如高出勤者 c 表示："我之前参加过线上的家庭教育课程，感觉效果不是很好，这次有线下的就想着要报名，多学点知识。"

（3）做出改变的信心。

参与意愿强的家长具有更强的承诺感和改变动机。为了建立更加积极的亲子关系，促进孩子的健康成长，他们愿意做出尝试，克服障碍，不论刮风下雨还是炎炎烈日，都按时来到学校参加课程。出勤率高的家长积极学习和运用育儿策略，对课程充满期待。

> 家里就我一个人忙活，早上提前把家务活干完，然后来学校参加课程，想多学点知识，改变之前错误的、无效的方法，汲取不一样的经验。那些做得好的父母肯定有自己的一套方法。（高出勤者 e）

> 正式上课前有一个环节是分享自己的感受，而我感受最深的一点就是充满期待，总是好奇这一节课又会学习哪些新的知识，回家之后我是不是有机会练习和使用这些策略。（高出勤者 a）

2. 家长的获得感

（1）提供免费课程和育儿支持。

此项目是公益性服务项目，不收取任何费用，具备一定的易得性。在家长方便的时候提供课程是至关重要的。该项目根据家长的工作性质和娱乐时间，将课程分别安排在周六上午和周日下午，满足了大多数人的需求。服务递送的场所选择在当地小学，学校不仅拥有良好的硬件设施，也为家长所熟悉。且该小学处于社区的中心位置，与各个村庄的距离比较近。此外，为家长提供交通解决方案可以提高出勤率。在资源匮乏的环境中，为家长提供班车服务可能特别有益。这样，家长不必担心要骑着电动车顶着炎炎烈日来参加这个项目。同时，知道有班车接送，可能会鼓励家长参加课程："如果条件允许，比如交通比较方便，有人接送的话，还是很愿意参加的"（低出勤者 2）。

受访的家长大多有两个及以上的孩子，孩子的暑期生活最让家长头疼。农村可替代性的娱乐活动比较少，孩子的安全和学习问题是家长最关心的。项目提供托育和学业辅导服务，一方面能够减轻家长照顾孩子的压力和辅导家庭作业的负担："我们让家长带孩子来，帮他们解决了照看孩子的问题。像 X 妈妈，或者是 Y 妈妈，以及 Z 妈妈，如果我们不让她们带孩子来学校的话，我觉得她们可能自身的参与意愿也没有那么强"（项目工作者 B）。另一方面，孩子若对所提供的服务感兴趣的话，会提醒家长参与课程，带他们一起来学校。孩子的参与意愿对支持和鼓励家长参加课程发挥着重要作用。高质量的游戏活动对孩子本身也有好处，他们可以认识新的朋友，一起玩耍、做手工、交流学习。

> 我总是问妈妈今天星期几，因为到了周日就可以去学校参加课程了。我很想去学校，能够和朋友玩，也可以一起参加小组活动。妈妈也觉得我的积极性提高了，做事情会比较主动；胆量也变大了，我在家里练习舞蹈，准备在最后一节课时进行才艺展示。（儿童 #4）

> 在这里，我认识了很多伙伴，我们一起打篮球，一起做折纸。我做的折纸都被妈妈收藏起来了，她还把它们拍成视频发给爸爸看，我觉得很开心。（儿童 #2）

项目工作者为家长提供力所能及的情感和信息方面的育儿支持，能够大大增加留住家长的可能性。情感支持是指项目工作者倾听父母面临的育儿问题并给予情绪疏导，帮助他们缓解育儿压力和家庭压力，防止家庭功能失调。信息支持包括为家长提供所需的学习资源和政策咨询等。

> Z妈妈当时向我请教了很多问题，比如她家孩子注意力不是很集中。我有很多资料，比如关于怎么提高小朋友的注意力的，还有一些小游戏，我会分享给她。（项目工作者A）

（2）促进育儿行为发生改变。

家庭教育服务项目中使用的主要理论是社会学习理论（Bandura，1977）。社会学习理论认为，人们是在一定的社会环境中，通过模仿和观察行为进行学习的。个人的认知、行为与环境因素三者及其交互作用会对人类行为产生影响。比如儿童会通过观察他人的行为进行学习，在此过程中，行为、环境与认知三者会发生相互作用，家长消极的教养方式会强化儿童的问题行为。在此种情况下，家长往往会对自身的育儿能力产生怀疑，降低自我效能感，从而在对后续类似问题的处理上更加束手无策，导致家庭教育质量不断下降。但是，如果及时对家长进行积极的指导，便能终止这一恶性循环，这无论是对提高家长的育儿自信，还是对切实改善育儿效果，都有明显的作用。自我效能感技巧经常被用来提高参与者的育儿信心。家长认为在小组中学习新的技能来改善与孩子的关系是十分重要的，许多家长报告了整体的行为改变，孩子也感受到了家长参加课程之后发生的变化。家长所重视的技能包括：解决信心缺乏的问题，提高做好父母的能力，设定目标，以及支持他们发展自我关怀的技能。

以前我做什么事情都没有这么坚持，自从上了这个课后，我真的是每周坚持来。我觉得自己的性格和心态都得到了改变，就是以后要继续坚持做一些事情，比如为了让孩子得到更好的成长，我需要不断学习。（高出勤者 d）

妈妈参加这个课程有用，整个人都改变了，包括对我的态度还有对她自己的态度，现在她发脾气的次数少了。我喜欢妈妈的这些改变，想让妈妈继续参加课程。妈妈对我的态度变好了，妈妈自己的心情也好了。（儿童 #1）

家长将所学的育儿知识和技巧运用于生活中，孩子慢慢发生了改变，不仅能够理解家长的用心，也能模仿和学习家长好的教育方式。

我变得听话了，爸爸妈妈让我去做家务，我会听从。我写作业也更加认真了，写字更好看了，获得了爸爸妈妈的表扬。我还学会了如何表扬弟弟，比如："你收拾了书包，这真不错！还帮我收拾好了，谢谢弟弟！"（儿童 #3）

在这个过程中，家长真切地感受到课程带来的效果，当获得感增强时，他们参与课程的意愿和积极性也更高了。一位家长每次都提前半个多小时到达小组活动场地，与项目工作者分享自己的育儿经历：

参加课程是想了解怎么控制住自己的情绪，从而更好地教育孩子。这个课程真的有帮到自己和孩子。我现在可以控制住自己的脾气了，发脾气的次数减少了。我和孩子的关系也越来越亲密了。（高出勤者 b）

3. 项目的形式和内容

（1）每周一次家访。

项目工作者需要与潜在的服务对象建立信任关系。如果递送项目的人不被家长信任，则可能会导致家长拒绝参与或脱离服务。

> 在招募阶段联系家长进行家访的时候，很多家长不接我们的电话，也不回短信，导致流失了很大一部分人。（项目工作者A）

而由家长信任或熟悉的人来招募家长并递送服务，可以增加项目的参与率。通过家访，不仅可以向家长详细介绍项目的内容和目标，增加家长对项目的了解，提高家长对家庭教育的认识，还能够帮助项目工作者与家长建立信任关系，无形中也给家长带来了持续参与课程的动力。

> 工作者来家访给我带来很大的触动。我第一次知道有家庭教育课程，原来家长也需要学习知识，而不只是孩子需要学习。看到工作者为了我们每天顶着大太阳出来家访，是让我很感动的，也会让我坚持去上课。（高出勤者d）

（2）用插图故事呈现课程主题。

核心课程通常以一个用插图展示的故事开始，以帮助家长理解核心技能或原则，了解如何解决具体的育儿挑战。插图故事让家长有机会通过故事中人物的家庭生活来了解如何做家长，贴近生活情境的故事会让家长想起自己的家庭。这些故事有助于家长学习与每节小组主题有关的核心育儿技能。正如一位家长所说：

> 插图故事可以让我提前学习一些应对孩子问题的方法，虽然孩子还没有过让我觉得她需要去冷静的行为，但以后若遇到的话，我可以

借鉴插图故事中的妈妈的处理方法。(低出勤者1)

有时，项目工作者会用一个传统的或改编的故事来介绍核心课程的中心主题。讲故事和听故事，会产生一种奇妙的联系力量。它将所有人聚集在一起，创造出一种社区和家庭的感觉。项目工作者通过故事使家长关注到类似的生活情境，引发家长的共鸣，增强家长的认同感，也提高家长的知识迁移能力。

这个故事让我想起了家里的一个场景。就是孩子做错事，我选择使用"忽视"策略，让全家人都不理睬她，让她好好反省，但孩子的奶奶忍不住，跑去安慰她，哄她，还做好吃的给她吃，这样就没有达到"忽视"这个策略的效果。(高出勤者d)

（3）小组成员提供同伴支持。

小组体验对参与者来说是一个重要的促进因素，丰富多样的小组互动形式为成员建立了一个相互学习和交流育儿知识的平台。一些家长平时在家里很少和别人交流，这种形式能够让他们和别人有更多的交流机会。出勤率高的参与者对这种以小组为基础的服务递送方式感到满意。例如高出勤者d表示："我喜欢这种小团体的形式，因为大家在一起的氛围很好，可以互相交流，如果是线上课程，可能大家交流的机会会比较少。"

项目合作的小学很少召开家长会，同一个年级学生的家长也少有聚在一起的场合，家长微信群扮演着供老师发布通知的角色，大家很少私下联系。不少家长表示，他们养育孩子的经验除了借鉴互联网，更多的是来自周围的同辈群体。成为父母后新建立起来的朋友圈影响了他们的育儿方式。小组为他们提供了与他人见面交流的机会，使他们能够获得同伴的支持，这对鼓励他们参加项目来说是有价值的。例如高出勤者e和高出勤者

d 都表示，她们能够看到每一位家长为教育孩子所付出的努力和辛苦，尽管不同家长的育儿方法不一样，但都有值得学习的地方。

> 这节课，我和 L 妈妈以及 Z 妈妈比较熟悉了，我们之间的沟通和交流比之前多了，大家也比较放得开。我从她们身上学习到了很多，比如 L 妈妈执行力比较强，Z 妈妈脾气非常好，这都是我需要学习的地方。（高出勤者 e）

> 参加这个课程，我从其他妈妈身上获得了支持的力量，比如 Z 妈妈和 C 妈妈，这两个月我从她们身上学到了很多，我在家做得不太好的时候，肯定会参考她们的育儿方法。（高出勤者 d）

（4）培训和督导。

在项目实施前，所有的项目工作者都要接受专业培训，提前了解入户的相关注意事项，掌握对常见问题的回应方式，学习动机式访谈技巧，了解家长可能有的感受和期望。每周课程结束后，项目工作者要接受专业督导，就课程开展过程中遇到的问题和困惑进行讨论。前几节课程，项目工作者面临的最大挑战是吸引与留住家长，督导老师对此给出了非常实用的意见和建议，帮助项目工作者梳理情绪，客观分析原因。由此，项目工作者对家长参与的现状树立了正确的认识，意识到在活动前期，家长的离开与加入都是正常的现象。对于离开的家长需要进行追踪调查，询问其原因，然后采取针对性的应对策略；对于新加入的家长则要重点关注他们适应和融入新环境的问题。当摆正心态之后，项目工作者致力于学习和运用小组工作技巧，提高工作能力。比如针对家长出勤率低的状况，项目团队设立奖惩机制。一方面，表扬那些积极练习和使用育儿策略的家长，激发他们继续参与的热情和信心。另一方面，由小组成员共同讨论决定小组规则中的惩罚措施，确定家长无故不来上课、迟到、没有完成家庭作业等，需要承担哪些后果。

项目工作者接受培训和督导对于促进家长参与发挥着重要作用，不仅能够帮助解决招募和留住家长的问题，也有利于提高项目工作者的能力和专业素养，增加小组成员对项目工作者的认可度。例如高出勤者 c 表示：

> 工作者们非常耐心，都很平易近人，也很温柔，这让我很有意愿去和他们讲自己的事情，而且他们也都会给予积极的反馈，没有架子。

（三）阻碍家长参与项目的因素

保留率是以完成项目的参与者的百分比来计算的，保留率>70%是可接受的（Korman et al., 2020）。而该项目的保留率低于这个标准，在确认报名的家长中，退出 9 人，退出率约为 43%。此外，家长的出勤率也存在较大波动，因缺席而间断参与课程的现象时常发生。就像项目工作者 A 所说：

> 到了开展课程的时间，经常联系不上家长，也不知道家长来不来，那可能有时候就会陷入两难的境地：是不管人多人少都先开始，还是再等等？

项目在一定程度上取得了良好的效果，具备一定的可接受性，那么为什么仍然难以留住家长？无法参加所有课程甚至选择退出小组的家长受到了哪些因素的阻碍？研究发现，阻碍家长参与课程的因素包括家长的感知行为控制、行为态度，以及来自家庭、社区和农村社会文化等方面的情境因素。

1. 错误认知与自我效能感较低

如果个体对执行某种行为感到十分困难或者掌控能力比较弱，则不利于个体产生意愿，个体意愿转化成行为的可能性就低。在本研究中，感知行为控制主要反映在家长对家庭教育服务的认知程度和自我效能感上。一方面，家长对家庭教育服务具备一定的认知与了解是进行控制的必要条件，当个体面对没有接触过的新环境或新事物时，往往会高估即将面临的挑战与困难，也就是说，如果家长对家庭教育、科学的育儿理念缺乏了解，育儿知识贫乏，就容易产生认知偏差，也会不自觉地提高参与课程的门槛，存在畏难情绪，进而导致意愿与行为的背离。另一方面，自我效能感是家长感知行为控制的重要体现，尽管项目工作者对服务内容和形式进行了本土化改良，并且发放课程手册供家长课后学习，但每个家长的学习能力和育儿信心都存在差异。即使家长对家庭教育有一定的了解，受信心和能力不足的限制，家长的参与意愿也会降低。

（1）对家庭教育的认识片面。

家庭是孩子健康成长的重要场所，父母是孩子的第一任老师，家庭教育是孩子良好性格养成、品行端正的根基。虽然大部分家长很关心子女的教育问题，但也有家长认为教育孩子是学校的事情，把责任全部推给学校；有的家长想教育孩子但觉得没有方法，有心无力，到最后还是选择放任不管；而另一些家长望子成龙、望女成凤心切，为提高孩子的学习成绩，拼命"鸡娃"。无论是缺失教育还是过度教育，都折射出父母在家庭教育理念上的偏差。根据《中华人民共和国家庭教育促进法》，家庭教育是指父母或者其他监护人对未成年人实施的道德品质、身体素质、生活技能和文化修养等多方面的培育、引导和影响，以促进其全面健康成长。家长对家庭教育的认识与理解是比较片面的，当被问及是否了解过与家庭教育有关的政策、法律时，大多数父母表示不了解，只是从字面上理解应该是要求家长教育孩子、关心孩子，但是对于如何教育、如何给予关心却没有系统地思考过。受成绩至上思想的影响，父母较少关注孩子的综合素质发展，而过于关注孩子的学习成绩。

此外，尽管项目工作者在家访时向家长详细介绍了项目的内容和目标，但还是有家长认为这个项目是让孩子参加的，父母不用参加。例如项目工作者 A 表示："当提到是让家长来学校参加小组课程时，家长很惊讶，他们以为这个课是给孩子上的，可以改变孩子的学习成绩。"当参加了一两次课程之后，家长发现学习的是陪伴、表扬，而不是与培养孩子的学习习惯、转变孩子的学习方法等有关的知识，就倾向于不再参加课程。可见，家长对家庭教育服务的内容以及家长应该承担的育儿责任存在错误的认知，反映出家长对家庭教育服务的可用性缺乏了解，或者没有意识到育儿支持的必要性。

> 我感觉他们（家长）都是考试导向的，为了应试教育去做很多事情。对于我们这个课程，他们理解的是如何让孩子提升学业成绩，而不是教授家长陪伴、沟通、重新引导等"无关"的育儿知识和方法。当家长发现不是孩子而是他们自己需要来参加课程时，他们就不想来了。（项目工作者 B）

项目的内容主要是围绕如何使用非暴力的方法管理孩子的不恰当行为，改善亲子关系。对于目的性比较强的家长来说，孩子的成绩很重要，他们更倾向于讨论儿童遇到的学习问题和困难。当项目工作者入户访问了解家长的参与意愿时，将近一半的家长提到了孩子学业方面的问题，比如写作业拖拉、自律性差等。超过三成的家长想要实现的育儿目标是帮助孩子养成良好的学习习惯，让孩子在学习方面更加积极主动。当课程未能满足这部分家长的需求时，就增加了家长拒绝参加项目的可能性。

我们在课程实施期间遇到的比较大的一个障碍是，家长一直想要从我们这里寻求提高他们孩子的成绩以及让他们的孩子能够好好学习的方法。当参加完第一节课，家长发觉我们不是做这个的时候，或者是家长觉得没有学到他们想学的东西的时候，他们可能就不是很倾向于来参加了。(项目工作者 A)

（2）自我效能感较低。

自我效能感经常被用来测量家长在应用从项目中学习到的特定技能方面的信心。家长是否参与育儿项目与家长的自我效能感紧密相关。如果家长对实现自己通过参与小组活动来获取育儿知识、改善亲子关系的预期目标有信心，相信能够对孩子产生积极正向的影响，其参与项目的行为意向会得到促进。相反，当家长学习了育儿知识和策略之后，在处理孩子不恰当的行为问题时仍感到不知所措或无能为力，没有信心改变自己或其他家庭成员对待孩子的方式，也不认为孩子会听从指令时，他们的参与意愿就会显著降低。即使加入了课程，其积极性和出勤率也不高。

我现在不知道是因为之前没有教好还是怎么样，孩子就是不听话，不像小组里的 Z 妈妈，她的孩子很乖，我的孩子一点都不乖，刚刚兄妹俩才打完架。我知道打孩子不好，但我也没有其他办法，这让我感到无能为力。(低出勤者 1)

我和孩子奶奶的育儿方式不一样，在家庭中多多少少有一些冲突。你又不能不听老人家的，但是听了又不想按照她的方式教育孩子，和她讲道理也不行。此外，就是孩子自身的脾气比较大，因为一点小事就发脾气，我不知道要怎么办，有的时候很绝望。(低出勤者 4)

课程通过插图故事呈现日常生活中家长与孩子相处的情境，育儿知识和策略则通过故事中的人物被传达出来。小组成员在使用这些知识和策略之前，对自己回家进行练习感到有难度是正常的，大部分家长在课程反馈中提到了这一点。同时，相对于高出勤参与者，出勤率低的家长对练习这些策略的效果不抱有希望。他们没有按照家长手册上的步骤完成亲子互动，对孩子是否能够听从指令也持悲观态度，认为孩子只会从自我出发，考虑自己的情绪而不会理解家长的做法和感受。这种消极的心理导致家长自身做出改变的动力不足，对完成家庭作业失去耐心，最终也不愿意坚持参加课程。

> 策略是挺好的，就是在我家实施起来有难度。比如冷静和解决冲突这两个方法，感觉在我家就没有什么效果。我让孩子去冷静，我又不可能时时刻刻盯着他，他可能转眼就不见了。即使孩子站在那里，也不是反思，而是东搓搓、西挠挠，起不到效果。说到解决冲突，孩子都是站在自己的角度想事情的，不会想着合作和分享。(低出勤者2)

2. 消极态度：参与课程的收获小于付出

态度是个体对特定对象（人、观念、情感或者事件等）所持有的稳定的心理倾向。这种心理倾向蕴含着个体的主观评价以及由此产生的行为倾向。在本研究中，态度主要反映的是家长对参加家庭教育服务项目的成本效益评价，即感知有用性与潜在成本之间的关系。当家长感知到的项目有用性大于潜在的成本时，他们对参与课程的态度就积极。相反，如果家长感知到的项目有用性较小且在意潜在的成本，他们的态度就消极。选择退组的家长认为他们在小组里的收获比较少，认为现在学习的知识和自己以前接触的知识没有差别，没有学到新的有用的知识。

> 知识点都很好理解，大致的内容和之前学习的育儿知识差不多。之前会上一些网课，这些网课也会讲怎么陪伴孩子，怎么给予孩子积

极关注，就感觉和我们这个课程讲的知识很像。从这节课中没得到什么有用的知识，讲的东西之前都了解过。（退组者甲）

还有一部分出勤率低的家长指出，从项目中所学的知识和技巧能够产生的效果非常有限，并不适用于自己家的孩子。育儿策略是很好的，但运用起来很难产生预期的效果。

当我家孩子出现不好的行为，比如哭闹不停时，就算放他最喜欢的电视节目也不行，还是一直哭闹。课堂展示里的哭闹不止的孩子会被父母用一个纸飞机成功吸引，这种完美的情况基本不会发生在我家。（低出勤者1）

当课程带来的收获比较小，没有满足家长的核心需求时，家长就会更加关注自己要付出的成本（如花费一定的时间和精力，应对炎热的天气），并且会放大这些成本对项目参与的阻碍作用。这时，即使是平常能够克服的出勤障碍或者潜在成本，也会成为家长请假或退出小组的原因。正如项目工作者A所说：

在居委会工作的Y妈妈（退组者丙）上了两节课后就不来参加了，因为她觉得没有学到她想学的东西，她想学习如何处理代际育儿的问题。后来去家访，她没有直接说课程没有用，而是说自己平时工作比较累，周末想要休息。

3. 社会支持不足

（1）缺少家庭成员的支持。

一个经常被提及的障碍是缺少家庭成员的支持，特别是缺少来自伴侣和其他重要家庭成员的支持，这使得家长难以参与课程或实施育儿策略。

有些家长指出，他们有信心也有能力改变自己对待孩子的方式，但却无法改变其他家庭成员的想法和教育孩子的方式。当在家里实践育儿策略出现了矛盾时，他们的伴侣或者孩子的祖辈不愿意改变观念和行为，总是强调分歧或对他们学习到的知识和策略不屑一顾，这让参与项目的家长感到很沮丧，也很受挫。他们认为，如果没有家庭成员的支持与配合，即使自己一个人做到"科学"育儿也没有用，孩子不好的行为还是得不到改善，从项目中学到的知识也无法发挥实际的效用。

> 孩子表现得好我会进行表扬和奖励，比如根据她的喜好买一个礼物给她，但是孩子的奶奶就是奖励钱，以至于现在孩子做一点家务都要钱。有一次我让孩子做家务，她说要先给钱。我觉得这种行为不好，但是孩子的奶奶不觉得有问题。我现在从小组里学的这个冷静策略如果在家里运用的话，孩子的奶奶肯定不会赞同。（退组者丙）

此外，有些选择请假或退出小组的家长表示，他们主观上是愿意每次都来参加这个课程的。但当孩子或者伴侣出现身体健康问题，没有其他家庭成员能够提供帮助时，参与者必须"牺牲"上课的时间，留下来照顾他们。

> 这节课我去不了了。女儿感冒了不舒服，只要妈妈陪在身边。真的很抱歉。（退组者乙）

> 有一个已经签署了知情同意书并且确认了报名的家长不能来参加课程，是因为她的丈夫扭伤了脚，无法正常行走，没有公婆帮忙，她只能留在家里照顾丈夫。（项目工作者B）

（2）同辈效应不显著。

社会孤立和缺乏同伴支持可能会降低家长参加项目的意愿。在家访过程中，项目工作者发现这样一个有趣的现象：当家长犹豫要不要报名或者询问有哪些人已经完成了报名的时候，如果项目工作者告知的已报名家长这位家长不认识，家长就倾向于不报名参加。但实际情况是：项目合作小学所在的社区覆盖的村庄比较多，且彼此居住距离较远，参加项目的家长相互都不太熟悉，小组成员异质性较高，尤其体现在兴趣和职业两方面。

当地比较流行打牌，尤其对于全职在家带孩子或工作比较灵活的家长来说，打牌是消磨时间的最佳选择。一旦遇到朋友邀约去打牌，有的家长不管上午还是下午，就算和课程时间冲突也会优先选择打牌，满足自己的需求。在这种情况下，无论是小组规则还是项目工作者的电话提醒都不足以改变家长的决定。

> 我觉得来不来参加课程主要看家长自己的想法和兴趣，一些在家里没有事情干的家长还是愿意来上课的，如果是爱打牌的，估计就没有时间来了。（高出勤者 d）

> 有些家长可能是有一些客观原因无法协调才请假或者退组，但是我观察到，也有家长有时间打牌但不来参加活动。家访的时候我了解到 ×× 妈妈和 ×× 妈妈平时都会去打牌，对孩子的关心和陪伴不多。有一次上课前打电话提醒一家长参加课程，她说正在打牌，就不来了。（项目工作者 B）

此外，职业问题是另一个结构性障碍，导致家长缺席或退出课程。小组课程分别被安排在周六上午和周日下午，以满足有工作的家长的需求。考虑到安全问题，没有安排晚上的课程。然而，在居委会工作或者经营商店的家长的工作时间并不规律。这种无规律的日程安排让家长很难保证每周有固定的时间段去参加课程。

有时候临时接到工作安排，就没办法参加活动了。与工作者约好了家访时间，但又要办党员活动。所以工作上的事情走不开，会阻碍参加课程。（低出勤者3）

居委会最近事情很多，碰上疫情，很多材料要整理，周末也没有休息时间，所以我还是退出小组吧。（退组者丙）

虽然课程时间安排在周末，但有时候周末也要去居委会上班。暑假农忙季节，很多村民会来居委会咨询一些用地、耕地问题，琐事比较多。（退组者甲）

4. 文化环境与现实压力

与城市不同，农村处于相对封闭、经济较为落后、各项基础设施不完善的环境中，在这样的社会文化背景下，家长很少能够接触多元的文化产品和其他的服务资源。在一个活动范围有限、交际圈比较狭小的空间里，家长学习的途径比较单一，也缺乏系统学习育儿知识的机会。对于使用非暴力的方法管理孩子的行为，他们除了感到陌生，也存在排斥心理。许多农村家长仍然相信"打是亲，骂是爱"。受农村社会文化环境的影响，家长形成了一套比较固定的育儿方法。根据项目工作者的观察和访谈，农村家长普遍存在对暴力教养的认可，认为不打不成器。他们在教育孩子时，普遍使用过吼叫或者打骂孩子的方式。此外，一些参与意愿不高的家长认为自己的孩子所表现出来的一些问题行为是正常的，或者调皮捣蛋是孩子活泼的体现，认为孩子没有问题或者自己的教养方式没有问题，因而没有动力参加课程。

学校老师经常会在家长群里发课程消息，虽然老师做了推荐，但周围的人不一定愿意去参加。因为家长觉得自己的孩子很好，自己做

得也很好，不需要去改变，没有改变的动力。（高出勤者 e）

超过七成的家长认为打骂孩子或对其吼叫不会影响亲子关系，或者产生的负面影响比较小，孩子能理解父母。而在小组中，家长需要学习使用非暴力的策略来管理孩子不恰当的行为。当两种截然不同的理念和行为方式碰撞在一起时，有的家长难以摆脱对原有育儿方式的路径依赖，而选择放弃尝试新的育儿策略和方法。有的家长对非暴力的管教策略产生怀疑，认为忽视或者鼓励孩子自己解决冲突的技巧难以发挥作用，孩子仍然表现出不恰当的行为，而更加相信教育孩子需要强硬的"手段"。这两种情况都在一定程度上降低了家长对课程的认同感。

> 孩子不听话的时候，比如说让他不要看电视，他还是长时间看电视，当出现这些情况被气急的时候我就会打孩子。我觉得打孩子是有效果的，以前我不听话，我的父母也是用打的方式，被打之后我就知道错了。其实我也尝试过别的方法，比如和孩子好好说，温柔对待孩子，以及奖励他小贴纸等，但都没有用，只有打他一下才能让他意识到问题的严重性。（低出勤者 1）

> 感觉这节课的知识（解决冲突策略）对我家孩子没用，因为我家孩子不吃这一套，她吃硬的不吃软的。当她不听劝告，一直抢别人的玩具时，你去鼓励她想办法化解矛盾是没有用的，她根本不听你的话，我就只能打了。（低出勤者 2）

此外，由城乡经济发展差异导致的劳动力外流也是不可忽视的一个现实因素。项目实施村庄的人口结构以一老一小为主，青壮年为了谋生，纷纷外出打工。留在家中照顾孩子的父母非常少，并且主要以母亲为主，父亲在孩子的成长中处于缺位状态。一位受访家长表示：

我老公都不怎么陪孩子，工作忙完就只顾自己玩手机，打游戏，也不和孩子玩，就我每天照顾孩子的学习和生活，我觉得我就是在丧偶式育儿。（高出勤者 c）

这种现实情况的存在使得项目团队不仅很难招募到预期的人数，也很难招募到男性家长。

在农村，不会有那么多符合我们招募条件的家长。很多爸爸妈妈都出去打工了。当时有很多家长都说自己在外地，他们以为课程可能会在线上，或者是孩子的爷爷奶奶上课，所以当时报了名。但是后来发现我们是线下课程，在学校开展活动，所以他们就没有办法来上课。（项目工作者 A）

5. 个人事务与课程安排冲突

在服务递送过程中，可能会发生一些意外情况影响家长参与的连续性。即使是参与意愿很强的家长也难以保证自己能够顺利完成所有课程而不出现中断。此外，当遇上红白事，出于人情考虑，家长需要提供一定的帮助；当碰上朋友过生日，家长需要去庆祝；当个人出现身体健康问题，家长也只能选择缺席或退出小组。总之，当遇上无法协调的个人事务时，家长不得不牺牲参加课程的时间。

R 妈妈前面 6 节课都按时出席，我们相信她一定能坚持到最后一节课，但是后面两节课她都没来，一次是碰上她家亲戚订婚的日子，一次是她的爸爸做寿，就真的很不巧，也很可惜。（项目工作者 B）

阻碍我持续参与课程的主要是一些突发性和事务性的情况。一次是因为朋友过生日，我需要提前一天去县里住，和她一起庆祝；一次

是有一个会议要参加。(低出勤者4)

　　缺席课程大都是因为自己有事要处理。一次是和别人提前约好去买车,无法协调时间所以没去参加课程。还有一次是上课那天不舒服,发烧了就没去。(低出勤者1)

五、讨论与结论

　　农村家长通过参加家庭教育服务项目实现了教养观念转变、育儿技能提升以及积极亲子关系的建立。本研究发现促进家长参与的因素包括积极的个人特质、家长的获得感、项目形式和内容三个方面。而阻碍家长参与的因素包括家长的感知行为控制(对家庭教育的认知和自我效能感)、消极的工具性态度和缺乏外在的情境因素支持(如家庭成员和社区同辈群体的支持,农村特殊的社会文化环境)。

(一)农村家长对参与家庭教育服务项目的看法

　　家庭教育服务项目在帮助家长转变教养观念、提升积极的育儿技能、推动积极的育儿实践和改善亲子关系方面是有效的。这与以往关于家庭教育服务项目的可行性和提高农村家长的亲职效能感的研究之发现具有一致性(Knerr, Gardner, & Cluver, 2013;祝玉红,银少君,2022)。家长对参与家庭教育服务项目表达了高度的认可,具有较强的获得感:首先,就家长转变教养观念而言,持续参与课程的家长对孩子的关心不再局限于学习领域,而是开始关注孩子的情绪问题和心理健康状况。通过课程学习和交流,家长意识到与孩子谈论感受和情绪的重要性,认识到孩子不愿学习或者不想听从指令,可能是由于心情不好。其次,在提升育儿能力方面,家长减少使用体罚或者吼叫等简单粗暴的教育方式，掌握了一些应对孩子不恰当行为的非暴力管教策略，比如重新引导消极行为、忽视孩子不合理的要求性行为等。最后，在改善亲子关系方面，家长明白了当花更多的时间与孩子建立积极的关系，比如精心陪伴孩子、给予孩子表扬和鼓励时，他们的孩子会更听从指令，消极行为也会减少。这些技能让家长和孩子都感受到支持和爱，亲子关系变得更加紧密。

在招募阶段，家长对本项目充满好奇：一方面，农村家长很少能够接触这类资源，机会比较难得。这从侧面反映出家庭教育服务项目还未在农村地区得到广泛的实施，农村家长对家庭教育服务存在较大需求。另一方面，孩子是吸引和促进家长参与的重要突破口，一些家长对家庭功能的改善没有兴趣与动机，但是当他们理解这一项目的受益者是孩子时，很多家长立刻表现出强烈的兴趣，主动咨询如何报名参与课程。此外，乡村教师在推动家庭教育发展的过程中扮演着重要的角色。不少家长表示，他们是因为有老师的推荐才决定报名的。最后，项目招募率达到了认可的标准，实现了项目预期的目标。然而，在后续实施阶段，选择请假缺席或退出小组的家长越来越多，项目工作者遇到难以留住家长的困难。这与一项评估 2～8 岁儿童的家长对课程需求的研究的发现相符：家长参与课程不只是出于兴趣或感到好奇，而更多是受到其他因素的综合影响（Patterson, Mockford, Barlow, Pyper, & Stewart-Brown, 2002）。

（二）促进家长参与的因素

促进家长参与育儿项目的因素包括积极的个人特质、家长的获得感、项目形式和内容三个方面。

首先，出勤率高的家长具有的特点是他们有强烈的兴趣、强大的学习能力和有信心做出改变。这与以往学者根据健康信念模型分析家长参与意愿及参与行为得出的结论一致（Spoth, Richard, Redmond, & Cleve, 1995）：一方面，持续参与课程的家长一开始便对项目感兴趣，积极向项目工作者或学校老师咨询项目内容和报名要求。他们具备较强的学习能力，能够利用从项目中学到的东西去改善孩子的行为，建立积极的亲子关系。另一方面，尽管存在育儿压力，家长仍有信心为了孩子的成长做出改变，努力突破自己。比如克服天气障碍，按时参加课程；克服心理障碍，从不善言辞到主动与他人交流、讨论育儿问题。本研究支持以往学者提出的儿童问题行为水平越高的家长，其参与课程的行为意向会越强的研究结论（Mauricio et al., 2014）。孩子行为问题越多、育儿挑战越大的家长，越希望通过参与项目来改善孩子的行为，实现育儿目标。家长将育儿压力转化为参与课程的动力，激励自己不断学习。

其次，在家长的获得感方面，项目的易得性比较高。除了利用家长的空余时间开展服务，不向家长收取任何费用之外，项目团队还提供托育和学业辅导服务，从而减轻家长的经济压力和照顾压力。同时，项目工作者还为有需要的家长提供情感支持和信息支持，缓解了家长的育儿压力和家庭压力。最重要的是，该项目得到循证支持，具备较好的成本效益。这与计划行为理论主张的个人的主观看法（态度）会影响其行为意向与实际行为的观点相符。家长关心本项目给他们带来的潜在好处，当参加项目的预期收益（例如免费的课程、促进育儿行为改变、扩大人际交往）超过潜在成本（例如时间、精力和经济成本）时，家长报名参加并选择持续参与的可能性就比较大。以往研究也发现，感知利益和感知障碍对于预测家长的参与意愿及参与行为具有比较强的解释力度（Salari & Filus, 2017）。

最后，服务成功递送离不开项目方案本身的设计，项目形式和内容对吸引和留住家长发挥着重要作用。这主要表现在：第一，每周一次的家访有利于与家长建立信任关系，帮助家长清楚地了解课程的内容，提高他们对家庭教育的认识。项目工作者通过家访帮助家长评估该项目可能为他们带来的潜在好处，以增加家长对项目的参与度。以往研究也发现，家长往往希望能与一名工作者进行一对一的接触，这名工作者可以解释这个项目并回答任何疑问（Wessels et al., 2016）。第二，根据现有的访谈结果来看，本研究发现插图故事是吸引家长积极参与的促进因素之一。插图中使用的语言符合当地用语习惯，选取的故事紧贴现实生活，有利于家长联想到现实中的育儿场景，帮助家长理解、掌握和运用育儿技巧。以往研究也指出，经过文化调整，项目的保留率得到显著提高（Kumpfer, Alvarado, Smith, & Bellamy, 2002）。因此，成功递送服务需要考虑服务对象的文化程度及所处的文化环境。第三，获得同辈群体支持是持续参与课程的家长经常报告的一个影响因素，这可能是因为小组提供了一个支持性的环境，家长可以在小组中尽情地交流和讨论，讲述自己的困惑或分享育儿经验。家长从小组中获得了其他家长的理解与支持、鼓励与赞美，汲取了力量。第四，培训和督导有利于提高项目工作者的能力和素养，帮助其解决招募和留住父母的问题。这一发现与有些研究的结果具有相似性。例如，负责吸引家长的工作人员应接受培训，从而具备所需的人际交往技能，要注意到服务使用者可能遇到的障碍，并能够解决这些障碍（Ingoldsby, 2010）；项目工作人员要把招募和留住家长的困难看作意料之中的自然反应，而不是消极的家庭特征的表现（Caspe & Lopez, 2006）。这说明有训练有素和接受良好督导的项目工作者是至关重要的。

此外，斯波思（Spoth, 1995）和威廉姆斯（Williams）等人（2022）指出，给家长打电话和发送信息与家长的参与呈正相关关系。而本研究未发现这种联系。相反，超过六成的家长认为微信群消息和短信提醒对于增加出勤率没有什么帮助，这可能是因为群聊太多，家长不太关注消息，也有家长认为发送的内容不是自己关心的话题。有研究发现，促进家长参与的因素在不同阶段有所不同，比如，当干预策略集中于动机性访谈、家庭系统和家庭压力时，能维持父母的持续参与（Ingoldsby, 2010）。温斯洛（Winslow）等人（2016）也指出，通过动机性访谈和设置目标，可以增加家长的参与意愿，提高家长的参与度。在项目前期使用金钱激励可以增加育儿项目的报名率和初始出勤率（Juventino, Cristina, & Angela, 2020）。动机式宣传策略（如宣传视频、教师进行推介、每周的电话提醒等）可以增加从家庭教育课程中获益的家长的出勤率。项目工作者使用动机式访谈技巧，客观地评估家长的育儿状况，引导家长正向陈述，增加家长改变的内在动机，从而提高家长参与课程的意愿。但值得注意的是，我们发现奖品而非金钱激励有利于促进家长的持续参与。这可能与项目团队的招募策略有关：一开始由于预算有限，加上想要通过吸引孩子带动家长参与，项目工作者购买了有利于促进亲子互动的玩具、器材作为奖品。另外，这可能也与服务对象的社会经济地位有关：对于贫困、经济条件比较差的家长来说，金钱激励可能是一个作用比较大的诱惑条件，而本项目服务的农村家长的经济水平在本地处于中等。

（三）阻碍家长参与的因素

研究发现，如果家长对家庭教育服务项目缺乏了解，对学习育儿知识和改善孩子行为失去信心，那么他们不太可能参与项目。这一发现与计划行为理论的感知行为控制一致。也就是说，对家庭教育的认识片面和较低的自我效能感将增加家庭教育服务需求意愿转化为参与行为的难度，从而导致家庭教育服务需求意愿与参与行为相背离。退组的家长对家庭教育课程的定位不清晰，认为服务项目是针对孩子的，而不是面向家长的。他们只想提高孩子的学习成绩，而不太关心如何提升育儿能力和改善亲子关系。与莫里西-凯恩（Morrissey-Kane）等人（1999）的研究一致，自我效能感低的家长几乎没有动力参与干预。出勤率低的家长往往对学习和使用育儿策略缺乏信心，对改善孩子的行为不抱希望，存在一种"破罐子破摔"的心理。此外，对参与项目持消极态度也会影响家长参与的内在动力。相比高出勤者，低出勤者更倾向于认为参与项目没有学到有用的知识，或者课程的内容对自己的孩子不适用。这一方面可能是因为不同的家长有不同的育儿需求，每个家庭的孩子存在性格、年龄等方面的差异，因此在小组里学习的知识并不适用于所有的家庭。另一方面，养育孩子是一个长期的过程，育儿知识和方法从学习到运用再到发挥作用需要一定的时间，短期之内家长可能感受不到学习带来的立竿见影的效果。

缺乏重要他人支持和农村特殊的社会文化环境是家长参与项目的最大障碍。这与以往研究的结果较为一致（Morawska & Sanders, 2006）。退组的家长表示，他们不参加课程是因为：一方面，当孩子生病或者伴侣存在健康问题时，他们不得不留下来照顾，没有其他成员可提供帮助。另一方面，其他家庭成员总是强调分歧或对他们学习到的知识和策略不屑一顾，这降低了家长持续参与课程的积极性。这也支持了已有研究的发现：当伴侣或其他家庭成员没有目睹参与课程带来的好处时，会对家长参与产生阻碍作用（Butler, Gregg, Calam, & Wittkowski, 2020）。除了缺乏家庭成员的认可与支持，本研究的结果还表明，社区同辈群体尤其是朋友、村委会干部、孩子的老师等重要成员对家庭教育服务的利用情况，会影响家长的参与意愿和参与行为。在农村熟人社会背景下，群体内成员彼此知根知底，消息传播比较快，熟悉或者具有影响力的人做出的决策很容易对其他成员的行为产生影响。当得知孩子的班主任也报名参与课程时，一些家长受到鼓舞，参与的积极性也提高了。

此外，农村的社会文化环境对家长的参与意愿及行为的影响不容忽视。城乡经济发展差异导致劳动力外流，留在家中的年轻家长非常少，很多有需求或者符合招募条件的家长无法获得线下服务。不仅如此，报名参加项目的家长主要是母亲，项目工作者很难招募到孩子的父亲。父亲在儿童的成长中长期处于缺位状态，家庭对儿童"养而不教""教而错之"的现象广泛存在（杨岭，毕宪顺，2017）。农村家长普遍认可和接纳打骂或吼叫等简单粗暴的育儿方式，他们认为在教育孩子的过程中，体罚是比较重要的，甚至在某些时候必不可少。家长对这种简单粗暴的教养方式形成依赖，可能是由于缺乏科学的育儿知识和技巧，从而不自觉地沿袭了上一辈的教育方式。更深层次的原因在于家长的文化资本积累比较少，留在农村的大多是受教育程度不高的妇女，她们难以从社会关系网中积累丰富的文化资源，只能徘徊于家庭固有的文化背景之中（易佳，张淑萍，2008）。相比城市，农村的各类文化设施不够完备，也缺乏丰富多样、便于操作和掌握的文化产品，家长能够提升文化水平和能力的机会受到限制。目前针对农村留守儿童和困境儿童的帮扶也主要是从社会救助出发的，而较少实施包括家庭教育在内的关爱服务（叶强，2021）。这说明我国的家庭教育服务体系还不够完善，距离实现家庭教育现代化的目标仍存在较大差距。民政部门、教育行政部门、妇女联合会和其他社会组织在贯彻落实家庭教育相关法律时，还需加大对农村家庭教育指导服务的投入。

除了以上阻碍家长参与的因素之外，还有学者指出家长参加育儿项目与儿童问题行为的严重程度、家庭的社会经济地位、母亲的心理健康状况有关（Lundahl et al., 2006; Reyno & McGrath, 2006; Leijten et al., 2013）。本研究发现，家庭的经济状况与家长的参与度存在相关性，少数家庭经济水平较低的家长参与意愿相对较低。我们没有发现儿童问题行为的严重程度和母亲的心理健康状况与家长的参与意愿和参与行为之间的关系，这可能是因为本研究没有纳入孩子有严重问题行为的家长，并且排除了有心理健康问题或药物滥用等情况的家长。

（四）建议与启示

1. 结合农村家长的特点完善家庭教育服务项目

本研究是一项家庭教育服务的探索性研究，"赋能父母 慧育未来"家庭教育服务项目于2022年6月至8月在湖南省农村地区开展2期16次课程，累计家访和服务61人次，共为15个农村家庭提供了家庭教育服务。定性分析显示了家长的参与感受和育儿技能变化，包括减少暴力管教和心理攻击、实施积极的育儿技能、加强亲子关系、减少儿童的问题行为和提高儿童的遵从性。它尽管作为一种成本效益良好、得到循证支持的服务项目，在实施过程中却遇到难以留住家长的困难。为吸引和促进家长参与，需要不断完善干预项目，以尽可能使更多的家长受益。

第一，需要根据农村生产生活特点选取适宜的时间开展服务，避开农忙季节。本项目开展的时间是在暑期，天气炎热，家长出勤存在困难，尤其是在缺乏有效交通工具的情况下，容易发生中暑或其他影响身体健康的状况。此外，农村在这个时间段农活比较多。第二，增加家长的课前体验。一方面，在正式实施项目之前，推出几节体验课程，让家长自己评估课程的有用性，然后再决定是否报名参加。另一方面，针对家长不同的育儿目标，可以对课程进行精细化分层，在突出重点的基础上纳入更多元的内容，从而更好地匹配家长的育儿需求。第三，在项目培训和督导方面，尤其需要加强入户访问技巧培训。项目工作者需要熟悉并灵活运用动机式访谈策略，与服务对象建立信任关系并激发其内在改变动机。项目工作者还需要使用清晰化和具体化的指导语言，比如使用通俗易懂、贴合农村生活情境的插图故事，并细化角色扮演或亲子互动中每个人需要完成的任务。同时，根据家长的文化水平和孩子的问题行为严重程度布置家庭作业。第四，适当扩大样本范围，同步推出线下和线上两种形式的课程，满足那些在外工作无法获取线下服务的家长的需求。考虑到农村家长外出打工现象比较普遍，留守儿童居多，未来可以将孩子的祖父母或其他照顾者纳入项目。

2.加强与当地社会组织机构或关键人物的合作

通过构建正式和非正式的社会支持网络，可以顺利推动家庭教育服务项目的实施。农村地区的一个关键优势是有着密集的社交网络，如果村委会干部、学校领导、老师等关键人物认可项目，就有助于更高效地识别、招募和留住家长。此外，得到相关教育主管部门或民政部门的支持，能增加项目的可信度和权威性。因此，在农村开展家庭教育服务项目，项目团队需要考虑与学校、社区或有关政府部门之间的关系，加强与当地社会组织和关键人物的合作。比如，定期与利益相关方开会，讨论实施进度和遇到的困难，向利益相关方汇报团队的需求，最后形成一份指导手册。总之，成功递送家庭教育服务，为儿童及其家长提供支持，离不开多主体之间的协作配合。通过与当地社区内的重要机构和关键人物进行合作，在需求为本的基础上提供有效的家庭教育服务项目。

3.落实家庭教育相关的法律政策，推动服务资源向农村倾斜

很多国家和地区开展家庭教育服务项目十分注重满足多元社会中不同族群家庭特别是弱势群体家庭的教育需要（Kumpfer, Alvarado, Smith, & Bellamy, 2002; Pruett, Pruett, Cowan, & Cowan, 2017）。在中国，家庭教育服务资源在专业队伍建设、人才培养、活动开展和服务质量等方面发展的不

充分、不平衡状态较为严重（高书国，2021）。与城市相比，农村的家庭教育服务资源更为稀缺，家长缺乏系统的学习机会和途径。由于农村的可替代性服务和休闲娱乐活动较少，当这种免费的、面向普通家庭的项目在当地实施时，很快就激发了家长和儿童的兴趣。根据持续参与课程的家长的反馈，以后如果有类似的项目开展，他们不仅愿意继续参加，也会向周围人推荐。孩子的积极参与也充分体现了项目的价值和意义。由此可见，开发适用于中国本土的面向农村的家庭教育服务产品很有必要，无论是小组活动还是一对一的入户指导都具有广阔的应用前景。

政府和社会应高度关注针对农村地区贫困家庭的家庭教育指导服务，树立家庭教育服务的质量意识，切实推动和支持农村家庭教育和儿童的健康发展。首先，贯彻落实家庭教育相关的法律政策，通过设立社区家长学校和家庭教育指导服务站、开发公益性网络课程学习资源等多种形式，提供以需求为导向的、针对不同年龄阶段的高品质家庭教育服务。其次，在乡村中小学教师中广泛开展家庭教育知识、能力与指导方法的培训，提升教师的家庭教育指导能力，从而为不同类型的家庭提供有温度、有力度的帮扶和指导。最后，加大家庭教育知识的普及力度，增强家长的学习意识，提升家长的积极育儿技能，促进儿童的可持续发展。

参考文献

推荐阅读

安利利，李美仪."共生"与"契洽"：城市中产家庭婆媳合作育儿的媒介实践.传播与社会学刊，2023（64）：129-159.

陈佳，孙茜，周晓辰.代际合作育儿的中国式实践：三代关系与儿童学业社会化中的育儿参与.中国青年研究，2022（12）：56-64.

联合国儿童基金会驻华办事处.反对针对儿童的暴力侵害（2017）.[2023-05-13].https：//www.unicef.cn.

高书国.覆盖城乡的家庭教育指导服务体系构建策略.教育研究，2021，42（1）：19-22.

计迎春.社会转型情境下的中国本土家庭理论构建初探.妇女研究论丛，2019（5）：9-20.

贾玉娇.儿童保护中国家干预力穿破家庭壁垒研究.治理研究，2021，37（3）：28-35.

李莹，韩文瑞.我国儿童保护制度的发展与取向：基于国际比较的视角.社会建设，2018，5（4）：48-58.

刘继同.中国特色儿童福利概念框架与儿童福利制度框架建构.人文杂志，2012（5）：145-154.

彭华民，屠蕴文，张双双，等.福利提供机制、福利服务提供与福利理念传递研究：以Z市困境儿童福利制度构建为例.社会工作，2020（2）：23-30，109.

单文婕，江帆.儿童早期虐待暴露评估方法研究进展.中华儿科杂志，2022，60（9）：953-956.

尚晓援，张雅桦.建立有效的中国儿童保护制度.北京：社会科学文献出版社，2011.

沈奕斐.个体化视角下的城市家庭认同变迁和女性崛起.学海,2013（2）：64-71.

孙贺群.美国联邦政府对处境不利家庭育儿支持的政策路径、有效举措与特征：来自孕产妇与婴幼儿家庭访问项目（MIECHV）的经验.外国教育研究,2022,49（5）：113-128.

汪永涛.转型期城市家庭的代际合作育儿.社会学评论,2020,8（2）：85-97.

肖索未,关聪.情感缓冲、中间人调节与形式民主化：跨代同住家庭的代际关系协调机制.社会学评论,2018,6（5）：28-38.

肖索未."严母慈祖"：儿童抚育中的代际合作与权力关系.社会学研究,2014,29（6）：148-171,244-245.

赵凤,计迎春,陈绯念.夫妻关系还是代际关系？：转型期中国家庭关系主轴及影响因素分析.妇女研究论丛,2021（4）：97-112.

周晓虹.孝悌传统与长幼尊卑：传统中国社会的代际关系.浙江社会科学,2008（5）：77-82,127-128.

ADIRIM T, SUPPLEE L. Overview of the federal home visiting programs. Pediatrics, 2013, 132（2）: 59-64.

ALAMPAY L P, LACHMAN J M, LANDOY B V, et al. Preventing child maltreatment in low-and middle-income countries: parenting for lifelong health in the Philippines// VERMA S, PETERSEN A C. Developmental science and sustainable development goals for children and youth. Springer international publishing, 2018: 277-293.

ANGELAKIS I, GILLESPIE E L, PANAGIOTI M. Childhood maltreatment and adult suicidality: a comprehensive systematic review with meta-analysis. Psychological medicine, 2019, 49（7）: 1057-1078.

BARLOW J, JOHNSTON I, KENDRICK D, et al. Individual and group-based parenting programmes for the treatment of physical child abuse and neglect. Cochrane database of systematic reviews, 2006（3）: 1-20.

BATZER S, BERG T, GODINET M T, et al. Efficacy or chaos?: parent-child interaction therapy in maltreating populations: a review of research. Trauma, violence, & abuse, 2018, 19（1）: 3-19.

BELSKY J. Etiology of child maltreatment: a developmental-ecological analysis. Psychological bulletin, 1993, 114: 413-434.

BILUKHA O, HAHN R A, CROSBY A, et al. The effectiveness of early childhood home visitation in preventing violence: a systematic review. American journal of preventive medicine, 2005, 28（2）: 11-39.

BOWLBY J. Attachment. New York: Basic Books, 1982.

CASILLAS K L, FAUCHIER A, DERKASH BT, et al. Implementation of evidence-based home visiting programs aimed at reducing child maltreatment: a meta-analytic review. Child abuse & neglect, 2016, 53: 64-80.

CERNA-TUROFF I, FANG Z, MEIERKORD A, et al. Factors associated with violence against children in low-and middle-income countries: a systematic review and meta-regression of nationally representative data. Trauma, violence & abuse, 2021, 22 (2): 219-232.

CHEN M, CHAN K L. Effects of parenting programs on child maltreatment prevention: a meta-analysis. Trauma, violence, and abuse, 2016, 17 (1): 88-104.

CHILD WELFARE INFORMATION GATEWAY. How the child welfare system works. (2020-01-01)[2023-10-22]. https: //www.childwelfare.gov/pubpdfs/cpswork.pdf.

EUSER S, ALINK L R, STOLTENBORGH M, et al. A gloomy picture: a meta-analysis of randomized controlled trials reveals disappointing effectiveness of programs aiming at preventing child maltreatment. BMC public health, 2015, 15 (1): 1068.

FANG X, FRY D A, JI K, et al. The burden of child maltreatment in China: a systematic review. Bulletin of the world health organization, 2015, 93 (3): 176-185.

FLOREAN I S, DOBREAN A, PASARELU CR, et al. The efficacy of internet-based parenting programs for children and adolescents with behavior problems: a meta-analysis of randomized clinical trials. Clinical child and family psychology review, 2020, 23 (4): 510-528.

GAMBRILL E D. Evidence-based practice: sea change or the emperor's new clothes?. Journal of social work education, 2003, 39 (1): 3-23.

GARDNER MJ, THOMAS H J, ERSKINE H E. The association between five forms of child maltreatment and depressive and anxiety disorders: a systematic review and meta-analysis. Child abuse & neglect, 2019, 96 (C): 104082.

GARDNER F, MONTGOMERY P, KNERR W. Transporting evidence-based parenting programs for child problem behavior (age 3-10) between countries: systematic review and meta-analysis. Journal of clinical child and adolescent psychology, 2016, 45 (6): 739-762.

GEERAERT L, VAN DEN NOORTGATE W, GRIETENS H, et al. The effects of early prevention programs for families with young children at risk for physical child abuse and neglect: a meta-analysis. Child maltreatment, 2004, 9 (3): 277-291.

GILBERT R, WIDOM C S, BROWNE K, et al. Burden and consequences of child maltreatment in high-income countries. The lancet, 2009, 373（9657）：68-81.

GUBBELS J, VAN DER PUT C E, STAMS G J M, et al. Components associated with the effect of home visiting programs on child maltreatment：a meta-analytic review. Child abuse & neglect, 2021, 114.

HARDEN B J, SIMONS C, JOHNSON-MOTOYAMA M, et al. The child maltreatment prevention landscape：where are we now, and where should we go?. The annals of the American academy, 2020, 692（1）：97-118.

KRUGMAN R D. Universal home visiting：a recommendation from the U.S advisory board on child abuse and neglect. The future of children, 1993, 3：185-191.

KUMPFER K L, ALVARADO R, SMITH P, et al. Cultural sensitivity and adaptation in family-based prevention interventions. Prevention science, 2002, 3（3）：241-246.

LACHMAN J M, CLUVER L, WARD C L, et al. Randomized controlled trial of a parenting program to reduce the risk of child maltreatment in South Africa. Child abuse & neglect, 2017, 72：338-351.

LACHMAN J M, SHERR L T, CLUVER L, et al. Integrating evidence and context to develop a parenting program for low-income families in South Africa. Journal of child and family studies, 2016, 25（7）：2337-2352.

LAVI I, KATZ L F, OZER E J, et al. Emotion reactivity and regulation in maltreated children：a meta-analysis. Child development, 2019, 90（5）：1503-1524.

LIAO M L, LEE A S, ROBERTS-LEWIS A C, et al. Child maltreatment in China：an ecological review of the literature. Children and youth services review, 2011, 33（9）：1709-1719.

MAMAUAG B L, ALAMPAY L P, LACHMAN J M, et al. A south-to-south cultural adaptation of an evidence-based parenting program for families in the Philippines. Family process, 2021, 60（4）：1202-1216.

MCCOY A, MELENDEZ-TORRES G J, GARDNER F. Parenting interventions to prevent violence against children in low-and middle-income countries in East and Southeast Asia：a systematic review and multi-level meta-analysis. Child abuse & neglect, 2020, 103（5）：1-18.

MIECHV. The maternal, infant, and early childhood home visiting program partnering with parents to help children succeed.（2020-02-02）[2023-09-09]. https：//mchb.hrsa.gov/sites/default/files/mchb/MaternalChildHealthInitiatives/HomeVisiting/pdf/programbrief.pdf.

MIKTON C, MACMILLAN H, DUA T, et al. Integration of prevention of violence against children and early child development. The lancet global health, 2014, 2（8）: e442-e443.

NIEUWBOER C C, FUKKINK R G, HERMANNS J M A. Online programs as tools to improve parenting: a meta-analytic review. Children and youth services review, 2013, 35（11）: 1823-1829.

PATRON N. Comparing child protection systems: toward a global perspective//DOLAN P, FROST N. The routledge handbook of international child welfare. Abingdon: Routledge, 2017.

PICKERING J A, SANDERS M. Reducing child maltreatment by making parenting programs available to all parents: a case example using the triple p-positive parenting program. Trauma, violence, & abuse, 2016, 17（4）: 398-407.

QIAO D P, CHAN Y C. Child abuse in China: a yet-to-be-acknowledged 'social problem' in the Chinese mainland. Child & family social work, 2005, 10（1）: 21-27.

SANDERS M R. Triple p-positive parenting program as a public health approach to strengthening parenting. Journal of family psychology, 2008, 22（3）: 506-517.

SANDERS M R, KIRBY J N, TELLEGEN C L, et al. The triple p-positive parenting program: a systematic review and meta-analysis of a multi-level system of parenting support. Clinical psychology review, 2014, 34（4）: 337-357.

SNELL-JOHNS J, MENDEZ J L, SMITH B H. Evidence-based solutions for overcoming access barriers, decreasing attrition, and promoting change with underserved families. Journal of family psychology, 2004, 18（1）: 19-35.

STITH S M, LIU T, DAVIES C, et al. Risk factors in child maltreatment: a meta-analytic review of the literature. Aggression and violent behavior, 2009, 14（1）: 13-29.

STOLTENBORGH M, BAKERMANS-KRANENBURG M J, ALINK L R A, et al. The prevalence of child maltreatment across the globe: review of a series of meta-analyses. Child abuse review, 2015, 24（1）: 37-50.

STRATHEARN L, GIANNOTTI M, MILLS R, et al. Long-term cognitive, psychological, and health outcomes associated with child abuse and neglect. Pediatrics, 2020, 146（4）: 1-15.

TEACHER M H, SAMSON J A, ADERSON C M, et al. The effects of childhood maltreatment on brain structure, function and connectivity. Nature reviews neuroscience, 2016, 17（10）: 652-666.

THOMAS R, ZIMMER-GEMBECK M J. Behavioral outcomes of parent-child interaction therapy and triple p-positive parenting program: a review and meta-analysis. Journal of abnormal child psychology, 2007, 35（3）: 475-495.

THOMAS R, ZIMMER-GEMBECK M J. Accumulating evidence for parent-child interaction therapy in the prevention of child maltreatment. Child development, 2011, 82（1）: 177-192.

UNITED NATIONS CHILDREN'S FUND. Designing parenting programmes for violence prevention: a guidance note.（2020-05-31）[2023-10-24]. https: //www.unicef. org/documents/designing-parenting-programmes-violence-prevention-guidance-note.

WESSELS I, WARD C, LESTER S. Engagement in parenting programs: exploring facilitators of and barriers to participation. Policy brief, 2016: 82.

WORLD HEALTH ORGANIZATION. Parenting for lifelong health for young children.（2020-09-06）[2023-10-24]. https: //www.who.int/teams/social-determinants-of-health/parenting-for-lifelong-health/young-children.

WORLD HEALTH ORGANIZATION. INSPIRE: Seven strategies for ending violence against children. Geneva, Switzerland: WHO, 2016: 28-72.

WORLD HEALTH ORGANIZATION. Parenting for lifelong health: a suit of parenting programmes to prevent violence.（2023-06-12）[2023-10-24]. https: //www.who.int/teams/social-determinants-of-health/parenting-for-lifelong-health.

图书在版编目（CIP）数据

家庭教育服务：国际经验与中国实践 / 张会平著 .
北京：中国人民大学出版社，2025. 5. --（明德群学）.
ISBN 978-7-300-34063-0

Ⅰ . G78
中国国家版本馆 CIP 数据核字第 2025VQ0454 号

明德群学·社会治理与社会政策
家庭教育服务：国际经验与中国实践
张会平　著
Jiating Jiaoyu Fuwu: Guoji Jingyan yu Zhongguo Shijian

出版发行	中国人民大学出版社		
社　　址	北京中关村大街 31 号	**邮政编码**	100080
电　　话	010－62511242（总编室）		010－62511770（质管部）
	010－82501766（邮购部）		010－62514148（门市部）
	010－62511173（发行公司）		010－62515275（盗版举报）
网　　址	http://www.crup.com.cn		
经　　销	新华书店		
印　　刷	唐山玺诚印务有限公司		
开　　本	720 mm×1000 mm　1/16	**版　　次**	2025 年 5 月第 1 版
印　　张	21.25　插页 2	**印　　次**	2025 年 5 月第 1 次印刷
字　　数	254 000	**定　　价**	99.00 元